JN065221

幼児教育 知の探究 19

領域研究の現在 <表現>

山本直樹＋太宰久夫＋青木久子

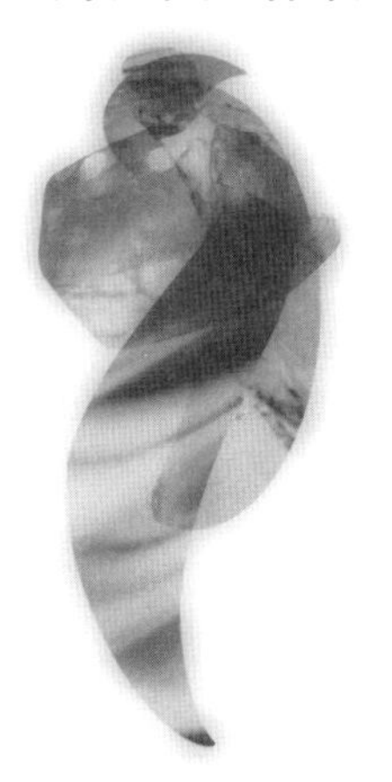

萌文書林

はしがき

明治の近代国家建設を目指して学制を敷いた第一の教育改革，第二次世界大戦後の民主国家建設を目指した第二の教育改革は，教育によって国の未来を再建するという国家目的が明確にあったが，1980年以降，紆余曲折しながら模索している第三の教育改革は，今なお混沌とした状況にある。すでに40年近く経過しているが，過去の国家に依存してきた教育改革から，民意が改革を推進するだけの活力を有するようになるには，物質的・上昇的な価値から“人間の生”に基本をおいた問いへと価値の転換を図り，人々が志向する文化そのものの本質に光を当てていくことが必要であろう。

しかし学校が社会から遊離し，子どもたちに合わなくなっていても民意が建設的に動いてこない。また行政が民意と対話し，民意を支えて施策化し，それを推進する機能が働かない。小学校の生活科や総合学習の導入，教育のプロセス・アプローチに対する第三者評価の導入等は，敗戦直後の民主化への教育が目指したものであったはずである。また，幼稚園・保育所・認定こども園等の制度的見直しも，戦前からの就学前教育の課題がそのまま積み残されてきた結果といえよう。それは家族の時間やコミュニティの人々のつながり，豊かな地域文化の醸成，そこに生きる人間の本質の発展という方向より，少子化対策，経済の維持といった国の施策が先行するものとなっている。これは，半世紀の間に国家依存，体制依存の体質が招いた混沌であり，今まさに教育理念そのものの問い直しが求められている時が来ているといえよう。

国による民主化から，民による民主化成熟への道のりには，人間が生きることの意味への問い，生きる価値の置き所，世代循環するトポスの文化の見直しが必要である。それは，幼稚園・保育所・小学校といった分断された施設区分から，コミュニティの中での就学前から学童期を経て生涯にわたって展開される学習を構成していく視点でもある。地域の子どもたちの生きる場としての総体を受け止め，地域社会の環境・文化と共生する教育への転換は，学校化された知の限界を超えて知のあり所や知を構築する関係のありようを転換し，知そのものへの問いを新たにするだろう。

生の根源にまでさかのぼろうとする本企画は，人間・学び・学校・社会という共同体のトポスに焦点を当てて，従来の就学前教育が子どもたちに当てた光を再考しつつ，あわせて抱えてきた課題も浮き彫りにして，これからの知を構築する視座を掘り起こしたいと思う。

なお 20 巻にわたる本企画は，次の三つの特長をもっている。一つは，幼児教育界が混沌としている現状を踏まえ，3 歳児から低学年までを見据えた就学前教育に光を当てて“人間の教育”の根源に迫る。二つに，従来の幼児教育に関連した書籍の感覚としては，難しいという批判を浴びることを覚悟の上で，専門性を高めることを願う幼児教育者養成大学やキャリアアップを図る現職者だけでなく，広く一般の人々にも読んでいただけるような知のあり所を考える。三つに，現在の幼稚園教員養成カリキュラムの内容を基本におきつつ，今後の教員養成で必要とされる内容を加える。

本シリーズ刊行に当たっては，萌文書林の故服部雅生社長の大英断をいただいた。教員・保育士養成課程の教科書内容の重複を避け，教師・保育士等の専門性を高めるとともに，就学前教育の意義を再確認するために一石を投じたいという，長年，幼児教育界の出版に携わってきた服部氏だからこその決断だったと思う。その遺志を現社長の服部直人氏が引き継いでくださり，なかなか進まない出版を温かく見守ってくださっていることに深く感謝する。

進捗の遅い本シリーズの難しさは，知の根源への探究とともに，現代の社会現象を踏まえて不易の内容とは何かを探り，それらを就学前教育に関係する人々の糧としてもらえるよう吟味するところにある。いつになっても，これで完成ということはない。多くの方々から忌憚のない意見を寄せていただき，次の時代への知の橋渡しができることを願っている。

2019 年 8 月

シリーズ編者　青木久子・磯部裕子

本書まえがき

2017年の幼稚園・認定こども園・保育所等（以下幼稚園等），幼児教育に関係する教育課程基準・保育指針の改訂は，幼児教育・保育の理念を掲げ，小中高と一貫した構造の中ですべての幼児教育機関が，幼児期修了までに育てたい資質能力を謳うという画期的なものであった。第二次世界大戦後72年にしてようやく新たな幼児教育の方向性に舵を切った制度改革の背景には，“多様化する価値の選択と責任”という教育の課題があり，これからの社会を生きる子どもの生活は並大抵ではないことを物語っている。

その中で，教育内容を示す5つの領域「健康」「人間関係」「言葉」「環境」「表現」の枠組みは，1989年以来30年余変わっていない。編者らが15年前，知の探究シリーズ全20巻を構想した際，「領域研究の現在」として5領域の文言をそのまま残すか，あるいは1989年から30年後の改訂を予想して5分野を括る新たな文言を使うか思案したことは記憶に新しい。あえて当時の5領域の文言を残したのは，次のように考えたからである。

一つに，幼児教育は人間形成の基礎段階として重要な位置づけにあり，小学校の教科目が変わろうとも領域のもつ人間の発達を捉える視点，発達に即した環境を提供する視点，環境と人との相互作用による生活という営みの視点は変わらないであろうこと。

二つに，領域「健康」はそのままで，「社会」が「人間関係」に，「言語」がコミュニケーション力につながる「言葉」に，「自然」が自然事象・現象だけでなく社会事象•現象と人との相互作用を含めて「環境」に，そして「音楽リズム」「絵画製作」と二分していたものが総合的な「表現」に変わったとはいえ，実践現場では言葉の概念もそれに伴う実践の裏付けも今だ脆弱な状態なので急に変わることはないと捉えたこと。

三つに，特に「表現」は，教員養成機関で音楽（リズム），絵画（造形•製作）

と教科目別に担当を分けてきたため，表現を一つにして扱える教員が生まれるには時間がかかる。また，遊び・総合的な活動として表現の専門性を深めるのは，分断した教科目で教育を受けてきた日本人の苦手な分野でもあり，もう少し時代の推移が必要になること。

この領域の枠組みの常態は，長きにわたって完結しない知の探究シリーズにとっては幸か不幸か，なんともいえない心境である。

第1部は，表現・芸術を実践に裏付けられた学問として探究することを命題にしている。感性の領野を学問するほど難しいことはないので歴史的変遷を追いながら時代がつくった表現，芸術の学を捉えている。第1章は，プラトン，ゴルギアスに始まり，アリストテレス，カント，ヘーゲルを経て今日のアバンギャルドに行きついた過程で，いつの時代も変わらず市井に生きる人々が享受する限界芸術，農民芸術，あるいは生活芸術に美の根源をみている。第2章は，学制から始まった教科目として芸術を取り扱う困難と，その改革を目指した人々の様々な模索の過程に視点を当てながら，芸術にみる学校教育の限界とその可能性に言及している。

第2部は，演劇論で構成している。演劇論を領域「表現」に含めること自体，疑問を呈される人も多いであろう。しかし，多くの現場で毎年行われる劇の発表会に苦しんでいる教師・保育士がいること，その原因が，ごっこから劇表現へと発展する子どもの世界を一緒に遊ぶ面白さを経験しておらず，日常生活と分断した見せるための劇に翻弄されているためと思われる。世界の演劇教育が人間の生を支える知の構造に切り替わっているのに，ごっこや劇表現で遊べない古い体質を色濃く残しているのが幼稚園等の現場だといえなくもない。読者が表現の考え方に対する自分の位置を時代に照らして把握し，その課題をどう未来に向けていくか，その執筆を太宰久夫氏にお願いした。彼は次の若手にその任を譲られ，山本直樹氏が担当された。第1章では演劇の歴史を築いてきた先人の足跡を，第2章および第3章では学校における演劇教育の開拓者に視点を当ててシアター教育からドラマ教育への転換を提唱している。第2部と併せて，本シリーズ第11巻『表現芸術の世界』も読み解いていただきたい。清水満氏の「表現的生としての人間」にはデンマークにおける表現の捉え方や具体的活動が，小松和彦氏の「民俗学からみた表現活動」には常民社会の表現への深い洞察が，松本健義氏の「子どもの遊びと生活芸術」には生活世界にみる意味生成が述べられており，本巻の枠組みの基礎を支えていただいている。

第3部は，胎児期から始まる感覚のかたち形成を，最近の脳科学や取り巻く環境とも関連させて取り上げ，表現の素材，題材や技術との関係にも論を広げている。かたちを形成する基礎的体験と個々の感性をもって表現する創造的活動は，卵が先かニワトリが先かではなく，往還的に繰り返しながら表現のスキルが高まる喜びや自己課題の克服過程を積み上げていく。そこに個性が生まれる。そして，表現を遊べる（没頭し我を投影する）人は孤立することなく教育州の中に身を置いて自由を謳歌することを求める。

幼稚園等は，地域コミュニティに所属し，芸術州として表現活動を謳歌し，共に感染し合うという役割を担うことによって，保護者や幼児，取り巻く家族や地域社会の人々の暮らしに表現芸術の根を張ることができる最たる場所（トポス）といえよう。

本シリーズも残すところあと5巻となった。青木が担当した巻はこれが最後である。健康の不調，災害，疫病など，いつ筆を折ることになるか不安を抱えながらも15年走ってくることができた。これも，各巻の執筆者の協力と，萌文書林の服部社長はじめ関係者の皆様の励ましや支援，私の微力さを補ってくださった編集者たちのおかげと深く感謝している。残りはもう一人のシリーズ編者磯部裕子氏に託した。全巻が揃って幼児教育の知の全貌を俯瞰する日が来ることを願っている。

2020年12月10日

青木久子

目　次

第1部　表現・芸術の探究

第2部　演劇教育知の未来

第３部　芸術の基礎的体験と創造的体験

第１部

表現・芸術の探究

人は,情念や受苦の感を表現することによって自らを済生する。古代から美は生を活性化する過程に存在し，生活に潤いと愉しみをもたらしてきた。こうした日常にある美を哲学する時代の到来は，芸術を二分した。

第１章は，美の理論的あり所を求め，美学を誕生させた古代ギリシアから近代の流れを追い，人間性の探究を試みた人々に視点を当てている。その土台の上に現代の生活における芸術の位相があり，生に回帰することによって芸術の神髄，つまり，生きる意味を考えるといった特性をもつ人間に迫る。

第２章は，近代学校制度の成立とともに芸術科目を教育に取り入れた人々の努力と，教育が芸術を科目として取り込むことによって，生の表現が死んでいくという困難さについて考究する。

第1章

美の根源を求めて

§1　美の理論的あり所

1．柳宗悦の民芸論

就学前教育の表現について語るにあたり芸術などという言葉をもってくることもあるまいと思うに違いない。しかし，筆者が人間の生活は表現であり芸術(アート)であるという視点からこの巻を取り扱う以上，美に対する歴史的認識と見解を明らかにしておくことが必要と考える。

江戸時代後半から今日に至るまで，宮廷や官の雅に対して平民の質素わびは下手物(げてもの)として低俗の位置づけを余儀なくされてきた。柳宗悦(やなぎむねよし)が，民間の日用にある器物がもつ美的価値を「下手物」という俗語を借りて語った言葉も，今では奇怪なものを弄(もてあそ)ぶ意味になってしまった。それほどに，日用に美があることを忘れて，高価なものに価値を見いだす時代が押し寄せてきた。人間の感性が捉える美のあり所は，崇高さや無の境地，生活の必然などから離れる傾向を強くしたといえよう。当然，大人社会を映して子どもたちの美意識も,有名な人のもの,高価なものが美をもっているかのごとき錯覚に陥っている。それが教育の場にも反映されて，表現に対する苦手意識をもった日本人を育成してきた。教育における表現内容の変遷は第2章に譲ることにして，まずは柳宗悦の民芸論から始めたい。

宗悦は，民芸品とは「一般の民衆が日夜使う健全な実用品」[1]とし，民家，民器，民画などを総称すると定義する。毎日の衣食住に直接必要な品々，つまり安価でどこにでもあり，だれの目にも触れる雑器，雑具である。こうした雑器・雑具が下等なものとして侮蔑の意味に転じ，美的対象から外されたのは，宗悦によると「官尊民卑の余弊(よへい)とも云いましょうか。富貴なものにのみ美を認める見方は，極めて貧しい習慣に過ぎないのです」[2]ということになる。彼は民芸的工芸と貴族的工芸の性質の違いを次のように区別する（図表1-1-1）[3]。

図表 1-1-1　民芸的工芸と貴族的工芸の性質の違い

民芸的工芸	貴族的工芸
・民間から生まれ，主に民間で使われるもの	・上等品であり貴重品
・作者は無名の職人であり，作物にも別に銘はない	・作者は名工で在銘のものが多い
・作られる数は多く，廉価である	・数は少なく高価である
・用いられる場所は，家族の住む居間や台所	・用いる人は貴族や富者で，飾り物が多く客間や床の間に置く
・姿形は質素で頑丈であり，模様も単純	・姿は絢爛であり丹念，複雑。技巧は精緻を誇る
・作る折の心の状態も極めて無心で，美意識等から工夫されるものではない	・作る者は，工夫し加工し意識して作る
・材料は天然物で，その土地の物質	・材料は珍しいもの，精製したもの
・作る目的は，直接日々の生活に必要なもの	・貴族や富者の飾り物用の特別品
・制作の組織は多くの場合は組合	・制作の組織は多くは官や富者の保護による

柳宗悦『民藝とは何か』講談社，2006，pp.23-24（筆者により表化）

そして，民芸的工芸（民芸）が「民」「民本的」「協団的」「通常の世界」「無想に生まれる」「平常心」「生活と直接関係する」もので民衆の生活と交わるものであるならば，貴族的工芸・美術工芸が「官」「貴族的」「個人的」「特殊な世界」「有想に生まれる」「分別心」「生活から遊離する」富貴な生活に入っていく特別品の領域だとする。

近代から現代に私たちの心に刷り込まれた貴族的な高価なものや有名な絵画，音楽家の演奏などにみられる美を美とする捉え方を根底から覆す宗悦の説である。彼はなぜ，民芸にこだわり民芸運動（1926年～）を展開したのか。時はちょうど後述するシュルレアリスムなど新たな芸術運動が世界的に台頭した時期に重なる。宗悦は，貴族的工芸との根本的な違いを次のように挙げて，民芸に美意識の根源をみている。

> なぜ特別な品物よりかえって普通の品物にかくも豊かな美が現れてくるか。それは一つに作る折の心の状態の差違によると云わねばなりません。前者の有想より後者の無想が，より清い境地にあるからです。意識よりも無心が，さらに深いものを含むからです。主我の念よりも忘我の方が，より深い基礎となるからです。在銘よりも無銘の方が，より安らかな境地にあるからです。作為よりも必然が，一層厚く美を保証するからです。個性よりも伝統がより大きな根底と云えるからです[4]。

華美よりも質素が慕わしい徳であり，身を飾るものより働くものの方が健康であり，錯雑さより単純な方が誠実な姿であり，華やかさより渋さの方が深い美と感じる美意識である。“希有なものは公道ではなく平凡なものにこそ美がある”という平凡の肯定。「平凡な世界，普通の世界，多数の世界，公の世界，誰も独占することのない共有のその世界，かかるものに美が宿るとは幸福な報（しら）せ」[5] と感じるところに一真理をみた宗悦は，美と用とを分離した近世以降の美のありようを批判する。用から美が生まれでなければ真の美ではなく，美が用に交わらなければ真の用にならない関係にある美は，工芸においては用美相即，用美一如のはずなのに，用を忘れて美を求めるために衰退する。貴族的な美が病いに罹るのは用と交わらないからであり，用は美を育む原動力なのである。

こうした美意識からすると，近世に誕生した美の基準は，19～20世紀になっても人々の意識に潜在し，異常なほどに用と美が分離し，生産も機械化し利己的な商業主義に陥って，無我から生まれでる真正の美を失った社会ということになる。個人の上に立ち，自由を標榜し，美を追って実用から離れたものを純粋美術として崇めた社会の一病理であろうか。温室の花は虫に犯されやすく外気温に弱いが，群生する野の花は虫と共存し雨風に耐え美しい花を咲かせるのと同様，民族性や国民性は日常の中で培われる。「手工の道は土地の伝統や材料に依るところ大きく，必然に民族的な特色を鮮やかに示してくる」[6] からこそ，宗悦は大衆の日用に使われる民芸の中に特色ある国家，つまり国家の独自性が形成されていくと考える。そこに，美という普遍の道徳が根付いていくのであって，個人の表現に民族の普遍の道徳が生まれるのではないのである。

2．日本人の美意識

日本人の美意識は，いき，わび，さびという言葉に象徴されるといってもそれは中世に成立したものではない。鈴木貞美は「近代になって成立した美学や芸術論の窓から，中世の世界をのぞき見て，そのなかから自分の基準にあったものを切り出してきている」[7] 人々によって生まれてきたものだとする。

ユネスコ・アジア文化センターがユネスコ本部からの要請にこたえて，青年層（15歳～30歳）の伝統文化に対する態度・意識を調べたのは1972年のことである。調査地域を東京に限定した理由は定かでないが，調査対象者の生育地が東京都53.1%，東京都以外44.0%（その他は不明）と幅広く，東京という大都市は地方が内包された地域であり，青年層の意識を捉えることができると推定したためかと思われる。青年層が伝統文化という言葉で思い浮かぶものとは，演劇舞踊〈能・狂言・文楽・歌舞伎〉(63.9%)，建築〈日本建築，庭園，神社，仏閣〉(40.3%)，美術〈日本画，墨絵，彫刻，書など〉(33.2%)，文学〈和歌，俳句，日記，物語〉(32.2%)，茶道華道(28.7%)，生活様式・習俗〈将棋，百人一首などの遊び，食事の様式，祭りなどの年中行事，民具，着物，はきもの，畳，かやぶき屋根など日本家屋〉(26.8%)，音楽〈琴，三味線，尺八，琵琶，長唄，小唄〉(24.6%)，工芸品〈織物，漆器，陶磁器，金工品，木工品など〉(24.1%)，思想及び宗教〈仏教，儒教，神道，禅，武士道など〉(21.6%)の順である。伝統文化から受ける感じを表す言葉としては，素朴，優美が5割を越し，暗い，厳しい，なつかしいがそれに続く。それを古社寺の見学や祭礼の時，着物姿を見た時などに多く感じるという結果である。鈴木達三は，この感じ方は，日本の伝統的な美意識と深く関係するとする[8)]。

文学について考察した久松潜一は，日本の中世においては，「寒い」「寒く痩せたり」という美が重んじられているとして美の歴史的類型を図表1-1-2のように示している[9)]。ユネスコに報告した調査結果では，「日本の美は時代によって異なっている点があるが，近代・現代において，これらのどれが重んじられているか，もしくは生きているかは重要な課題である」とし，「日本の伝統を感じさせるものとして演劇，舞踊が最も多くあげられたのは美としては粋・通・『いき』が『能楽になると幽玄の美』」[10)]に関心が寄せられていると解釈している。「幽玄と『さび』『わび』とは一方は思想性が著しいのに対して，一方は庶民的である点で異なっている所もあるが，共通する性質も多い。そうして粋・通・『いき』や『さび』『わび』や幽玄の美が日本美の伝統」[11)]として語られ，日本人の意識に浸透したということになる。ここに改めて日本の美

図表1-1-2　美の歴史的類型

上代	中古	中世	近世
清	あはれ	有心	粋・通・いき
明	をかし	無心	滑稽
直	たけ高し	幽玄	さび・わび・軽み

ユネスコ・アジア文化センター編『現代日本における伝統文化』伝統と現代社, 1974, p.154

を語る，「いき」「わび」「さび」「幽玄」が日本美の精髄とする捉え方が確認され，第二次世界戦後の若い人々にも定着していったとみることができる。そして，「いき」「わび」「さび」「幽玄」の感覚は時に忘れられ，時に再興して，この調査から40年余経過した現在に，感覚的に受け継がれているといえよう。

中世から近世という長い年月をかけた日本的なものへの自覚は，西洋美学の導入によって目覚めた岡倉天心の『日本の目覚め』『東洋の理想』に始まる。アジアの多くの国が植民地として自国の文化を喪失した中，日本が植民地化されなかった原動力を天心は「民族にあっても個人にあっても，真の進歩をつくりなすものは，外的知識の蓄積よりはむしろ内なる自我の顕現」[12]であり，「こんにち日本を有名にした美術工芸はすべてこの時期の庶民が育成したものであり，近代の演劇，市民文学，鳥居，北斎の版画など，われわれが誇れるものはすべて彼らのたまもの」[13]に依っているとする。

天心は，国民的活動の肝腎な要素が芸術にあり，どんな無学なものでも短歌を残していく東洋的な個性の概念，美とともに生き美しい往生を遂げる，東洋の理想を鼓舞した。さらに，アジアの文化遺産を一貫して研究できるのは日本だけだとして，日本の原始芸術のルーツ神道が，中国を経て伝来した仏教，老荘思想と道教，インド芸術も巧みに取り込んで，飛鳥，奈良，平安，藤原，鎌倉，足利，豊臣から徳川までの美の伝統を積み重ね，明治で再び神道を復活させた，広大な日本美術史を整理している。天心が民族が参加する芸術であることを強調したところに，当時の欧米列強が一目置いたともいえよう。なぜなら，『東洋の理想』の序文でニヴェディタは天心の言葉を繰り返して，日本の芸術を次のように紹介している。

> 日本の場合には，国民的活動のもっとも肝腎な要素が常に芸術にあるということは，よく知られていることであります。その芸術の中に，各時期ごとに，日本人の意識を構成する真に本質的な要素の指標と記念物とをわれわれは見出すのであります。それは，古代ギリシアのそれとは

ちがい，国民全体が参加している芸術であります。―（中略）―日本芸術を通じて表現されているものは，全体として一体何なのであろうか。岡倉氏は，躊躇することなく，こう答えています。日本に集まり，日本の芸術の中に自由な生き生きとした表現を得ているものは，大陸アジアの文化である，と[14)]。

こうして天心以来，様々な分野で模索され，中世，古代に遡って研究される時を重ね，1974年に刊行されたユネスコへの調査報告によって，広く国民に共通感覚をもたらしている日本の美のあり所をみたということであろう。

前述の調査では，文学，美術，工芸，演劇，邦楽の6分野にわたる具体的な問いが設けられている。これらの日本の伝統文化に誇りをもっているかどうかの問いでは，「持っている」が79.4%，「持っていない」が15.8%と8割方がもっていると回答している[15)]。また，伝統文化のうち①愛着を感じるもの，②実際に行っているもの，③優れた文化・芸術と国民的な誇り，についても学歴別・年齢別に考察している。また日本の国や国民について誇りに思うこととして，長い歴史と伝統（33%），国民の勤勉さ才能（27%），美しい自然（25%），国民の人情味（20%），優れた文化・芸術（19%），経済的繁栄（16%），高い教育水準（13%）が挙げられている[16)]。

多くの先人によって研究され提唱された，中世の侘（わび，侘び）とは「わびし」「わぶ」の名詞形で，その意味を鈴木は解注者，熊倉巧夫を引いて「世俗を離れたわびた生活に風雅を感ずる心が生まれ，これに秋冬の季節感も加わって枯淡，脱俗の美意識としてのわびが登場」[17)]し，貧祖・不足の美を表現するものとする。一方，さびは堀越善太郎の解説では「閑寂ななかに，奥深いものや豊かなものがおのずと感じられる美しさをいう。単なる『さびしさ』や『古さ』ではなく」[18)]さらに深い閑寂枯淡の美であるとする。

千利休への回帰を目指してわび，さびを扱った『南方録』には，随所にその心が説かれている。「茶湯は台子（だいす）を根本とすることなれども，心の至る所は草の小座敷にしくことなし」（小さな茶室でのわび茶）に始まり，「家はもらぬほど，食事は飢えぬほどにたてたる事なり」「互いに世塵のけがれをすゝぐ為の手水ばち」はいつ入れたか分からない水ではなく「客の目の前にていかにもいさ清く入れてよし」「小座敷の花は，かならず一色を１枚か２枚かろくいけたるがよし」「茶の水は，暁 汲たるを用るなり」「小座敷の道具は，よろづ事たらぬがよし」掛物は「墨跡を第一とす」[19] といった茶の湯のわびの風情が詳細に語られる。

また，世阿弥が幽玄について，「幽玄の風体の事。諸道・諸事に於，幽玄なるを以（て）上 果とせり。―（中略）―たゞ美しく，柔 和なる體，幽玄の本體なり」[20] とするように，美しく柔和な體であるが，彼が力説する「花」を越えて冷えへと進む有心（ものごとの深奥，本質）「無心」「無の境地」が幽玄の美を意味するようになっている。「『心 を 十 分に動かして身を七分に動かせ』とは―（中略）―立ちふるまふ身づかひまでも，心よりは身を惜しみて立ちはたらけば，身は體になり，心は用になりて，面白き感あるべし」[21] といった余情,「せぬが所が面白き」という「為手（して）の秘する所」を中心とする能の幽玄論は「形なき所，妙体なり」を尊重する秘伝である。

さらに,芭蕉俳諧の要諦とする「詩・歌・連・俳はともに風雅なり」[22] にも，世阿弥同様，「巧者に病あり。師の詞にも『俳諧は三尺の 童 にさせよ』『初心の句こそたのもしけれ』」[23] として“気の芸術”としての足らぬ日本美が語られている。校注をした堀切実は，芭蕉俳諧のさび，しをり，ほそみ，新しみ，かるみといった風調・芸境に芭蕉の人生を見ている。

これらの美意識が，自然災害の多い地勢に住む庶民の身体にしみ込んだ共通感覚をつくり，徳性を共有し響存する素地となってきた。同時に，今日，世界の人々が日本に感じる魅力の源泉になっている。日常にある美は時に忘れられもするが，教育によって再興（学習指導要領での伝統文化の取り扱い）したり問題意識をもった人々の努力によって生活に根を下ろしたりを繰り返している。

§2　美のあり所と美学誕生の背景

1．古代ギリシアの美のあり所

日本の民芸，あるいは欧米のシュルレアリスムが近代の美意識の転換点とすると，もっと古く古代ギリシアの時代にも大きな転換点がある。それは神の似姿をした人間が神と行き来した古代の芸術から，プラトンがギリシア悲劇の言説を受け入れつつも，真，善，美を生の根本に置くとした時代に萌芽している。そして，中世には美の位相が変わり，美は神によって与えられたものとして完全性や調和が求められ，すべて神に通じるものとして扱われた。宗教に彩られた中世については美術史に譲り，本節では，古代ギリシアと近世以降にみる美のあり所を確認していきたい。その歴史的変遷を読者と共有することが，現代の美のあり所，教育における芸術と表現の感じ方，考え方の根源につながると思うからである。

(1)　ギリシア悲劇の語り部

美のあり所に対する二つの視点は，表現者の側の内なる美と，鑑賞する側の外なる美の立場である。本来，この二つの立場は宗悦がいう平凡な世界，普通の世界，誰も独占することのない共有の世界のはずである。二つの立場について，米澤有恒も本来，「『メーティスμητιϛ』と『ロゴスλογοϛ』，機転と論理，今風にいえば，マニュアル化できないものとできるもの，といった対応関係をなしていたのかもしれない。もしそうなら，これは独りギリシア人たちのものというより，人間に一般的な知のあり方」[1)] であり，二つの視点の統一体である人間普遍のものであるとする。表現者からの論理には，優劣や当不当などの決着はつかない道理がある。それは古代ギリシア人においては人間の知的活動は「模倣」であり，芸術も「模倣的技術」と捉えて“同じ事の永劫回帰”だったからである。しかし，米澤は，古代ギリシア人だけでなく18世紀中頃になってさえも「『模倣 imitation』に『創造 creation』を，マンネリズム mannerism にオリジナリティを対置させ，以って人間のクリエイティヴな精神的産出力を称揚し始める」[2]という。ルネサンス期のレオナルドやラファエロは，自分たちの仕事を独創的とは考えず，職人として天地自然に学んで内なる形象を忠実に模倣したとされる。ではなぜ，プラトンとゴルギアスに表現における内と外の二つの立場の違いが表れたのか。美の第一の転換点をこの時代にみることができる。

かつて古代ギリシアの人々は，美を論じる視点をもっていた。それはゼウスやアポローンなどの神託を受けた人間の生き様として様々に描かれたギリシア悲劇や，プラトンの著作にみることができる。ギリシア悲劇の最高峰『イーリアス』『オデュッセイア』『アポローン』などの叙事詩の作者とされるホメーロスが描いた世界の意味を，斎藤忍随は次のようにいう。ホメーロスの詩は「常に死と同居した人間の生なのであり―（中略）―死から出発して人間の生を讃歌する文学」であり，「人間はまた死を前にして始めて生きることの素晴らしさを知り，逆に生きんとする激しい感情を実感する。生命感が高揚する。運命に抵抗するという意味で，自由の感情も，権力感情も羽ばたく」[3]と。生を日常的な地平から高める美的な人間の物語である。しかし，この詩の形式，内容が二つの立場を区分する始まりとなる。

二つの立場が一つであった文字表記がない時代に，神話伝説を口承で伝えた詩人たちは，ゼウスによって選ばれた詩歌女神（ムーサ）であり，語る内容でそれぞれが受け持つのは叙事詩（カリオペー），抒情詩（エウテルペ），歴史（クレイオ），喜劇（タレイア），悲劇（メルポメネ），合唱・舞踊（テルプシコラ），独唱（エラトー），讃歌（ポリュームニアー），天文（ウーラニア）であり，弓の名人アポローンがこれを主宰していたとされる[4]。『アポローン』に，「時に主の君アポローンは，ゼウスの御子なるアポローンは，手にせる竪琴かき鳴らし，甘き楽をば奏しつつ，足取り高く美しくクレータ人（びと）をば導き給へり。かの人々も拍子とり，ビュートー目指しその後に従ひながら『パイアーンの，歓びの歌』歌ひけり。そは女神たるミューズの君が，クレータの人の胸深く，吹きこみ給ひしクレータぶりの，歌にてぞありける」[5] とあるように，クレタに起源をもつ激しい踊りと音曲を伴う歌が，陶酔的儀式として行われていた。

こうした音楽は「肉体を浄め，病いを除く道でもあった。音楽的儀式は医療の中で大きな位置を占めていた」[6] とされる。つまり，口承の詩人たちはムーサに語らされている神に取り憑かれた人であったということであろう。ヘーシオドスが，ゼウスが記憶の女神と交わって生んだムーサについて「彼女たちはオリュンポスに住みたもう父神ゼウスの大御心を悦ばされるのだ，今在ること，この先起こること，すでに生じたことがらを声をあわせてミューズの教え称え歌うて」[7]というように祝祭的なムードの中で時を過ごす。ムーサたちが司る活動は，音楽と運動で，やがて，芸術全般，学芸全般の庇護者となっていく。彼女たちの住居，ムーセイオンは技芸がはぐくまれ，実践され，伝授される場であった。語る詩人は，作る人である前に記憶する人で，リズムと曲と踊りで語り継ぐのは神格化された父祖の姿であり，そこに人々の精神を浄化する作用があったのである。

プラトンも『パイドロス』の中で「われわれの身に起こる数々の善きものの中でも，その最も偉大なるものは，狂気を通じて生まれてくるのである。むろん，その狂気とは，神から授かって与えられる狂気でなければならない」[8] としている。ギリシア人は常軌を逸する狂気は病気ではなく，神から授かった活力・衝動として生の根源に置いていたのである。

その狂気は，神に憑かれた預言の力をもつ占卜(せんぼく)的（憶測・洞察・識見を組み合わせた占い術）狂気，神々への祈願と奉仕にすがって儀式を探り当て災悪から解放される秘儀的狂気，ムーサの神々から授けられる詩的狂気（歌をはじめ詩の中に激情を詠み人々の心の糧とする），最高の美である恋愛的（エロース）狂気[9] の4種類で，当然とはいえプラトンの描くソクラテスは，自らも狂気の人間であることを是としている。

当時の人々にとってよいダイモーン（人間と神々の中間に位置する，善性・

悪性の超自然的存在，霊）に取り憑かれることは，努力しなくても善を行えるエウダイモンな人生（アリストテレスが「優れた性格とは，エウダイモンな人生，すなわち最も生きるに値する人生を生きる人間の所有するもの」[10] とした）を送ることに通じていたのである。

(2)　哲学的美学と弁論術の美学

さて，狂気を是としたソクラテスがソピスト派との論争によって美に対する哲学的論点の違いを生んだことは，ゴルギアス，カリクレスらとの対話によって知ることができる。善のために快がなされるべきか，快のために善がなされるべきか，という問いである。当時，弁論術はアテナイ社会の花形で，ゴルギアスは弁論の第一人者として若者たちに道徳的・社会的影響を及ぼす存在であった。弁論術は魂の真正の技術ではなく政治術の一部門を真似た模像（おべっかの偽技術）と批判するソクラテスと，正と不正，美と醜，善と悪にかかわらず我が身を守る詭弁・説得力をもつことが賢者とするゴルギアスの処世術では，魂における美のあり方が違う。後者が席捲していた当時のアテナイでは，人々は快楽を求め権力をもつことを願う。それが人間の本性であるはずと考えるカリクレスは，ソクラテスは成人してもなお哲学にうつつを抜かすとして，その幼さを指摘する。それに対して，ソクラテスは「節制してよく己（おの）れに克（か）ち，自分のうちにあるもろもろの快楽や欲望を支配する者」[11] つまり，“己を知る”ことを問う。しかし，カリクレスは「人は，正しい生き方をするためには，自分自身の欲望を抑制するようなことはしないで，これを最大限にゆるしてやり，欲望にじゅうぶん奉仕する」[12] と考えるから当然，美のあり所は対立する。ソピスト派の考え方からすれば，悲劇は一種の「詐術」であり，「快楽の方へ，観客を喜ばせることの方へ向って」[13] 詐術する。ギリシア悲劇が「詐術であるのなら，欺くものの方が欺かないものよりも『正しいδικαιος』し，欺かれるものの方が欺かれないものよりも『賢いσοφός』」[14] とするパラドクスは，ソピストらしい論理の強（したた）かさである。

これに対してソクラテスは，ホメーロスの物語の言説をわれわれに与えられた先達として受け入れるようにいう。そして現在は生前に裁判が行われるが，クロノス，ゼウスの時代には，生を終えた日に幸福者の島かタルタロス（奈落の神の名・地獄を意味する）かを決めた。いつの世も邪悪な人間は権力者の中からより多く出るではないかという。「不正にして神を蔑する一生をすごした者は，人呼んで『タルタロス』と言う償いと裁きのための牢獄へおもむかなければならない」[15] と。彼は，単に快楽の方へ，観客を喜ばせることの方へといく道には何の価値もない，なぜなら詩作という仕事は曲調とリズム，韻律を取りさるとただの言葉だけで，弁論術（おべっか）によって大衆を鼓舞するかぎり，優れた市民はできないと考えるからである。今日に置き換えれば悪書礼賛と悪書追放論争のごとき詩作への対立であり，模倣させるのか想像させるのかの表現論争の対立に似ているのでもう少し眺めてみたい。

(3)　プラトンの魂の美学

プラトンが『ゴルギアス』の後に出した『国家』に，模倣の考え方が述べられている。ここに彼の模倣に対するこだわりをみることができる。

> 詩（創作）のなかで真似ることを機能とするかぎりのものは，けっしてこれを受け入れないということだ。というのは，ぼくは思うのだが，それを絶対に受け入れてはならぬということは，魂の各部分の働きがそれぞれ別々に区別された今になってみると，前よりもいっそう明らかにわかっている[16]。

とした強い行がある。それを語るために，グラウコンとの真似る人々についての対話が繰り広げられる。実相（イデア）はだれもつくることはできないが，職人は実相を真似て写像を作りだす。画家も，悲劇作家も同様に写像を作るが，「彼が作るのは真の（あるもの）だとはいえなくなって，（あるもの）

に似てはいるけれども，ほんとうにあるものではないような何か」[17] を作るのである。つまり，神が森羅万象の世界の創造主〈実在の製作者〉であるならば，手仕事職人は〈製作者〉として実在を真似る。しかし，画家・悲劇作家などは実在から遠ざかった〈真似る者・描写家〉であり見かけの影像の真似師であるとして，つくる者に「神」と「手仕事職人」と「真似師」の三者をおく。3番目の真似師は職人の技術を知らなくても大工の絵を描いて本当の大工だと思わせるという欺きができるから見かけを生きている。彼は,「作家（詩人）もまた，真似て描写する以外のことは知らずに，それぞれの技術がもっているうわべの色彩とでもいうべきものを，語句を使って塗り描くのだ」[18] とし，うわべの言葉から判断する人たちは「韻律とリズムと調べをつけて語るならば，大へん立派に語られているように思える」「影像を作る人，すなわち，物を真似る人は，われわれの主張では，あるものについては何も知らず，見えるものについて知っているだけ」[19] の人だという。使うための技術，作るための技術，真似るための技術の三つの技術のなかで，善さや美しさや正しさは使用する者にあるが，真似師は何も知らない多くの人々に美しいと見えるようなものを真似て描写する，それは遊び事にほかならないと捉えているのである。

それゆえにプラトンは国家建設にあたって，真似師を子どもや若者たちに禁ずるのは，詐術によって魂を形成する危惧からである。ヘーシオドスやホメーロスが語る物語，他の詩人たちが語る作り事の物語は，神々や英雄たちを言葉によって劣悪な似姿に描いている。プラトンは，「神々が神々と戦争したり策略をめぐらし合ったり，闘い合ったりするような物語も，けっしてしてはならない」「ヘラが息子に縛られた話」「母がうたれるのをかばおうとしてヘパイストスが父神に天から投げ落される話」[20]「悲嘆にくれる話」「酒びたしの話」「混乱に満たされた話」[21] なども決して受け入れるべきでないとして，詩人追放論を展開する。「もし偽りと言うことが誰かに許されるとすれば，国の支配者たちだけが，国民なり敵たちのために，それが国家に有益である場合」[22] に限って許されるという詐術の目的に言及する。

形式か内容かという議論についてのプラトンの真意は，技術を使う人間の習慣，良心のありようが，国家を頽廃もさせれば隆盛にも導くという意味であろう。宗悦もいうように，技術をもつ人の自覚が，清い境地，無心，伝統にあるのか，作為や名声にあるのかである。なぜなら，哲学者は啻（ただ）に，知を愛する人であるだけでなく，善を愛する人，善を行う人であり，真は善であり，善は美であり，真善美は一如だからである。偽は悪であり醜は不正である以上，詐術である詩作は正義への道に立ちはだかる不正への道の岐路になるとする主張である。

創造主の神，神がつくった自然を模して作る職人ではなく，真似て写すことを真面目な仕事ではないとするプラトンは，「一般に真似の術は，真理から遠く離れたところに自分の作品を作り上げるというだけでなく，他方ではわれわれの内の，思慮（知）から遠く離れた部分と交わるものであり，それも何ひとつ健全でも真実でもない目的のために交わる仲間であり友である」[23] とする。人間の魂は無数の対立によって満たされているが，立派な人物は，感情に流されず，理と法によって節度を保つ。つまり，悲しみと戦い，節度を保つために抵抗するのは「理（ロゴス）と法（ノモス）であり，悲しみへと引きずって行くのは，当の感情（パトス）そのもの」「われわれの主張では，人間の内なる最善の部分は，まさにいま言ったような理の示すところにすすんで従おうとするのだ」[24] とする彼の理知主義は，神から授かった狂気という情動も理と法によって節度を保ち得るものとして，快楽に流れる時勢を批判的に捉えていたと見ることができる。だから時勢の作家が向かうのは「感情をたかぶらせる多彩な性格の方であって，それはそのような性格が，真似て描写しやすいからにほかならない」とし，彼を「画家の片割れと規定することができるだろう。なぜなら，真理とくらべれば，低劣なものを作り出すという点でも画家に似ているし，また魂の同じく低劣な部分と関係をもち，最善の部分とは関係をもたないという点においても，彼は画家とそっくりだから」[25] と創作者の魂がエートス（習い性）に行かないよう，冒頭にあげた，「けっしてこれを受け入れない」という厳しい言葉に行き着くのである。

そして魂の中に知識がないから知識を中に入れてやるという考えではなく「人間がもっているそのような（真理を知るための）機能と各人がそれによって学び知るところの器官とは，はじめから魂のなかに内在しているのであって，ただそれを―（中略）―魂の全体と一緒に生成流転する世界から一転させて，実在および実在のうち最も光り輝くものを観ることに堪えうるようになるまで，導いていかなければならない」[26]のであり，それが教育であるとする。その光り輝くものが『善』で，真・美は魂の中に内在すると考えるのである。

ここから，「歴史（ヒストリア）」に真理をみて，「神話（ミュートス）」に創作（虚偽）をみて，ノンフィクションとフィクションの二相が生みだされている[27]。詩作もソピストの弁論術も“人間をエクスタシイ（脱自の境地）へ連れて行く技術”であると考えるソピストへの道と，技術には修練はあっても知識のような探究はないと考える哲学者への道との分かれ目は，言葉を生業とした者たちの外からの芸術論と，衝動によって表現する内からの芸術論との分かれ目でもある。論理を首尾一貫した整合的思惟の形式としたギリシア以降の哲学は，ロゴスを人間の最高位に置くことに成功したとみることもできる。

しかし，プラトンの描くソクラテスも死を直前にして詩作を行っている。繰り返される「ソクラテス，文芸（ムーシケー）を作り（なし），それを業とせよ」という夢の命じるままに，「神アポロンへの讃歌を作ったのだ。―（中略）―詩人というものは，もし本当に詩人［作る人，ポイエーテース］であろうとするなら，ロゴス［真実を語る言論］ではなくてミュトス［創作物語］を作らなければならない」[28]として，善としての詩作を試みている。ソクラテスがゴルギアスを否定したのは，狂気（本能衝動）としての創作を是としながら，頽廃するポリスに問いを投げかけたからであり，詩作によって彼も狂気の人であることを証明したのである。それは美の新たな展開を予想させる。一人の人間のもつパトスとロゴスの立場を融合してこその生である。外と内からの芸術論を統合する視点は，次の時代に持ち越されていく。

(4)　アリストテレスの詩学

時が経ち，プラトンのアカデーメイアで学んだアリストテレスの時代になると，同じ韻律で書かれていても，詩作（ポイエーシス）か哲学（人間の行為のミメーシス〈模倣・再現〉）かの区分が明確になってくる。ホメーロスは，詩は神（アポローンまたはムーサ）から力を借りて生みだされ，物語（歌）は技師の力によって語ると捉えていたが，アリストテレスの技術は，「自然を模倣するという自然学」で「自然と技術は，いずれも，ものの生成の過程を律するが，同時にまた，それらが目指すところの目的によって規定される」[29]とするところからもうかがえよう。

アリストテレスは，詩作が種類の機能，つまり優れたものとなる筋（言葉，演説，物語，作り話，伝説，神話などの構造と原理）の組み立て，詩作を成立させる要素から明らかにすることを試み，プラトンの真善美の普遍を補修する。

プラトンは真似師の芸術的模倣・模写は真実を表さないとしたが，アリストテレスは「技術による人もいれば，経験による人もいるが―色と形によって似姿をつくりながら多くのものを再現し，他の人たちは音声によって再現する」「音曲なしでリズムのみを用いて再現するのは，舞踏家の技術である。というのは，舞踏家もまた，姿態にあらわされるリズムによって人間の性格，苦難，行為を再現する」[30]というように，再現を広く積極的な意味で使い，必然的な仕方でなされる行為の再現は普遍を目指すと考えたのである。再現の対象は「喜劇が現代の人間より劣った人間の再現を狙うとすれば，悲劇はそれよりすぐれた人間の再現を狙う」[31]と，詩作の方法も異なる。また，作者が叙述者となって再現する場合と，作者がすべての登場人物を行動し現実に活動するものとして再現する方法も異なる。叙情詩を除いた叙事詩と悲劇の詩作，喜劇と合唱舞踏歌，アウロス笛とキタラー琴の音楽の大部分，すべては再現であって，異なった媒体によって，異なった対象を，異なった方法で再現し，同じ方法では再現しないという違いが，詩作との違いとなっている。

なぜ，それらが普遍に向かうのか。一つは「再現（模倣）することは，子供のころから人間にそなわった自然な傾向である。しかも人間は，もっとも再現を好み再現によって最初にものを学ぶという点で，他の動物と異なる」とし，二つに「すべてのものが再現されたものをよろこぶことも，人間にそなわった自然な傾向である。このことは経験によって証明される―（中略）―その理由は，学ぶことが哲学者にとってのみならず，他の人々にとっても同じように最大のたのしみであるということにある」「再現することは，音曲とリズム―（中略）―とともに，わたしたちの本性にそなわっているものである」[32] から，即興の作品から讃歌や頌歌(しょうか)をつくり風刺詩をつくったとする。

こうして自然の本性として再現・模倣に行き着いたところにアリストテレスの卓見があり，そこに普遍的なことの合一を目指す人間をみたのである。彼は悲劇の構成要素を，“筋，性格，語法，思想，視覚的装飾，歌曲”におき，再現の媒体は語法，歌曲の二つで，再現の方法が視覚的装飾，そして再現の対象は筋，性格，思想であるとする。この６要素のうち，もっとも重要なものが出来事の組み立て（筋）である。彼は悲劇は人間の再現ではなく，行為と人生の再現で，人生の目的はなんらかの行為であって性質ではない。幸福も不幸も行為に基づくものだ考える。そして劇中の人物は，「性格を再現するために行為するのではなく，行為を表現するために性格も合わせて取り入れる」[33] とする。こうして悲劇の筋を構成する逆転（複合的な筋において起きる行為が正反対の方向に転換する―幸福から不幸へ―）と認知（認知の手段の一つとしての道具立てや埋めこまれた印，記憶，推論，出来事）が人の心を動かすところに悲劇の悲劇たる要素があることを証明する。

また彼は，歴史家がすでに起こったことを書くのに対して，詩人は必然的な仕方で起こる可能性のあることを語るのであり，歴史が個別的なことを語るのに対しても詩作は普遍的なことを語るので，「詩作は歴史に比べてより哲学的であり，より深い意義をもつものである」[34)] として芸術を上位に引き上げた。そして，たとえ起こったことを詩作することがあっても筋を組み立てる詩人は詩人であるとする。一つの世界から虚構の世界へ，虚と実の間を往来して，人々を神話の時空につれていく，そこに悲喜劇によって精神的浄化が得られるのである。

このように，筋立て，秩序と長さ，筋の統一，詩と歴史の相違，詩作の普遍的性格，悲劇の制作，思想，語法といった悲劇の分析がなされた『詩学』によって，ミメーシス（模倣）は自由を獲得したといえよう。それは，人間の本性，自然学に基づいた普遍に，真似師・表現者の根拠を置いたから可能になった美のあり所である。また，彼は当時の人々が教育として教えるものを，読み書き，体操，音楽，図画としていることを踏まえ，読み書きと図画は生活に有用であり体操は勇気に貢献するが，音楽は閑暇の快楽のためだと誤解している人々に対しても問いを向ける。音楽のもつ遊戯，休養や憂いを鎮める有用さの本質は，霊魂を恍惚ならしめ，霊魂の性格をある性質のものになしうるところにあり，「律動や節のうちには憤怒や穏和，さらに勇気や節制，またこれらに相反するものやその他の倫理的性質の真実の本性に非常によく似た類似物がある」[35)] とする。そのため，音楽の教育において聴衆の快楽を目的とした専門的な教育（競技目当て）を退け，それぞれの年齢に即して中庸のものと可能なものと適したものを教育の目標としなければならないとする。そして節，旋律（音階），旋法をもつ聴覚芸術と，形態や色彩をもつ視覚芸術を区分して近代美学への装いをつくっている。

しかし，近世ルネサンス以降，ムーセイオンがミュージアムと呼ばれて〈博物館〉，〈美術館〉あるいは〈絵画館〉と訳され，美術品や骨董品の収集，展示する場になったという言葉の歴史から，自由を獲得したはずのミメーシスも自然学と切り離されるに従い，美のあり所も様変わりしていく。今日ふたたび，イベント・ワークショップなど参加型の図書館，博物館，美術館の場へとその装いを変えている現代の美学・芸術の変遷も捉えておきたい。表現教育は，アリストテレスの自然学に基づいた根拠を忘れると，硬直化するからである。

2．近代の美学

プラトンの哲学的美学は美のあり所を善に生きる魂の自由，あるいは神から授かった人間の狂気（本能）の中にみたが，ゴルギアスは快に生きる人間の本性内にみた。アリストテレスは人間の自然本性にみた。やがてパトスとロゴスの二層が分離し，ロゴスで彩った「美学」を成立させた近代は，実用的な機械的技術に属して完成した作品の中に美をみた。米澤は，近代の「美学は『作品』，既に出来上がってそこにあるものを元に」芸術の意味を決定してきたのであり，「作り手が『芸術』をどう考えているか，表現のためにどんな創意や工夫を凝らしたかといった『作る側』の問題は，尠くとも十九世紀いっぱい，美学の副次的関心事に留まっていた」[36] とする。ロゴスを駆使して学を成立させることに関心が向くと表現者・作り手の美意識に対する議論は二の次になる。本節では「学」としての衣を装っていった近代の美学成立と芸術論争の概観を捉えている。

(1)　バウムガルテンの美学

近代の美学は，バウムガルテンに始まり，カント，シラーを経てヘーゲルで完成したといわれる。美学とは，感性というギリシア語を語源とするラテン語の造語「Aesthetica」に由来し，その目的は感性的認識の完全性にある。感性的認識の完全性が美であり，不完全性が醜という論理には，理性的認識と対にした感性的認識の固有性がある。ここに日本の美醜を一とする，わび，さびを美とする感性とはまったく異なる，科学的認識と感覚的認識を区分する西洋の美学が誕生している。バウムガルテンの，学として感性的認識と科学的認識の二軸を対立させる論法，感性的認識の完全性，不完全性という二極の視座は，近代の西洋科学の潮流にのって，「美」を「学」として論じる構造を生みだしていく起点になっている。

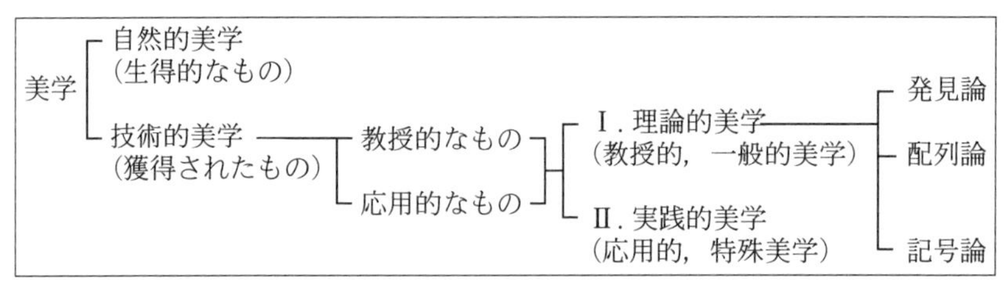

図表 1-1-3　バウムガルテンの美学の理論的な構造　（筆者による構造化）

バウムガルテンは『美学』の序論で「美学（自由な技術の理論，下位認識論，美しく思惟することの技術，理性類似者の技術）は，感性的認識の学である」「下位認識能力には，教育による陶冶なしに経験だけで養われた自然的段階がある。それを自然的美学と呼ぶことができる。自然的論理学の通常の区別にならい，それを生得的なもの（生得的な美しい天性）と，獲得されたものとに区別し，後者を更に教授的なものと応用的なものとに分けうる」「技術的美学は自然的美学に付加される」[37] とし，論理学の論理的枠組みと並行させて哲学の一分科としての理論的美学の構造をつくっている（図表 1-1-3)。

理論的美学の発見論とは事柄と思惟内容との規則で，配列論とは明晰な順序に対する規則，記号論とは美的思惟，配列記号の規則である。配列論，記号論は彼の発病のため構想のままに終わっている。当然，実践的美学には筆が至っていない。ミメーシスの自由は，実践的美学であり，教育もまた子ども自身が表現衝動を発展させる実践的美学であり，幼児期は自然的美学にあるだけに，その具体的内容も知りたかったところである。

彼は美学の目的を「感性的認識のそれとしての完全性である（§1)。然るにこの完全性とは美である（『形而上学』§521，662)。そして，それのそれとしての不完全性を避けねばならない（§1)。然るにこの不完全性とは醜である（『形而上学』§521，662)」[38] ところに求めたために，後世ポンティら多くの批判を浴びることにもなったが，学の構想を世に問うた初発のものとして，次の時代に大きな影響を与えたという点では，美学の父たる存在といえよう。

(2)　カントの判断力批判

カントは，事柄の本質からみると①条件，②条件づけられたもの，③条件づけられたものとその条件との合一から生じる概念，に従い，上級認識能力（自律を含む諸能力）の体系的統一は二分法ではなく三分法だとする。そして，①心の全能力は，認識能力（自然の理性的認識能力）に対しては悟性で，アプリオリ（先天的，自明的な認識や概念）な構成的諸要素を含んだ能力として合法則性を規定し，自然に適用される。②快・不快の感情に対しては判断力で，諸概念，諸感覚から独立して欲求能力の規定にかかわることができ，実践的諸概念，諸感覚として合目的性を規定し，技術に適用される。③欲求能力に対しては理性で，快・不快にかかわらず欲求能力に究極目的を規定し，自由の概念に適用される，とした。

また，自然の合目的性という判断力の概念は，認識能力の統制的原理に属するにすぎず，美感的判断は快・不快の感情に関して構成的原理となる。認識諸能力の合致は快の根拠を含み，その自発性は自然概念の領域と自由概念の領域を連結する媒介に役立つ[39]とする。つまり悟性と理性の二分でなく，悟性と理性を媒介する自発性（アプリオリな原理）が，快・不快の判断力，道徳的感情に対する心の感受性を促進するという，諸能力の三つ巴による合一に置いたのである。

ある表象されたものが美しいか否かの区別は悟性が客観的に関係づけるのではなく，悟性と結合された判断力（構想力）が主観と主観の快・不快の感情に関係づける。カントは「趣味判断は，それゆえ認識判断ではなく，したがって論理的ではなく，美感的である。美感的ということで理解されるのは，判断の規定根拠が主観的でしかありえないような判断である」[40]として，美

図表 1-1-4　カントの上級認識能力の三分法

	認識能力	アプリオリな原理	適用されるもの
心の全能力	悟性	合法則性	自然
快・不快の感情	判断力	合目的性	技術
欲求能力	理性	究極目的	自由

学を，美そのものの学問ではなく美に対する批判の学問として位置づけている。そして美感的判断＝趣味判断における快は観照的であるが，道徳的判断における快は実践的である。つまり美感的判断力の原理は，前者は趣味の批判の経験論であり，後者は趣味の批判の合理論であるということになる。カントはアリストテレス同様，常にアプリオリな根拠に基づいて判断する自然美を重視した。自然美の重視は，後にゲーテやヘーゲルらに批判されることになるが，『純粋理性批判』（悟性についての論述）[41] と『実践理性批判』（理性についての論述）[42] の間をつなぐことになった『判断力批判』（美感的判断力）について，訳者牧野英二は，共通感覚，テレオノミー（生物の行動・生活史・発生過程・形態などの現象は進化の過程で都合良くその役割を果たすよう形成されてきたという考え），自己組織性などの視点から今日，再評価されているという[43]。

確かに『人間学』[44] を読むと，『判断力批判』の熟（こな）れた表現がなされている。自分の表象（記憶から心のうちにイメージを起こし表す）の随意的意識は，他の表象との結合から引き離す認識能力の現実的作用―表象から抽象する作用―であり，それは思考能力の自由と表象の状態を意のままにするという心の自主の力，練習によって獲得する心の力である。われわれが意識せずにもつ表象，感官的直観や感覚の分野は測りがたい広大なものであり，心は能動的であるか受容的であるかを特色とするが，表象に関する認識はこの両者を結合したもので，表象を結合したり分離したりする心の力が認識の最も主要な部分という意味である。思考的存在としての私も感官的存在としての私も同一主体であり，内的・経験的直観の客体として時間における感覚の中で，カントの言葉によれば，「内発的に触発されるかぎりにおいて，私が私に現象するように私を認識するにすぎない」[45] ということになる。子どもが桜の花を感じてそれを色で表現する（感性的認識能力）のも，言葉で表現する（知性的認識能力）のも同一主体であり，それは自分自身の内における現象から出発して内的経験（五感によって直観した対象を悟性法則に従って整理・統合された現象）へと進んでいく心の力とでもいおうか。

感性とは，感官（対象が現にある場合に働く直感能力・五感の働き）と構想力（対象が現にない場合にも働く直感能力）から成る。構想力は，生産的（創作的。創造的とは限らない）か再生的（回想的）かのいずれかで，生産的である場合は対象の独創的表現でその表現は経験に先行する。再生的である場合は，経験的直観を心に蘇えらせるもので対象の概念・悟性と結合して経験となる。それゆえに，構想力はわれわれの感官能力に与えられたことのない感官の表象はつくり出せない，つまり無からは生まれず，どんなに偉大な芸術家であっても構想力を形成するための材料を感官からとってくることが必要なのである。赤色を見たこともない者は赤色の枠組みをもたないし，混色を見聞きしたことも体験したこともない者は構想力に混色した色の表象をつくり出せないという感性と悟性の関係，ここに経験の意味が生まれる。感性と悟性を対立させる人々はいずれかを悪口するが，感性なしには悟性を用いるために加工する材料がまったくなくなり，悟性なしには感性は構想力とつながらないので，人間の内的完全性は悟性が支配していても，なおかつ感性を弱めないことが必要なのである。

カントは，美学を否定して，美の批判の中に美しい技術〔美術〕だけが存在するとした技術についても次のように言及する。①快の感情を直接意図する美感的技術は，その目的が感覚としての表象に快があるのであれば快適な技術であり，②認識の仕方としての表象であれば美しい技術である[46]，と。

享受のためのおしゃべりや食卓の美的設営，食事中の音楽，時を忘れるほどの対象への関心を伴う遊び，造形や音楽，身体などの表現は，すべては快適な技術であり，合目的的な社交的伝達のために反省的判断力を基準とした技術は，美しい技術ということになる。それゆえに美術は天才（技術に規則を与える天与の資質）の技術で，天才はそれが意図的であるとしても意図的であるとみせてはならず，自然であり，心の諸力を拘束していた痕跡を留めないことである。認められたい，高く売りたい，奇抜さを出したいなどの心の拘束は，自然の感情から離れ，人々に満足を与えることはないためである。

こうした意味でカントの美感的判断力は，歴史的美学と主観の判断する美の立脚点に戻ることになる。つまり外側からの美学と感性と悟性という内からの美のあり所である。そして教育においては，自然美を自然美として判定するための概念を残している。目的を知る必要もなく，完全性も問題にならず，表現者自身が自然美に従ってどれだけの快や満足が得られるかである。なぜなら自然美とは，芸術美・美しい技術の枠組みによる表象ではなく，美醜を伴って美しいと感じる主観的な感性と悟性の賜だからである。

(3)　シラーの現象における自由

カントの美感的判断力を，知の枠組みとして構想したシラーは，美を説明する方法は主観的（感性的＝主観的か主観的＝合法的）か，客観的（合理的＝客観的か感性的＝客観的）のいずれかで，美は完全性の形式で，その素材は必ず形式を与えられた素材である[47]，としてカントを追随する。そして次のように理論理性と実践理性を捉えている。「理性的存在者の自己とは理性であり，自然的存在者の自己とは自然である」「超感性的なるもの以外の何者も自由ではあり得ず，自由そのものは感性の世界には決して入り込み得ない」[48]と。

つまり，感性界に自由は与えられてはいないので私たちが自由と思っていることに過ぎないという意味である。赤を赤と感じたり美醜を感じたりする感覚なども，実際には直観から悟性によって整理・統合されたある枠組みをもった認識なのである。彼は，形式をもった自由，自律について，さらに次のように論理展開している[49]。

> 認識の形式に従つて概念を評価するのは論理的である。
> 同じこの形式に従つて直観を評価するのは目的論的である。
> 純粋意志の形式に従つて自由活動（道徳的行為）を評価するのは道徳的である。
> 純粋意志の形式に従つて自由ならざる活動を評価するのは美的（エステーティッシ）である。

それゆえ，“美とは現象における自由”に他ならないという。つまり，諸現象の一性質としての美は，純粋自然によって規定される。それを説明するのにシラーは，現象を表象するには２つの仕方があり，意図的に認識に向けられて現象を考察するか，ものそれ自身からそれの表象へ誘われ観照するかだとする。すべての現象は，形式をわれわれの主観から受け取っており，そしてあらゆる表象は多様なものであり素材である。この多様なものの結合の仕方がその形式である。多様なものを与えるものは感性であり，結合を与えるものは理性である。「感性に対して多様なるものが与えられると，理性はそれに対して自己の形式を与えようとする。即ち，多様なるものを自らの法則に従つて結合しようとする」[50] のである。

カントは，悟性と理性の間に判断力をおいて３視点から現象する自由を説明したが，シラーは形式を与えるものは判断力ではなく理性だとする。悟性は内的規則に従った形式をもつが，この形式・規則を認識はしない。認識するのは理性であってその理性は，表象と表象を結合して認識させる理論理性か，あるいは表象と意志とを結合して行為させる実践理性かのどちらかであると考えるのである。当然，理論理性の下では美が見いだされない。それは美は概念に依存しているわけではなく純粋自然によって規定されているからである。表象において，表象力の形式的制約（枠組み）に従うことにより現象ははじめて現象となる。その現象における自由を自由とみるのは，整理統合した理性の概念だという意味である。カントが，判断力が適用されるものが技術としたように，シラーも，“美は現象の領域にのみ住む”ので「自由が美なるものの根基である。技巧は単に，われわれの自由の表象の根基であるに過ぎない」[51] とし，技巧だけでは美にならないが，自由の表象の根拠は技巧にあることを認めている。その内から規定されていること（規定根拠）は表象によって発生し，他者にも伝わるが，それが表象されなければ存在しないのと同様である。

人間が表現することは，現象における自由を超越した自由を獲得することであり，美を感じること，表現することは衝動としての生を遊ぶことといえよう。訳者草薙(くさなぎ)正夫は，シラーがカント美学の主観性を超えて美の客観的原理を説明しようとしたのも，カントの理性と自然の対立を結合統一する道を目指したからであり，“自由の理念を，人間的存在の最も内的な本質”として捉え，芸術として表現すること[52]が哲学者であり芸術家としての彼の根本的課題だったとする。そして見いだしたのが，この1793年のカリアス書簡にみる“現象における自由”だったのである。ここに感性衝動と形式衝動の結合した遊戯衝動としての美学が展開されることになる。シラーの遊戯衝動については，本シリーズ第11巻で清水満氏が詳細しているので参考にしていただきたい。人間を理性的存在としてだけではなく美的存在，美的人間として位置づけたシラーの人間讃歌である。

(4)　ヘーゲルの芸術形式の歴史

明治期に始まり，筆者らの世代が中学校以降に学んだのは，ヘーゲルの美学だったかもしれない。入学試験に堪えられる美術史である。美学を不動のものにし，芸術として高め，それによって逆に批判もされるヘーゲルの美学の以下の概要は，フィッシャーの『ヘーゲルの美学』[53]に拠って捉えている。

ヘーゲルは自由な真に無限の精神は，「理論的知性の段階的行程に即応して，外的な感性的直観から対象を内面化する表象へ，この表象から概念的思惟へと進展する。自己の本質を完全な自由のなかで直観する精神は美的芸術（schöne）あるいは美学的芸術（ä schetische Kunst）であり」[54]，信仰的に表象する精神は宗教，思惟的に概念化し認識する精神は哲学であるとして，芸術と宗教と哲学を並べる。そして芸術哲学を美学として位置づけたカント，シラーの功績を認め，「精神から誕生し再生した美は芸術美（das Kunstschö ne）あるいは理想（Ideal）である」[55]として芸術意識の進歩を世界史においている。

その論理構成は，理想は理念ではなく自己を実現し美の世界を展開するエネルギーで，①理念は未規定であり現象の中に具象化されるので芸術形式は象徴的である。②理念が規定され具象化されたものは人間であり，この芸術的形式は古典的（ギリシア的）である。③精神の自由と融和の高まりを根本原理としたものはロマン的形式であり，精神的な美である，という３つの主要な形式にまとめている[56]。

象徴的芸術形式は，自己の内容を感性的客体に形象化し具現することを求める理想で，象徴は心と形象，意味と形態を分離するが統合もする。内容は普遍的，精神的，神経質的であり，形式は個別的，感性的客体である。理想（神）の崇高性とそれに比したすべての無価値性を述べることが本質的な主題である。直接存在し表象するもの，たとえば光，太陽，星，火，焔（ほのお）など神の被造物は，善，正義，生命，繁栄を意味するだけでなくそれぞれものとして象徴される。この象徴が意味をもたないのは，古代ペルシア，インドの宗教の直観が世界創造の最高神（万物の統一，創造），存在保持の神（事物の存立）および存在破壊の神（破壊）を三位一体にして形態化したためである。

古典的芸術形式は，ギリシア人が認識し実現した主観的芸術品（人間）と客観的芸術品（神々）および政治的芸術品（ポリス）である。この芸術は絶対者の最高の表現になり，芸術そのものが宗教美になり，美の頂点をなしていた。ホメーロスやプロメテウスのオリンポスの神々の物語は，神々をつくり，人間を動物より上位に置くことで，自由に満ちた人間を浮き上がらせた。この内容と形式の統一に理想の主題があり，理想は与えられたものではなく発展したものであった。

ロマン的芸術形式は，理想の概念にかなった表現，美の王国の完成である。キリスト教に基礎を置いて，精神が自己自身へと高まることにその本質をもつ。精神の絶対的自由，自己自身の絶対的融和も表現されることが求められるロマン的芸術の根本原理がここにある。キリストの受難の物語，マリアの愛，聖家族の理想的な美の主題が表現される。信仰に服従させる中に，自己の人格の向上，人格的価値の高揚，自己感情（主観的な名誉，恋愛，忠誠の感情）が横たわっているとはいえ，美学的自由が芸術美・理想のあるいは芸術意識・芸術形式の主題となっている。

さらに彼は，理想を現実化しなければならない芸術の概念には，自己区分あるいは分岐の根拠も含まれるとする。「理想は芸術の内容であり，直観的表現は芸術の形式である」[57] ことから分類が生じてくる。神殿，神，神に感動し心酔した教団の内面性は，一つに美的建築として，もう一つに彫刻として，さらに絵画，音楽，詩として表現される。芸術直観の形式は，見ること，聴くこと，表象すること（想像すること）であり，これに対応する芸術は，見ることに対しては造形芸術（建築・彫刻・絵画）に，聴くことに対しては音響芸術（音楽）に，表象することに対しては詩（叙事詩的文学，叙情詩的文学，劇詩的文学）という言語芸術に分けられる，として美学の完成を目指したのである。

バウムガルテンに始まりヘーゲルが完成したとされる哲学的美学は，美を「神性の顕われ」とみて，芸術＝美の表現だという概念を形成した。そして，生と合一していた芸術を細分化した。後にトルストイが，美を芸術の定義の土台にすることはできないし美を元とする芸術論は仲間内の気に入ったものをいいと認める程度のもので，貴族芸術が欧州の文芸復興，宗教改革期から1898年に至るまでの堕落の中で生まれたもの[58] と一蹴したにもかかわらず美の表現をもって芸術とする思想は，日本だけでなく世界中に美の思想史を支配するほどの時代をつくり出したといえよう。

３．「場」としての現代芸術

20世紀の初頭，第一次世界大戦をはさんで，学問も芸術も大地殻変動を起こしている。いわゆるアバンギャルド芸術である。従来の破壊と革新を目指すイタリアの未来派（1909年宣言）をはじめとし，ほぼ同時期に現れたロシア・アバンギャルド（1910～1930）や，ドイツ表現主義（1910年頃），そしてダダイズム（1916年），シュルレアリスム（1924年）などと続く芸術運動である。前衛芸術という言葉で日本にアバンギャルド芸術が急激に押し寄せてきたのは1960年代のこと，世界の潮流より半世紀ほど遅い。産業・科学・芸術の総合から出発したアバンギャルドも，ファシズムによって一旦は挫折したが，田淵晋也は，現代芸術は「産業に関係した創造」の芸術[59]として生活を活性化するものだとする。近代美学の批判から始まった現代芸術が第二次世界大戦後の日本の教育に大きな影響を及ぼしながら今日に至っている。

(1)　近代美学への痛烈な批判

世界は，近代美学の批判に対して二分した。ヘーゲルによって完成した純粋美学を支持する者，それを批判する者である。近代美学への反旗は，フランス生まれのデュシャンに始まり，ピカソ，ダリ，エルンスト，ピカビア，キリコ，ミロなどのシュルレアリスムの芸術運動に発展する。

少年時代から絵を描き始めたデュシャンが，早い時期に絵を放棄し，既製の日用品に新しい主題を置く観点から手を加えて「レディ・メイド」のオブジェを創作したことは，近世の哲学的美学，富裕層のみの私有財産の豊かさを根本から問い直すことになる。デュシャンが男子用小便器に「リチャード・マット（R. Mutt）」という署名をし『泉』というタイトルを付けた作品（1917年制作）にまつわる話は，芸術の世界に芸術でないものを芸術として連ねたからであり，美と芸術は直接関係がなくてもよいという位相を切り開いたからである。彼は，絵画が本来もっていた反網膜的な態度が忘れられ「今世紀全体がまったく網膜的なものとなってしまっています」「まったくばかばかしい。こんなことは変わらなければいけません」[60]として『大ガラス』や『階段を下りる裸体No.2』のような科学的透視画法で描いた作品も世に出した。芸術という言葉は，つくる意味で，彼は「誰でもが何かをつくっています。そしてカンヴァスに向かって，額付きの何かをつくっている人が，芸術家（アルティスト）と呼ばれるのです。かつては，彼らは私のもっとも好きな言葉で呼ばれていました一職人（アルティザン）です」[61]として，お金も名声もいらない職人として“私の芸術とは生きること”を実践する人生を歩んだのである。

それは，豊かさの芸術から生活をつくる芸術への主張である。建築，絵画，彫刻で代表されるルネサンス芸術が富とその所有に基盤を置く文化であるなら，デュシャンに始まる20世紀から大きく構造を変えた現代芸術は，今この場の快適さに関心を向ける芸術である。

田淵は，17世紀から18世紀のファイン・アートは「『造形的美をつくり出すさまざまな技術』を意味し，とくに，建築や装飾芸術（家具，衣装，金銀細工，陶磁器，つづれ織，モザイクなどの応用芸術）や版画，音楽，絵画，彫刻をジャンルとしてふくむもの」[62]とし，これらは富を象徴したとする。ルネサンスに始まる文化は，人々に“豊かさ”を目標にさせ，高価な美術品が“幸福は富にある”という象徴となり，高価なものが良い物という概念を形成したのである。しかし，戦争や経済恐慌，貧富格差などが発生し，田淵のいう「社会的安定を達成したかに見える社会は，また新しい困難に遭遇し，その新しい困難は，新しい文化を必要とした。『富の文化』から『「場」の文化』への移行としてあらわれる」[63]必然を抱えていた，ということになる。富の文化も場の文化も快適さに関心を寄せることに変わりはないが，人々は富に縛られた個人的・閉鎖的な快適さではなく，人間が生きやすい開放的な空間という「場」に快適さを求めたのである。現代芸術が「場」の芸術だといわれる所以である。

例えば，近代は財として保有し運べる形状で長く保存でき，価値を損なわないものが良い芸術作品とされ，素材も油彩などの長持ちするものと限定されていた。しかし芸術を現実の生活の「場」に戻した20世紀の芸術は，都市の排泄物，環境そのものを素材とする広がりを見せたのである。

生産重視の産業社会は，おびただしい消費社会でもある。田淵の芸術論的分析から読み解くと，現代は，「消費が少なければ産業はとどこおり，失業は増え，社会は沈滞し，生活は困難となる」[64]という矛盾を発生させる。消費文化は捨てる文化・ゴミを増産する文化である。何を持っているかではなく何を捨てているかという断捨離によってモノへの執着から解放され，身軽で快適な人生を手に入れる処世術である。クルト・シュヴィッタースの『2匹の子犬のいるタブロー』には，ゴミを正当な位置に置くメルツ芸術（廃棄物を使った心理学的コラージュとも呼ばれる。アーティストブック，彫刻，音響詩，空間を使った芸術も彼はメルツと呼ぶ）の表現が見られる。『労働者』も金網のかけら，セメントを載せる板の台，錆びた金環，金属製の蓋らしきものが選ばれ，組み合わされ，貼り付けられて労働者の汗と臭いを感じさせる。現代芸術の新しい技法は,「オブジェ（モノという構成要素）」「アサンブラージュ（集めること）」「モンタージュ（組み合わせること）」「コラージュ（貼り付けること）」によって，作品と素材は一体となり，現実を表現する。バルトはアルチンボルドのコラージュについて,「近くから絵を見ると，果物と野菜しか見えない。遠ざかると逆立った襟のある，畝織りの胴着を着た，恐ろしい眼つきの男しか見えない（『夏』)。遠ざかる，近づくが意味を生むのだ。これこそ，あらゆる生きた意味論の基本的な仕掛けではなかろうか」[65] として可動的で，読み手に遠い，近いを要求するものであるとする。そこで誕生する意味は,《顔》であり,《春夏秋冬》《料理人》《火》であり,《果物》であり，それは見る者の身体運動から生ずる。そして「私は読む，見抜く，見つける，理解する，というだけでなく，私は好きだ，好きでない，ともいうに至る。不快，驚き，笑い，欲望が祝祭に参加してくるのである」[66] という，イメージの過程に参加させ意味生成する芸術,それを田淵は「場」の芸術だと呼ぶ。

この現代芸術の素材について，田淵は,「排泄物としては，古い布地，印刷物，鉄屑，木片，ガラス，針金，銅線，ビルの床を覆う埃…かたちや色をもち，生活で必要とされ，使用されたものならなんでも，芸術の素材となった。生活でつかわれたということは，現実の匂いが染みた，現実生活の一部であるということだからである」[67] とし，さらに，現代文明と文化が発明した光も素材となったとする。今日，光をあやつる電気も素材として光の饗宴など新しい「場」の芸術を生んでいる。また「影」の芸術は無限のものを隠し抱擁する「場」をつくる。そして影の芸術は盲目の芸術への展開を拓き，聴覚，触覚，嗅覚へと作用する総合感覚の芸術を生みだしている。コーヒーの香りを楽しみながら森の風景を連想させる光と色と野鳥のさえずりを聞く快適な「場」や，森林の香りがする快適な休憩の「場」など，全感覚で察知する快適さの日常空間が広がりをもっている。そして現代芸術の創造する場は，私たちに体感することを提供している。

デュシャンが造形において場の芸術を拓いたなら，ジョン・ケージは沈黙の4分33秒によって偶然性，不確実性の音楽を切り拓いたといえよう。「沈黙はすでに音であり，あらためて音なのです。または騒音です。沈黙はそのとき音になるんです」[68]として，環境音楽の中を生きる人間に注目し，時間に12音を縛る音楽の構造から，その構造を断ち切り，鈴木大拙のいう無礙（むげ）（障りや妨げが無く自由自在であること，何ものにもとらわれないこと）を実現した。「音は沈黙の障害とはならず，沈黙は音を遮らなくなります」[69]とする，その無が再び存在する音へと戻る，構造以前の自然に戻る，とする東洋的な実験音楽である。私たちが考える時間は，知的な構築物，知的な組織だが，それ以前に戻るという"無に帰す"彼の思考は，あいまいな記譜法によって聞く人々に開かれたものになっている。記譜すること（音楽を書く）と音楽を演奏すること，音楽を聴くことは別のもので，そこに関係が生じるためには彼は舞台に立って聴衆の前で音楽を書き始めることだとする。難解な彼の著『サイレンス』も，訳者柿沼敏江は「禅における空無，エックハルトの言う沈黙《4分33秒》，ハーヴァード大学の無響室，ラウシェンバーグの白い絵画，紙の空白，インドにおける静止の季節」[70]を意味するという。

現代の私たちの生活が，騒音の世界なら，それを使った環境音楽，つまり，「紙を破る音，コップや鉄板を叩く音，ホラ貝の空洞をみたした水のたてる響きを，さらには，会話でさえ，すべての好ましい音を選び出しては，即興的に組合わせる『不確実性』の音楽会」[71]は，現代の音響生活の再構成である。ヴァイオリンの名器ストラディバリウスやピアノのスタインウェイなどが演奏者と共鳴して奏でる調整された音とは異なる日常の廃棄物，日常そのものが発する音の構成に生の活力をみたのである。今日，オノマトペと呼ばれる擬声語（擬音語，擬態語を含む音と意味が直結した言葉）に注目して，感情を込めて即興的に表現できる音楽も演奏されるようになっている。子どものでたらめ歌や保育での即興性のある歌のやりとりなどは，まさにケージのいう12音と時間に縛られない，それを超越する音楽ということもできよう。

(2)　シュルレアリスムがもたらした位相

メルロ=ポンティもヘーゲル哲学の厳しい批判者である。その批判の視点は，ヘーゲルが造形芸術，音響芸術，言語芸術これらすべてについてまとめ観照しているところから美学が一方で芸術史となり知識を体系化することへ，さらに美的な表現を客観的に観照する眼を形づくり上空飛行させ「世界の外に位置して神のような遍在的な視点や特権的な視点から世界を眺める」[72] 眼に対してである。なぜならヘーゲルは『法の哲学』の序文に「哲学は自然をあるがままに認識しなくてはならないこと，賢者の石はどこかに，自然そのもののなかに隠されていること，すなわち，自然はそれ自身において理性的であること」[73] としながら「もし哲学がその理論の灰色に灰色をかさねてえがくとき，生の一つのすがたはすでに老いたものとなっているのであって，灰色に灰色ではその生のすがたは若返らされはせず，ただ認識されるだけである」「現実がその形成過程を完了しておのれを仕上げたあとではじめて，哲学は時間のなかに現われ」[74] 知を己に建設するとした。しかし，ポンティは「人間は身体をもって世界のなかに位置して，パースペクティヴのもとで世界を眺めている」[75] 存在で，世界は果てしない地平をもち風景も意味も変化し続ける未完のものと捉える。ヘーゲルの言は，ポンティからみたら哲学を歴史過程の回顧に置くという位相の違いである。ポンティが「ヘーゲルとは美術館であり，そう言ってよければあらゆる哲学であるが，ただしそれは，すべての哲学の陰影の部分や有限性や生きた衝撃力を奪われ，防腐処理を施して保存された……あらゆる哲学」[76] でしかないという時代の転換点がここにある。ポンティはシュルレアリスムが時代を動かした「近代的思考と芸術の偉大さの一つは，立派な作品と完了した作品とを結びつけていた偽りの鎖を断ち切ったことである」[77] とその功績を賛辞する。

こうした時代背景を受け，1924年にアンドレ・ブルトンが芸術・文学・思想運動に対し，新しい純粋な表現方式を「シュルレアリスムの名で呼ぶことにした」と宣言して以来，現代芸術が広がりをもっていく。田淵はこれを「意識と無意識の間の隔壁をさげ，意識によって抑圧されている人間のこころの活動を，無意識の方向から解放すること」[78] ができるものだとする。当のブルトンは，シュルレアリスムを次のように概念規定する。

「男性名詞。心の純粋な自動現象（オートマティスム）であり，それにもとづいて口述，記述，その他あらゆる方法を用いつつ，思考の実際上の働きを表現しようとくわだてる。理性によって行使されるどんな統制もなく，美学上ないし道徳上のどんな気づかいからもはなれた思考の書きとり」[79]。そして「シュルレアリスムにのめりこむ精神は，自分の幼年時代の最良の部分を，昂揚とともにふたたび生きる―（中略）―幼年時代やその他あれこれの思い出からは，どこか買い占められていない感じ，したがって道をはずれているという感じがあふれてくるが，私はそれこそが世にもゆたかなものだと考えている。『真の人生』にいちばん近いものは，たぶん幼年時代である」[80] という。『シュルレアリスム宣言』に続く『溶ける魚』には，まさに，無意識や集団の意識，夢，偶然などに導かれる超現実主義が見られる。

シュルレアリスムの影響は，文学だけでなく，絵画，素描，彫刻，演劇，映画など広汎で，無意識の世界を親しみやすいものにした。サイモン・ウィルソンは，「無意識の世界こそは，シュルレアリスム運動の中核的意味を担う概念だった」「根本は，人間存在に潜在する不思議な力を人々の目にみえるようにし，讃えたいという抑えがたい衝動だった」[81] とする。また，インスピレーション，無意志的な自動運動の過程から新芸術が生まれるシュルレアリスム運動に対してハーバート・リードは，「超現実主義は，一つの運動としては全く他の現代の諸流派とは異なつてゐる。そしてそれは我々がいまゝで抱いてゐる芸術的表現とは全然相入れないものである」[82] として，頑固な芸術家たちの運動を甘くみず，何を求めているのかを理解することだとする。彼は「芸術は最も簡単に，最も効果的に，人を喜ばす諸形式を創造する試みのひとつ―（中略）―美感は我々が我々の知覚の裡に形式上の諸関係の統一，あるひは調和を感知することが可能なるときに満足されるのである」[83] として，中世から近世につくりあげられた美の基準が芸術と美を同一視した危険を説き，「人類の恒久的要素は人間の美的感受性である。感受性こそ静的なるものである。変化し易いものは，人間がその知覚し得べき印象から抽象してうちたてた知性であり，その知的生活である，そしてこれにこそ我々は芸術に於ける変化し易き要素，即ち表現を負うてゐるのである」[84)]として，美と芸術の位相を明示する。トルストイが「一度味わった心持を自分の中に呼び起して，それを自分の中に呼び起した後で，運動や線や色や音や言葉で現わされる形にしてその心持を伝えて，他の人も同じ心持を味わうようにするところに，芸術のはたらきがある」[85)]として，快活の感じ，勇壮の感じ，おかしみの感じ，夕暮れや子守歌の静かさの感じもみんな芸術だとするように，美学が構築した美の基準に拘束される芸術が芸術ではないのである。

田淵は，それを機械文明という「現実（réalité）に反作用することによって，超現実（surréalité）の『場』が成立する。この場合，超現実とは，いうまでもなく現実をふくむものであるが，そうすることによって，いくぶんかはましな生活ができるであろう」[86)]と解釈する。現代芸術が，産業に関係した創造であり，その代表的なジャンク・アート（廃棄物芸術）に，超現実を見るのである。

それは，視覚中心の純粋芸術から距離を置くことによって生まれた「場」の芸術であり，「場」の芸術によって光が当てられた，見えなかった人々の表現世界である。バルトがサイ・トゥオンブリ（TW）について書いた文章にそれがある。

彼の筆跡，彼の作品が《不器用》なものとしてあるということは，TWを，排除された者，周辺に生きる者のグループに追いやる―もちろん，そこには，子供や不具の者がいる。《不器用》（あるいは，《左きき》）は盲人のようなものだ。彼は方向や自分の動作の及ぶ範囲がよくわからない。手だけが彼を導く。道具としての手の能力ではない。手の欲望が導くのである。眼は理性であり，証明であり，経験主義であり，真実らしさであり，制御，調整，模倣に役立つすべてのものである。われわれの過去の絵画は皆もっぱら視覚の芸術として抑圧的な合理性に屈服してしまっていた。ＴＷは，ある意味では，絵画を視覚から解放したのである[87]。

トゥオンブリが，光なしでも描く，動作で示すのは，そこに至る運動を見直し見定め，楽しむためで，生産した作品を味わうためではないからである。バルトは彼の作品の《主題—主体》は，私でありあなたであり，主体が内にもつ言述であり，記憶であり，生産の主体（再生産したいと思う主体）であるとする。なぜなら，彼の作品は，独占欲が強い独断的な絵画ではなく，何も捉えようとはしないものだからである。「生み出すが占有しない　行動するが何も期待しない　作品が完成してもそれに執着しない　執着しないからこそ作品は残る」[88] まさに不器用な，周辺に生きる者の超現実を主張したのである。

こうしてシュルレアリスムの作家たちの視覚からの解放は，アウトサイダー・アートに注目させることになる。訓練も受けず知識にも汚されていないパターンをもたない無名の子どもや障害者も含むアウトサイダー・アートはまさに生の芸術である。ジャンク・アートにも飽きたらず，陶芸の焼成方法によって物そのもの，それ自体の力を引き出す造形思考を深化させていく西村陽平は，「制作過程における思考と行為の繰り返しによる相互作用により，作品は成り立っている。あらかじめ表現されるものが存在するのではなく，行為により現れてくる。行為の重要な要素として『焼成』があるが，作者の意志を越えたものとしてあり，また偶然性は創造性へと昇華することもある」[89] とする。そして「私たちが日常目にするものは，ひと時の姿にすぎない。少し環境条件が変わればまったく姿を変えてしまう。しかも，それらは物質と物質の関係により異なった姿を現すことになる」[90] として路傍の石，ジュースやビール缶，廃棄処分された椅子や机，やかん，バケツ，本，雑誌など，現代の廃棄物を焼成し，そこから熱と物質のもつ関係性を浮かび上がらせる。「すべては空である」から出発する芸術として，《眼＝理性＝真実という枠組み》をアウトサイダー・アートが解放する可能性を示唆するのである。

トルストイの問いに始まり，デュシャンが生き様をもって，無視し問いを突きつけた近世から現代に至る美学，ケージの沈黙，冒頭の宗悦の問いも，まさに哲学的美学が美学として成熟した20世紀初頭に投げかけられた問いであったために，偏頗（へんぱ）な異説として多くの偏見との闘いにあった。トルストイの『芸術とはなにか』，リードの『芸術の意味』[91]，デューイの『経験としての芸術』[92] によって，美とは何か，芸術とは何かが国家において，あるいは教育において問われることになる。しかし，今日に至ってもまだ，表現＝純粋芸術＝美学とする思想は根強く残っている。特に，学制改革の流れの中でヘーゲル美学が講義された日本では，第二次世界大戦直後，デューイの思想に傾倒したアメリカ教育視察団によって民主主義実現のためのアートセッションが試みられたにもかかわらず，明治時代初期に逆戻りしたかのように，今でも美や芸術は特別なものとして生活から遊離し高見の位置にあるか，逆に教育が芸術を手段として心の貧しさを生みだしているかである。教育において，専門家の美や芸術を教え，鑑賞する美学という認識が強く働いており，一つの文化となってきた近代の歴史があるからであろう。

§3　生活における芸術の位相

1．アジアの目覚め

天の岩戸を開いたのは，音楽と踊りという総合芸術であったし，ゼウスの心を慰め歌い踊ったのもムーサたちの総合芸術であった。あるいはマヤ，古代インカの時代から生きることは表現とともにあり，それは生活に根を下ろした総合芸術であった。古代から中世にかけて，日本人の美意識が生活に根付いていたように，近代になって柳宗悦が用と美は一つの生活様式の中にあるとしたように，美的経験は生活と切り離すことはできない。生きることは生成しつづける意味の中で表現することであり，表現することは他者と共鳴して快を伴う感性的な自己を感じることである。

本節では，生活にある表現と美を求める視点から先達の知見を捉えている。それは，就学前教育における美の扱いは純粋芸術を目指すものではなく，生活にある表現を目指すアウトサイダー・アートであり，人々が生活する環境に埋め込まれた生活芸術だからである。

日本の「芸術」という語は，中国語を語源としていて，六芸（礼・楽・射・御・書・数）と術を合わせて人間の実践，技術一般を指す。art の訳語としての「芸術」と，fine art としての「美術」，aesthetics の「美学」も，広義，中義，狭義をもっており，前節で見たようにこれらは英語・ドイツ語からの新造語である。日本で使われるようになった 1900 年代頃から，造形芸術一般としての美術から工芸を切り離し，絵画・彫刻を純粋美術とし，工芸（刀剣，彫金，漆工，染色刺繍，七宝，窯工，彫塑，建築など）が応用美術として区分された。西洋における音楽，絵画，彫塑，詩学[1] が fine art と捉えられたことから，日本の生活芸術である民芸や茶の湯にみたような書や作庭は除外されたのである。人文学一般を意味した広義の文学も同様に，狭義の「哲学・史学・文学」を純文学・美文学と呼ぶようになり，俳句や詩，小説，戯曲を中心とする狭義の文学が切り離されていく。

鈴木貞美は，「日本における近代的な『芸術』や『美術』，『美学』などの概念の成立と定着は，19世紀後半から20世紀初頭にかけて行われた。それは19世紀ヨーロッパにおける『芸術』，『美学』などの観念の受容であり，また，芸術思潮の導入とともにあった」[2] が，学校教育に浸透することによって，西洋の芸術・美学の枠を日本人の意識に形成したとする。西洋の芸術・美学観念の受容は，西洋列強に対抗する文化ナショナリズムを醸成し，同時に伝統の見直しと再編をもたらす動力になる。前述したような西洋の『美学』が見えて初めて日本の美のあり所，日本人の意識が見えてきたということになる。

明治の文明開化で酔いしれ，欧米崇拝に傾く中，日本の伝統に目覚め西洋化に対する抵抗も見られたことは，1898年の東京美術学校騒動からも類推されよう。1890年，岡倉天心は明治政府の求めに応じて美術学校長となったものの，洋画科を閉め出すことを主張した。やがて放縦な生活におぼれて校長を辞した際，教官24名も自主的に辞表を出し，慰留に応じない17名が懲戒免官となったという美校騒動[3] である。彼は，連座し退官した横山大観，菱田春草，下村観山，橋本雅邦らと日本美術院（現公益財団法人日本美術院）を開き，日本美術の保存と創造に寄与し，逸材を育て，日本的なものの美を世界に発信した。西洋から蔑まれ，関心ももたれない東洋の芸術観，日本の芸術のルーツ，アジアの美のルーツを詳細に綴ったのである。

そして，彼は西洋列強に植民地化されるアジアを憂え，植民地化されなかった日本について「日本の芸術は，圧倒的勢力を向うにまわして，よく自己を守り，おどろくべき成功を収めてきた。―（中略）―国民的自信の増大が何よりも国民的理想の保持に寄与する」[4]「美が宇宙に偏在する根本枢要の原理であった――それは，星の光の中に，花の紅の中に，行く雲の動きの中に，流れる水の運びの中に，そのきらめきを見せた。宇宙の大霊が人にも自然にも一様に行きわたり，宇宙生命を観想することによって，それはわれわれの前に展開した。生存の驚異すべき諸現象の中に，芸術精神はみずからを映し出すべき鏡を見出し得た」[5] として，東洋的ロマン主義を鼓舞した。それが大正時代の生命主義・象徴芸術論へとつながり，日本的なるものが語られるようになったといえよう。しかし，アジアを目覚めさせた筆は多くの作品や研究を生んだ反面，国体論と結びついて戦争への道に進む思想を耕したとすれば皮肉でもある。

鶴見俊輔も“すべての芸術家が特別の人間なのではない。それぞれの人間が特別の芸術家なのである”とするクーマラスワミ（スリランカの美術史家。『印度美術史』（1916年）の著者）の言葉は，「芸術の意味を，純粋芸術・大衆芸術よりもひろく，人間生活の芸術的側面全体に解放するときに，はじめて重みをもってくる。そして，その時，生活の様式でありながら芸術の様式でもあるような両棲類的な位置をしめる限界芸術の諸種目が，重大な意味をもつことになる」[6] として，日常的状況をより深く，美しいものに向けて変革する芸術の意義を捉えている。

日本における伝統文化については，前述したように大正デモクラシーの時代から第二次世界大戦の敗北，アメリカの統治，そして敗戦から立ち直り高度経済成長に向かうという60年の時を経た1972年の時点で，多くの人々の共通感覚となっていた。人々が無心に生きる根源に美があることを雑器・雑具を通して，あるいは『手仕事の日本』[7] を通して語る宗悦の心であり日本人のルーツでもある。とはいえ，わび，さびの美意識に通じる道が生活に溶け込み，受け入れられているとは思えない。職業が分化して専門家と称する人々が生まれ細分化されるに従い，自らの拠って立つ芸術・美術・美学への態度が曖昧なのは筆者だけではあるまい。多くの世代が昭和初期から延々と学校等で学んできた美学・美術・音楽・造形といった芸術は，生きた歴史性ではなく“ヘーゲルの美術館”だったとすれば，芸術はどこにいけばいいのであろうか。

2．生活と芸術の境界

就学前教育にかかわる多くの人々は，幼児の活動として製作や粘土彫塑を盛んにやっていても，それが，宗悦が問題提起する用と美が遊離した工芸の課題と重なることも，絵画表現が美学を目的とするのか，生命存在が自らの精神を映し得る鏡を目的としているのかへの関心も薄い。あるいは日本の伝統音楽より洋楽に親しむにつれ音楽が生活から離れて手段として使われる現状も，言葉や身体表現が他者との共振の中にあることを忘れて方法論に傾いているという意識もなく日々を過ごしているのではなかろうか。昨今ようやく，自ら演奏者となり，またライブで他者と一体となって歌い踊り，自ら舞台に立って衣装を纏い演じ，あるがままに自分で描き，織り，彫塑し，建物も自ら建てるといった人々が見られるようになったが，教育者がその遊びのスキルを身につけるには，相当な偏見に立ち向かわなければならないのが現実である。

(1)　5千年の歴史をもつ限界芸術

鶴見は，「芸術とは，美的経験を直接的につくり出す記号である」として，美的経験は，広義にとれば飯を食うといった直接価値的経験も含むが，毎日の経験の大部分は美的経験としては高まっていかない。そこで狭義に高まっていく経験だけを美的経験と呼び，美的経験が高まっていきまとまりをもつための「完結性」と日常経験と区別される「脱出性」が必要条件になる[8)]とする。そして，純粋芸術，大衆芸術，限界芸術の区別を次のように定義する。

> 純粋芸術は，専門的芸術家によってつくられ，それぞれの専門種目の作品の系列に対して親しみをもつ専門的享受者をもつ。大衆芸術は，これもまた専門的芸術家によってつくられはするが，制作過程はむしろ企業家と専門的芸術家の合作の形をとり，その享受者としては大衆をもつ。

> 限界芸術は，非専門的芸術家によってつくられ，非専門的享受者によって享受される[9]。

純粋芸術と大衆芸術の区分は前述したように古代ギリシアに遡るが，それを決定的にしたのは産業革命に始まり20世紀に隆盛を極める印刷や写真技術，マス・コミュニケーションの発達と，表現の自由規定や私有財産制・貨幣経済の発展といった民主主義的政治・経済によるところが大きい。しかし，鶴見は，限界芸術は「五千年前のアルタミラの壁画以来，あまり進歩もなく今日まで続いてきている」として限界芸術を考えることの重要性を説く。なぜなら，「芸術の根源が人間の歴史よりはるかに前からある遊びに発するものと考えることから，地上に現れた芸術の最初の形は，純粋芸術・大衆芸術を生む力をもつものとしての限界芸術であった」[10]という人類の始原に遡る。さらに，「今日の人間が芸術に接近する道も，最初には新聞紙でつくったカブトだとか，奴ダコやコマ，あめ屋の色どったしんこ細工などのような限界芸術の諸ジャンルにある」[11]とする。多くの純粋芸術を極めた人々も，初めは限界芸術から入っているのである。

鶴見が限界芸術を芸術としての広義に置いたという意味では，宗悦に通じる視点である。雑器の美について宗悦は「器は用ゐられて美しく，美しくなるが故に人は更にそれを用ゐる。人と器と，そこには主従の契りがある。器は仕へることによつて美を増し，主は使ふことによつて愛を増すのである。人はそれ等のものなくして毎日を過ごすことが出来ぬ。器具とはいふも日々の伴侶（はんりょ）である。―(中略)―その姿には誠実な美があるではないか」[12]という。その器の用い方が法則にまで至り，型にまで高まって個人を越え，法にまで徹したということになる。

同様に，季節を感じ神を奉る日本の四季折々の行事や暮らしの中に，家の文化としての室礼（しつらい）がある。秋の実りに感謝し年神様を迎える正月には，どこの家でも鏡餅を飾る。三方に奉書紙を敷き，鏡餅の上にみかんを飾ったり五万米（田作り）や勝栗を添えたりする。所によっては裏白に譲葉（ゆずりは）をつけた幣を玄関や床の間の掛け軸と一緒に飾ることもある。節分に柊と豆を飾り，節句に雛人形や五月人形を飾り，七夕の笹飾りを作り，十三夜，十五夜のお供えを飾るといった室礼には，日本人のルーツがある。床の間をもつ日本家屋は，こうした室礼の花や掛け軸，供え物が置かれ，先祖と私たちをつなぐ祭事の空間となる。便所にも庭からの一輪の切り花が飾られたり，玄関に置物や季節の花盛りがあったりすると私たちがほっとするのも，わび・さびの文化を生きる日本人の感覚である。豪華に花が活けられた洋館より一輪の花があるひわだぶきの家が，金襴緞子のカーテンより障子に映る木漏れ日の影が美を添える。山本三千子が「日本文化は生活の場から発祥した『家庭内文化』といわれています」[13] とするように，室礼はまさに室内と軒先から庭までを含めて演出される命の系譜であり限界芸術といえよう。

さらに日本に限らず世界中どこでも，非日常の祭りはそれぞれの民族が伝えてきた伝統的な音楽と作り物・かぶり物と御輿，そして衣装などで華やかに飾り立て，人々を桃源郷に誘い入れるものである。限界芸術の最高のものはこの祭りであろうか。いずこの地域においても何百年と伝統を塗り替えながらつないできた祭りの魂はまさに人間美の極致である。青森のねぶた祭り，秋田の竿燈祭り，仙台の七夕祭り，相馬の野馬追祭り，富山のおわら風の盆から博多どんたく，沖縄のエイサー踊りまで，それぞれの地域の歴史が凝縮された限界芸術の世界がある。

なかでも日本の三大祭りの一つである京都の祇園祭は，9世紀から続いている1か月にわたって行われる夏の風物詩の一つである。古代平安京の名残りを残して人と自然とが生みだす動く芸術の融合した姿を見ることができる。舞台を町空間に置き，人々の生業をそのまま生かして幔幕，暖簾，提灯，注連縄の飾りが非日常の町空間をつくる。ケからハレへと時間軸が動く宵山には，京町家の屏風祭が行われる。各家自慢の屏風に染織物，活花などを飾り，道行く人々の足を止めさせる。町家の造りと屏風の絵は，百花繚乱の江戸時代そのものである。また，重要有形民俗文化財の山鉾・屋台行事（2016年ユネスコ無形文化遺産登録）に飾り立てられたゴブラン織りをはじめとする豪奢な美術工芸品は動く美術館といわれるだけのことはあるきらびやかさである。

山鉾巡行では金襴の振袖に紋織りの袴，鳳凰の天冠で登場，禿(かむろ)を両脇に従え，鉾の中央で稚児舞を披露する。鉾から聞こえる祇園囃子(ぎおんばやし)の独特の節回し，笛や鼓，太鼓の音曲，鉾に乗っている子どもの笛や太鼓に合わせた唄や言葉，踊りなどが，鉾に一段の輝きを添える。囃子方になるためには，鉾町の住民の男児，あいは現役の囃子方の推薦を受けた子どもに限られ修練がされているという。夕刻から行われる神幸祭の神輿渡御は，3基の大神輿を総勢1000人以上の男たちが担ぎ揉むもので神輿が暴れ狂う勇壮豪快さは圧巻である。1基の子供神輿も楼門前に集結して揃い踏みにて担ぎ上げられ練り暴れる。山鉾が動く美術館なら，神輿は勇壮に練り暴れる生命の讃歌である。鷺舞，子鷺踊り，小町踊りなど一度は廃れた舞いや踊りを復活させて，町を舞台に音曲と舞いと山鉾や神輿の装飾を一体にしたものである[14)]。

祇園祭の他，飛騨高山の春秋の高山祭も，お囃子や雅楽，獅子舞に先導され地域をまわる。巧みな人形からくりが奉納され，彫刻や仕掛けが施された屋台には匠の技が光る。夜に入ると屋台は提灯を灯して闇に幻想的な光を浮かべる。また秩父の夜祭りにみる屋台はすべて屋台歌舞伎（古くは屋台狂言および屋台歌舞伎）を上演する目的で水引幕・後幕を持ち，張り出し舞台を取り付けることができる。これら日本三大曳山祭は，日本三大美祭といわれるだけあって，祭りまでの1年を営む人々の生きた芸術をそこに感じるのである。鶴見は「祭という儀式の形をかりた限界芸術が，それぞれの時代の芸術の総体を生んだ集団生活の実態の集団的表現」だからこそ，「祭がつよく生きているかどうかは，それぞれの時代における限界芸術の創造性のバロメーターになる」[15)] とする。西洋の純粋芸術の基準ではなく，こうした人間の生の讃歌をみることができる室礼や祭りなどの方が，本来の純粋芸術ではないかと思うのは筆者だけであろうか。日本の子どもたちは，日常，非日常にある生活文化からいき，わび，さびの他に渋さの美などのセンスを培っているとともに，限界芸術の創造性に満ちた生活において活力を湧かせているのである。

(2)　柳田国男の限界芸術

純粋芸術，大衆芸術，限界芸術に3分類した鶴見は，宗悦が限界芸術の批評に一つの水準をつくったとすれば，柳田国男は限界芸術の研究に一つの水準をつくったとする。例えば，昭和初期に野口雨情や西條八十が作詞した民謡は，レコードやマス・コミュニケーションによって大衆芸術となった民謡で，限界芸術としての民謡は作者名もなく人々に歌い継がれてきたものであるという水準である。限界芸術としての民謡は，ほとんど労働歌・作業歌であり，時代を経て現代語に翻訳されても常に平明で，労働の言葉に託して遊びが混ざっている。「衣食住を確保する実際的な諸活動（労働）の倍音として，それらをたのしいものにする諸活動（遊び）があり，労働の中にはっきりと遊びがあらわれるにしたがって―（中略）―アルタミラの壁画があらわれるように限界芸術があらわれ，それらが，芸術の最古の形式となった」[16) と考えるのである。

鶴見同様，限界芸術としてあった祭りも柳田の水準からすると，祭りが演じる者と見る者を分離したころから衰退しはじめ，限界芸術からショウ的な大衆芸術になっていったということになる。各地で行われる様々な祭りも，観光客誘致のショウの域をでないのであれば，限界芸術が商魂にとって代わられ，遊びも失われて芸術自体が衰退した時代を迎えているといえよう。それを柳田は『踊の今と昔』に研究として載せている。全国各地の踊り，田楽，などを挙げ「現今の村々の踊には毎年踊の季節になれば只何と無く群を為し行楽するらしき者多ければ，踊に目的ありやと不審する人あるべきも，人間の如き尤らしき動物が毎年繰り返して無意味なる行動を為すべき理なし」[17)
として，踊りの趣意が不明となり慣習の廃頽する明治の世を洞察している。そして，郷土舞踊における民間芸術の二側面は，その芸術性が「演奏の興が高まつて来て，知らず識らず故郷の心持に戻つて行かうとする者と，段々に所謂観客の方に向ひ進んで来る者」[18) との差別を生み，明治の変遷期にはいって顕著になったとする。これらは見物人の存在が共同の歓喜を体験しない・感染しない人々を生んでいったことと関係し，郷土芸術の盛衰がそこに現れたのではなかろうか。柳田が群の構成が複雑になり，「醒めたる人は村の祭の間を漫歩して，類を異にした同情を之に向つて傾けようとする。見物左右衛門の評判は追々に本格視せられて来る。舞や踊が修業の芸となつたのは，必ずしも職業の問題では無かつた」[19] というように，芸術を職業とする人々を生みだしたのは,見物人という観客であるというのは今日も同じであろう。また，よその心で加入して興奮が湧かなくなり共同の歓喜を体験しないことによって朽ちていく限界芸術の限界も，この二分するところから生まれるといえよう。郷土芸能や郷土の限界芸術の衰退は，村の衰退，存亡につながるほどの問題なのである。

『笑いの文学の起源』『涕泣史談』にも，柳田の限界芸術への鋭い研究視点がある。記録文芸の隆盛期といえども，「『笑いの文学』だけはまだ別系統を持続して居る」[20] として笑いの文学（泣く文学，怒る文学）は，「構図即ちコムポジションの無いこと」「その文学は概して短く，又短いほど面白い」「記録書物の形として世に出ることが六つかしかった」[21] 特徴をもっており，滑稽文学，落語家の話など，「力の弱く勇気の足らぬ者が笑はれたのみならず，更に又暗愚にして屡々欺かるゝ者が，以前は同情も無く盛んに笑はれ，同時に能く他人をして笑はるゝ地位に陥らしめ得た者が，無条件に賞讃せられて居た」[22] とする。こうした笑う面白さを人々は「時々の入用の為に大切に貯へたと同時に，他の一方には富あり力ある者は，一定の給禄を以て進んで笑はせてくれる者を傭ひ抱へて」[23] 置き，自嘲自笑の文学を生みだしていったとして，庶民の中から生まれる限界芸術に限りない生の活力を見ている。

(3)　宮澤賢治の農民芸術と心象世界

鶴見は，限界芸術の創作に目を向けたのは宮澤賢治であるとする。ここに宗悦，柳田と賢治の三者を並べることで限界芸術の意味が再確認でき，生活を基盤とした就学前教育の表現の位相を捉える意味が生まれると考える。

明治の開国によって西洋の美学が導入され，職業芸術家が誕生して限界芸術が衰退することを憂えた柳田が小祭へ回帰することを提唱し，宗悦が共同制作集団の設立プログラムを提唱したものの，限界芸術は生き返るどころか，コミュニティの崩壊に向かっていった。賢治の実践同様，吉野せいたちの農民芸術はわずかしか根を下ろさなかったが，限界芸術の創作の視点は就学前教育において重要な位置づけになるので詳細したい。トルストイは「偽物の芸術品を作り出すようになっている条件が三つある。その条件というのは，一，芸術家がその作品を渡す代りに受取る相当な報酬，又それを元とした芸術家の職業化，二，芸術批評，それと三，芸術学校だ」[24] として貴族芸術を批判した。そして“未来の芸術家は人間として普通の生活をして，何か労働をやって自分の暮らしを立てること”に置いて農民芸術を推奨した。賢治はまさに，その実践による社会状況の変革を試みた。

鶴見は，賢治の創作に向かった芸術観を，①芸術をつくる状況，②芸術をつくる主体，③芸術による状況の変革[25] から構成しているので，それに従って日常から創作するとは何かを考える。

①芸術をつくる状況

芸術のために芸術作品を作るのではなく，今いる日常的な状況から芸術の創造をなそうとする立場は，芸術がわれわれの身を離れてわびしく堕落した状況へのテーゼである。日常的な状況から創造されない芸術の堕落は，文化土壌を痩せさせる。人生と自然とを不断の芸術作品とするのは，今いる日常的な状況にある事物がその人の仕方で価値づけられ，芸術の素材となり，表現される生活があるからである。これは今日の「場」の芸術に通底する宮澤賢治の立脚点である。

賢治の作品の多くは，生徒と共にした教員生活や研究生活の中で生まれている。海外から入る膨大な新しい言葉を自分のものにし，自らの世界を切り拓いた賢治の詩の多くが心象スケッチといわれる。「閃々として去来し，過ぎては遂に捉ふる事なき梢頭の風の如き心象」を恩田逸夫はベルグソンの「心象」や西條八十の詩に，栗原敦は西田幾多郎の『善の研究』に，香取直一は古生物学に置いている[26)]。単なるイメージではない，賢治の心象は森羅万象を生じ，統一支配する宇宙の根源的生命力があるからである。ここに，芸術をつくる状況がある。日々，かかわり，思い，悩み，喜怒し，わき出てくる心の風景は誰にでもあり，心象スケッチは生活を高める。作為もない，また静止した二次元ではない，心の風景が動くように，自然や自分自身や他者と対話する詩，演劇，舞踊として観照享受される動的なものである。賢治は，そうした生活の中で浮かんだ印象を書き留め，読破したドイツ文学等を書き留め，心に照らして言葉を使っている。

彼にとって芸術をつくる状況は，宇宙の中に身を置き，実生活を肯定し，深化し，己の人生を生きる意味を見いだすところにある。春の雲という自然現象も，温かなわが家，食べ物と，見える直観・情緒の内的経験を素材とした無為のスケッチといえよう。彼の授業は「授業中に歌をうたったり，レコードをきかせたり，おはなしをしたり，山野を一緒に歩いたり，という今日でさえ考えられぬ劇的な教育であった」[27)] とされる。今いる状況を理想化するシンボリズムは，当時の貧しく苦しい農村にわが身を置いて客観視する理想主義に通じる。苦しい日々だからこそ精神を昇華する作為のない表現が貴いのであり，それが「イーハトーヴ童話」に結晶していったと考える。こうした日常が農民芸術として高まっていく分野を，賢治は『農民芸術概論綱要』の中で次のように描いている。

行動まことの表情あれば演劇をなし　節奏あれば舞踊となる
光象写機に表現すれば静と動との　芸術写真をつくる
光象手描を成ずれば絵画を作り　塑材によれば彫刻となる
複合により劇と歌劇と　有声活動写真をつくる[28)]

彼の限界芸術としての作品をつくる状況は，彼の演説，論文，建築，衣服，工芸美術，園芸営林，料理，体操にもおよび，それは日常という自分のドラマの中にあり，その心象スケッチから生まれるのだといえよう。

②芸術をつくる主体

賢治の「職業芸術家は一度亡びねばならぬ　誰人もみな芸術家たる感受をなせ」[29] とする直截的な言葉は，クーマラスワミ同様，芸術の原点にもどろうとする普遍の視座である。誰でもみな感受性をもち，それぞれが表現せざるを得ない個性をもつ芸術家という限界芸術の主体を高らかに謳いあげるのは，その裾野があっての純粋芸術だからである。植田敏郎は賢治がこの言葉に行き着いた背景にアルノー・ホルツの『徹底自然主義』があるとする。ホルツ研究者，片山正雄の次の論文「自然主義の理論及技巧」を賢治も読んだ。

> もとより農民芸術も美を本質とするであらう
> われらは新たな美を創る　美学は絶えず移動する
> 「美」の語さへ滅するまでに　それは果なく拡がるであらう
> 岐路と邪路とをわれらは警めねばならぬ
> 農民芸術とは宇宙感情の　地　人　個性と通ずる具体的なる表現である
> そは直観と情緒との内経験を素材としたる無意識或は有意の創造である
> そは常に実生活を肯定しこれを一層深化し高くせんとする
> そは人生と自然とを不断の芸術写真とし尽くることなき詩歌とし
> 巨大な演劇舞踊として観照享受することを教へる
> そは人々の精神を交通せしめ　その感情を社会化し遂に一切を究竟地にまで導かんとする
> かくてわれらの芸術は新興文化の基礎である

図表 1-1-5　『農民芸術概論綱要』[30] の１節

> アルノー•ホルツの「徹底自然主義」は次の数語に其(その)要を尽(つく)して居る。「芸術は再び自然とならむとする傾向をもって居る。而(しかう)して芸術が自然となるには，まだ自然とならぬ前の再現の条件と，その取扱(とりあつかひ)の程度に従ふもので有る」―（中略）―だから芸術は自然と同一物となることは出来まいが，自然に近いもの程すぐれて居る。
>
> ホルツの主張を極端(きょくたん)まで演繹(えんえき)すると，寧(むし)ろ芸術を廃止した方が芸術の本義に適(かな)ふと云ふことになる[31]。

植田は，このホルツの思想に賢治も共感して徹底自然主義を貫いたのであろうとする。賢治の“職業芸術家は一度亡びねばならぬ”に，芸術が自然に帰るための願いが込められており，心象スケッチは詩ではないとしたところに，自然主義の新しい詩の芸術が生まれたといえよう。それは，古くはプラトン，アリストテレスに，そしてカントやシラーにつながる視点でもある。

いかりのにがさまた青さ
四月の気層のひかりの底を
唾（つばき）し　はぎしりゆききする
おれはひとりの修羅なのだ
—（中略）—
ああかがやきの四月の底を
はぎしり燃えてゆききする
おれはひとりの修羅なのだ

図表1-1-6 『春と修羅』(mental sketch modified)[32] の１節

日本の美が不完全にあったように，賢治も傑出した才能をもつ者を芸術家というのではなく，生産的な活動に従事する個人を芸術の主体とする。セロ弾きの下手なゴーシュがみんなに馬鹿にされ挫折して帰り，猫やかっこう，狸，野ねずみの音やリズムに聞き入って音楽への新しいきっかけを得て名手になる『セロ弾きのゴーシュ』の物語，善意だけの働きものの白象が資本家オツペルに酷使されて瀕死の状態になったのを仲間たちが助ける『オツペルと象』，あるいは馬鹿にされつづけたベゴ石が，火山弾の見本として帝大に送られ自分の役割を果たす『気のいい火山弾』などの物語童話に芸術をつくる主体を重ねる。“誰人もみな芸術家たる感受をなせ”とする賢治の思想の実践である。『春と修羅』には，激情をもつ修羅，主体である不完全な修羅が，自然のままに生きる人生の心象がスケッチされている（図表1-1-6）。

③芸術による状況の変革

なぜ，現状を芸術によって変革するのか，限界芸術に身を置いた賢治は，内からわき出る表現欲求自体が生きる喜びであり自由であり，状況を変革していく行為と捉えている。「おれたちはみな農民である　ずゐぶん忙がしく仕事もつらい　もっと明るく生き生きと生活をする道を見付けたい」[33] と。

宇宙的視座からみたら，人生という素材が一つの芸術作品であり，永久に未完成という完成に至るのである。鶴見のいう限界芸術の限界の意味は，「marginal」（わずかな，重要でない，周辺的な，余白の）で，隅に追いやられ忘れられたものという意味である。賢治がこの忘れられ追いやられた農民たちに，希願を起(た)たせ，農民芸術を制作することを推奨したのも，そこに自分自身を変革し生きる意味を見いだす力，それが結果として社会を変革していく力になることを知っていたからであろう。

賢治の詩や童話は，嗅覚，聴覚，視覚のすべてを使って観照するといわれるのも，『風の又三郎』[34]の出だし「どっどど　どどうど　どどうど　どどう」にみるように擬声語（擬音語，擬態語）が多いからであろう。それは『風の又三郎』の擬音だけではない。しじゅうから，ひばりの鳴き声，楽器の音，はやし言葉，チャルメラの音なども擬音で表現する。また，『かしはばやしの夜』にみる日本語特有の「やまねこ　にゃあご　ごろごろ　さとねこ　たっこ　ごろごろ」「おつきさんおつきさん　まんまるまるるん　おほしさんおほしさん　ぴかりぴかりるるるん」[35]といった擬態語が多いのも，感覚をすべて使い感じる自然主義の現れといえよう。

さらに，対話型式のかっこを用い，岩手の方言を使い，「高橋茂吉(もぎつ)」「よし。少(ぴや)こ，待で」と発音にもルビを振っている。場面を生き生きさせ，人物を適確に現す。ホルツらが，文章語，雅語，劇場語は自然の言葉ではなくて紙上語であり，新芸術の言葉とは無関係としたように，あるいは時枝誠記[36]が言語過程説で生きた言葉の使用を強調したように，賢治も自然のままに表現する言葉に芸術の本質を感じたのである。共通語が全国津々浦々に行き渡った今日でこそ，方言の良さが見直されているが，当時は標準語教育が幅を利かせていた時代である。農民が使う生きた言葉に，紙上語ではない新しい芸術を築く。芸術による状況の変革は，職業芸術家ではできない生活者としての人間の本質への改革である。柳宗悦夫妻と親交があったリードも，農民芸術の特徴について，①美術ではなく着物や家具や陶器，絨毯など日常使用のものを華やかにする応用芸術であり，②抽象への驚くべき傾向があり，③何世紀もの間続けられる普遍性にある[37]として，生活者としての芸術・農民芸術の本質に触れる。

芸術によって現状を変革する，逆に芸術が現状を変革できるのか。古代ギリシア時代の芸術は狂気の中にあったが，ロゴス（言語，概念，論理，理論）

の知とパトス（身体知，受苦）の知が二分されて以来，位相が変わった。ニーチェは「ギリシアの国家は，対等な人びとのあいだの体育と芸術の競技を正式に認可した。つまり，政治的秩序を危険に陥れることなしに，あの克服しがたい本能にはけ口を与え得る闘技場の枠を設定したのである。そしてこの体育と芸術の競技の最終的な衰退とともに，ギリシア国家は内部の動揺と解体に陥っていったのだ」[38]とする。限界芸術の衰退，本能のはけ口の衰退は国家の滅亡につながりかねない。合一ではなくロゴスの知を上位に置く社会は，人間の本能をないがしろにし，芸術によって変革するしかないということであろう。しかし，われわれはいまなお，論理の支配のもとに生きている。

それゆえにニーチェは，不完全の美に想像の余地をおく。「不完全はしばしば完全よりも効果的である，—（中略）—完全にほめる者は，ほめられる者の上に立つ，彼は相手をみおろしているようにみえる。そのために完全は効果を弱める」[39]とする。限界芸術をつくる主体は純粋芸術家から見下ろされる存在ではなく，日常の“辛苦から解放された天才であり，個性の異なる幾億の天才も併び立つべく斯て地面も天となる”存在である。「なぜならそれは，われわれが通常われわれの仮借ない主人とみている必然的なもの・合目的的なもの・経験的なものの束縛から，一時的にわれわれを解放するからである」[40]。そこに限界芸術の戯れ・笑いがあるといえよう。

芸術をニーチェは本能のはけ口としているが，はけ口というより遊びと同様，本能衝動に突き動かされて自己統一する心象スケッチの現れ，超越した自由の表現で，内面を表現する機会がなければ，本能の統一を危機におとしめるということだろう。「芸術は真理にもましていっそう価値がある」[41]からこそ教育を改善できるものは芸術•遊びと考えるのも，「教師というものは，商人と全く同様に，一個の必要悪と見なされてしかるべき」で「われわれは精神的窮地の主因を教師たちの過剰に見出すことができよう。彼らのおかげで人びとは，あれほど僅少で，あれほど稚拙な学び方をするのだ」[42]からである。農民による第四次元の限界芸術が状況を変革するのは，制度的な教育が終わった後の，生活による本当の自己教育が始まる時からだといえよう。

鶴見の限界芸術論を軸に，柳宗悦，柳田国男，宮澤賢治の三者三様の生きる過程に芸術をみてきた。“生活は芸術（アート）である”とする視座に，人類の歴史的な意味が込められている。こうした1900年から1930年代の芸術の180度の視座の転換は，世界の新教育運動に多大な影響を与えたことはいうまでもない。そして，21世紀，大衆化したジャンク・アートが本物の美を求めた時，ふたたび，デュシャンが好んだ“職人”の世界にそれを見いだしているのではなかろうか。

第2章

就学前教育における芸術と美の位相

§1　初等教育にみる芸術科目のあけぼの

<I期　学制開始から1900年まで：欧米の教育思想の取り入れ>

1．国民皆学に位置づく芸術科目

就学前教育における表現活動は，まさに生活の中にある表現であり，幼児期ならではの表現特性が表れる限界芸術の世界である。1876年の日本の幼稚園教育開始以来，芸術と美の位相は二転三転している。そして現代芸術が産業構造に飲み込まれる中，仮想現実によって美のあり所を求めているように，就学前教育における芸術と美のあり所も変化したかというと，今日に至っても混迷の中にある。開放を求める「場」の芸術は，子どもの表現と近い関係にありながら，なお遠いといえよう。

本章では，第1章を踏まえ，美学が輸入された明治期からの初等教育における芸術・表現の変遷を時系列に沿って捉えていく。なぜなら1989年の幼稚園教育要領改訂（1990年保育所保育指針改訂）で領域「音楽リズム」「絵画製作」が領域「表現」へと変わった意味は，古代ギリシアのムーセイオンに始まりミメーシス（模倣）の解釈，表現における内と外の二つの立場，それらの合一としての「場」の芸術と深く関係し，第1章の時代背景と重なり合うからである。

厳しい労働に明け暮れる古代の農民階級に子守唄も必要なかった時代から江戸時代になり，子守唄やわらべうたが生まれたとする上笙一郎は，その根拠を『梁塵秘抄』においている。そして「わらべうたは，最初の発想は幼児によってなされつつもその形成には父母・祖父母というプリズムが加わっており，そのプリズムが民族共同体の基礎的な思想や感情として作用していたかぎりにおいて，幼な子たちに共同体的・民族的な感性を養うものであった」[1] とする。そのわらべうたの起源に，表現は共同体的・民族的な感性のもとで歴史的身体を通して伝承されていくという原点を見ることができる。また喜多村筠庭の『嬉遊笑覧』[2] には，1800年頃の市井の人々の限界芸術を遊ぶ様が随所に見られ，そこに当時の日本人の美意識や芸術観を捉えることができる。「翫弄」にみる子どもの遊びも282種にのぼり，大人の生活は子どもに真似されて遊ばれるとともに子ども独自の遊び文化も生まれて，近世への夜明けが近づいていることをうかがわせる。この子ども期の誕生は，学校が用意され美としての芸術が教授される時代の到来を意味する。

中世には，仕事に励み，織物や器など生活の必需品を作り，詩歌や田舎芝居，祭礼などに興じる人々の綾なす文化圏の中で世代を越えて交流する限界芸術の創造がある。歴史的身体が自然界を生きる人々の知恵と技術が結集した表現様式を取り込み，模倣し創造してつなげてきたものである。特に，江戸時代は生活に芸術が置かれた時代であり，鄙びた山漁村の者でも応答歌を歌ったり，多くの職人が技術を生業とするなど市井に限界芸術が隆盛している[3]。その文化圏で暮らす子どもは遊びに使うものを作り，自然物を見立てて活用し，歌い，パフォーマンスして，ミューズの神々，あるいは天の岩戸の神々と切り離すことのできない表れを遊ぶ。その子どもの遊びに，村の祭礼儀式で親や近隣の大人たちが見せた姿をみることができる。

ここでは，唐澤富太郎[4] の区分（1945年以降はさらに2分）にならって初等教育における変遷過程を中心に，§1では〈Ⅰ期　学制開始から1900年まで〉，§2では〈Ⅱ期　大正デモクラシーをはさんだ1900年から1930年まで〉，§3では〈Ⅲ期　暗雲立ちこめた1930年から第二次世界大戦敗北の1945年まで〉を，さらに§4では，〈Ⅳ期　敗戦後のアメリカ統治の1945年からバブル崩壊の1990年まで〉，§5では〈Ⅴ期　幼稚園教育要領，小学校学習指導要領等が大改訂になった1990年から現在まで〉と5区分している。唐澤が児童の生活と教育を，教科書と関連させて捉えて教育内容や方法を見たことや諸法も踏まえながら，世相と関連させて小学校・幼稚園教育等における芸術教育等の変遷過程を捉えたい。

2．美学の輸入

江戸から明治へと変わって，芸術が取り上げられたのは学制が敷かれた5年後，1872年に西周が天皇に進講したという「美妙学説」が初めといわれる。美妙は，「哲学ノ一種ニ美妙学ト云アリ」[5] で，美術の中には画学，彫像術，彫刻術，工匠術，詩歌，散文，音楽，漢土（朝鮮）では書，舞楽，演劇も含み，感官の快・不快・想像力の作用を講じたものである。そして東京美術学校および東京大学におけるフェノロサのヘーゲル美学を中心とした講義（「美術真説」1882年），中江兆民がヴェロンの著作を『維氏美学』と邦訳したこと（1883-1884年）に始まり，森林太郎（森鴎外）による「審美学」の講義（1889年東京美術学校での美術解剖学講師，1892年に慶應義塾大学の審美学講師，東京大学におけるE. V. ハルトマン美学）など，同時代のドイツ美学についての講演，およびラファエル・フォン・ケーベルによる東京大学での美学講義が開講されている。また京都では京都工芸学校においてデザイン教育を中心とする西洋美学および美術史の教育がなされて，西洋の美意識が輸入[6] されている。

古来からつながってきた質素の中に隠された美を旨とする日本人の美意識

は，西洋の美意識に注目し，進取の気風からそれらを積極的に取り入れ融合していくことになる。それは，国民教育の教科に組み込まれて，すべての子どもたちに芸術を教授していくことを意味した。

教育によって近代日本を建設するうえで，明治期に輸入した美学の浸透度は，教育界に一番色濃く反映したといえよう。この普及過程が日本の教育に大きな影響を及ぼしたのは，高等教育だけではなく中等教育，初等教育（小学校，幼稚園）も同様である。

3．近代国家としての芸術科目の必要性

世界の先進国が国民皆学に向けて動き出したのは，産業革命後である。各国の近代の学制における教授科目構成の考え方は，コメニウスの『大教授学』[7]に始まるが，初等教育において芸術科目を教科とする理論的根拠は，フレーベルに始まるといってよいだろう。日本が学制を敷くうえで必要となった芸術科目は，一方でヘーゲルの美学であり，一方でフレーベルの教育における芸術の実践であった。なぜなら，フレーベルが1826年の『人間の教育』において，主要な教科目としたのが宗教，理科・数学，言語および関連する読み書きと芸術である。彼は人間の三重的努力は「内界の安息と生命へ向う努力か，それとも外界の事物，外界の存在の認識と摂取へ向う努力か，あるいは最後に内心の直接的表現へ向う努力」[8]かで，内心の表現は自己表現，自己発展，自己省察の努力とし，この第3の「人間自体の表現が，芸術なのである」[9]とした。彼の教育実践ではすでに芸術科目が取り入れられている。「音だけによる表現としての芸術は，音楽であり，主として唱歌である。色だけによる視覚のための表現としての芸術は，絵画である。量の構成や形成による空間上の表現としての芸術は，造形である。この後二者（絵画と造形）のための総合的中心点として図画が，現れる」[10]として，図画は線による表現に，絵画は面による表現に，造形は立体的空間による表現に属するとした。そして線による表現は幼児の早い時期から，また造形や彩色による表現も幼

児段階に現れるので，少年期の始まりには芸術的精神が育てられなければならない。唱歌や図画や絵画や造形は，天職なしに芸術家になることから身を守り，人間の全面的な発達を図る。また韻文による表現も言語から出発するが，内界の表現として芸術に属する。こうした芸術を「学校の教科として真剣に取り扱われなければならない」[11] としている。

日本の学制はフランスを中心に，ドイツ，オランダなどの教育制度を取り入れたとはいえ，内容はアメリカの影響が強い（『学制百年史』）。欧米の教育制度を調査研究した岩倉使節団の一員だった田中不二麻呂が，1873 年にアメリカから招聘したダビット・モルレー[12] が学制の推進に参画していたことも関係したであろう。しかし，フレーベルの思想は，初等教育により多くの影響を与え，また留学生によって欧米の教育内容が取り入れられた流れがある。幕末以来，岩倉使節団（使節 46 名，随員 18 名，留学生 43 名，女性では満 6 歳の津田うめ，11 歳の山川捨松らがいる）[13] をはじめ，1873 年には 373 名の留学生を国選・私選して派遣し，欧米文化を摂取することで近代国家建設を急いでいる*。海外で学んだ多分野の人々によって政治，経済と関連して近代日本の教育内容がつくられていったところに大きな特徴がある。

4．芸術関連科目に関する教育内容の模索

1872 年の学制発布翌年出された「小学校則」（以下法文は文部科学省『学制百年史資料編』参照）の下等小学（6 歳から 9 歳）には，綴字（かなつかひ），習字（てならひ），単語読方（ことばのよみかた），算術洋方（さんじゆつようかた），修身口授（ぎようぎのさとし），国体学口授，単語諳誦（ことばのそらよみ）が，上等小学（10 歳から

＊「海外留学生規則ノ事」には，「第 58 章，海外留学生徒ハ都テ本省ニ於テ之ヲ管轄ス」「第 61 章，留学ニ官撰ト私撰トノ別アリ官私共都テ本省ニ於テ之ヲ達スヘシ」「第 72 章，初等留学生ハ通常年限満五年ニ過クヘカラス」「第 73 章，上等留学生ハ通常年限満三年トスヘシ」「第 74 章，初等留学生ハ一年ノ定員百五十人ト定ム」「第 75 章，上等留学生ハ定員ナシトイヘトモ多キモ三十人ニ過クヘカラス」とし，1 人に学資 900 ドルから 1800 ドル程度の資金が提供されている。88 条までにわたり詳述された留学生規定に欧米文化先取の明治政府の意気込みが見られる。

13歳）には細字習字，算術，読本輪講，理学輪講，作文，書牘（しょとく）作文，地学輪講といった教授内容が明示され，国語，算数，修身，地学，理学，史学などに対応する教科書が作られた。それらは藩校や寺子屋などで類似した内容が扱われていたため早期に実現をみた。しかし，音楽と美術，文法については「当分之ヲ欠ク」とされた。江戸時代に，平曲，雅楽，連歌，狂言，箏や三味線など日本の音楽や優れた日本美術，生活芸術は有していても，武士や寺子屋の教育には芸術科目がなく，芸術は道を究める中，あるいは生活の中にあったからである。

1881年の教則では「小学初等科ハ修身，読書，習字，算術ノ初歩及唱歌，体操トス」とされる。習字・綴り字は寺子屋の手習い文化をそのまま継承して平仮名，片仮名，草書等日用の文字を習得するものであった。また作文が上等小学の教科として取り上げられたものの，今日の創作作文と異にして，品詞の使い方を教師が教え，生徒に同様の文を作らせる指導である。単語，文法から入り，作文教科書に掲げられた模範分を暗誦し，それに沿って書く，あるいは日常の生活の知識を文法的に書き綴るもの[14]となっていて創作性は含まれていない。そして，森有礼が初代文部大臣になって行われた教育改革で，「小学校令」（1886年）が公布されたことにより，尋常小学校の学科は「修身読書作文習字算術体操トス」とされ（作文は上等小学6級から扱われるが，下等小学，上等小学の8，9級にはない），これが1900年まで続くことになる。

学制発布と同時に図画は「罫画」（図形を厳密に写す）として上等小学6級から扱われる。「罫画」は技術者養成という実用から学校に取り入れられたもので，『小学画学書』『画学本』『小学普通画学本』は臨画（絵を写す）のための教科書である。1890年代になると，岡倉天心やフェノロサの影響から，日本画が重視された教科書『小学毛筆画帖』[15]が作られ毛筆中心に移行していくが，臨画には変わりない。日本の絵画史を400年にわたって牽引し，日本美を創り上げた狩野派の専門家集団[16]の手法は臨画にあり，模写によって構図や線や形，色合いなどの型を学び，型を抜けるという伝承にある。算術は西洋との共通点があっても，国語や絵画は日本民族の歴史を背負うものであり，東西の融合に時間がかかったのは当然といえよう。

1881年の内容からは体操も規定されているが，西洋の体操を教授する指導者がなく，各学校に任されたため実際には行われていない。その後，1878年に体操伝習所を設立して体育教員・指導者の養成を始め，伝習所の卒業生が全国に普及することによって体操の定着を図った。

さて，学校教育が欧米文化を取り入れるにあたり，もう一つの困難は音楽教育にあった。1872年に制定された学制では，小学校で「唱歌」，中学校で「奏楽」が教科として設けられたが，西洋音階，西洋楽器の指導者がおらず，「当分之ヲ欠ク」ことになる。フレーベルの思想に共鳴し，愛知師範附属小学校で自ら実践し，幼年期の子どもに唱歌遊戯が適切なことを発見し，後に音楽取調掛御用掛に任命された伊澤修二は，「第一項東西二様の音楽を折衷し，新曲を作る事」「第二項将来国楽を興すべき人物を養成する事」「第三項諸学校に音楽を実施する事」[17] を目指す。彼は音楽の教育的意義を「唱歌ノ益タルヤ大ナリ第一知覚心経ヲ活発ニシテ快楽ニス第二人心ニ感動力ヲ発セシム第三発音ヲ正シ呼法ヲ調フ以上ハ幼生教育上唱歌ノ必欠ク可ラサル—（中略）—唱歌ハ精神ニ娯楽ヲ与ヘ運動ハ支体ニ爽快ヲ与フ此二者ハ教育上並ヒ行レテ偏廃ス可ラザルモノトス—（中略）—年歯幼弱筋骨軟柔ノ幼生ヲシテ支体ヲ激励セシムルハ其害却テ少カラスト是有名諸家ノ確説ナリ故ニ今下等小学ノ教科ニ遊戯ヲ設ク」[18] としている。

アメリカ留学から帰朝した伊澤は，1880年に音楽取調掛（現在の東京芸大）校長になると師メーソンを招聘してピアノやバイオリン，琴などの伴奏で，和文のわかりやすい歌詞をつけて歌う歌を創作していく。1882年，『小学唱歌集』を披露する成果報告会[19] を，東京師範学校（東京教育大，筑波大の前身），東京女子師範学校，学習院の総生徒を会衆して2日間にわたり行う。午前は報告，午後に学生の管弦楽，ピアノ連弾・独奏，ピアノ，琴，胡弓の伴奏による師範学校児童の唱歌（『小学唱歌集』初編のもの），三重唱といった日本化に向けた洋楽演奏が行われ，東京女子師範学校附属幼稚園児113人もバイオリンの伴奏によって唱歌および唱歌遊戯を行っている。

こうして洋楽が教科目として位置づき，男女に履修させる歴史が生まれた。学校は世界の最先端の文化を習う場となり，小学唱歌集が第2編（1883年），第3編（1884年）と出され，学童が歌う歌が91曲になって洋楽の音楽教材が確立した。しかし，小学唱歌集を扱える教師がいない状況下ではなかなか普及されなかった。普及に力を貸したのは日清戦争前後から作られた軍歌で，これが子どもたちの耳に入っていく。

5．就学前教育における芸術の位置づけ

ここでは，特徴的な造形表現活動と唱歌遊戯に焦点を当てて，外来文化の輸入と国産化への最初の取り組みを捉える。

(1)　恩物による造形表現の遊び

1876年に開設された東京女子師範学校附属幼稚園に恩物が取り入れられた際に，恩物で遊ぶことによって，「生活の形式」「認識の形式」「美の形式」の三つの陶冶（とうや）内容を論理の裏付けとしていた。「球体，立方体，直方体，三角柱，球面，正方形，三角形など基本形から棒切れやひもなどの線の類のもの，貝殻や豆類などのような点を表すものなどの単純な形を組合わせて子どもが作りたいものを作り」日常体験しているものに見立てて遊ぶ生活の形式と，「高い低い，広い狭い，大きい小さい，多い少ないなど数量や物の性質に関する認識を得る」認識の形式，そして基本的な形態を「構成遊び，つまり日頃自分が見たことのあるきれいな花や星などの美しい形をあらわす」美の形式[20]である。この翌1877年，「東京女子師範学校附属幼稚園規則」に掲げられた教育内容は，第1物品科，第2美麗科，第3知識科の3科目として構成されており，美麗（うつくしい，うるわしいもの）と生活と知識が恩物という具体物を通して学習される科目構成が明示された[21]。

立体的・平面的に構成して遊ぶ材料として，大小の立方体，直方体，球体，三角柱や積み木があり，これらは3つの形式を陶冶しながら子どもを夢中に

させる教具である。さらに，面を構成して遊ぶ正方形，直角二等辺三角形，正三角形，直角不等辺三角形，鈍角二等辺三角形などの色板の木片，線を示す3，6，9，12，15センチの木箸，6，4.5，3センチの金属製の環と半環6個，点をつなげて線や曲線，輪郭，面をつくる豆（エンドウ豆，貝殻，トウモロコシ，おはじきなど），何枚か連なった板などがある。いずれも子どもの身近にある材料で，今日の構成，デザイン，数学的思考を耕す遊具の原点がある。

第1～第6恩物まで	積み木
第7恩物	板並べ
第8恩物	箸並べ
第9恩物	環並べ
第10恩物	描き方
第11恩物	刺し紙（針画）
第12恩物	縫い紙（縫画）
第13恩物	剪紙
第14恩物	織紙（しょくし）
第15恩物	組み板
第16恩物	連ね板
第17恩物	組み紙
第18恩物	折り紙（畳紙）
第19恩物	豆細工
第20恩物	粘土細工

図表1-2-1　恩物

工作としては紙に穴をあける，紙や布にあけた穴を縫うことから針で縫って遊びや生活に使う，デザインや縫ってできた糸の形を遊ぶ。また，組む，編む，織る一連の動作を含む織紙で一松模様などを織る，折紙，千代紙，その他の紙で折る，折紙や画用紙で剪り紙をする，豆細工は豆に竹ひごを指して構成し遊ぶものを作る，画用紙や厚紙を切って糊で立体的に貼って作るなどが行われた。彫塑としては土粘土が，絵画としては自由に絵を描く基本となる縦横線，斜め線，曲線，これらを組み合わせた模様などの臨画が行われている。緻密に計算された恩物と自然物素材による構成とによって多様な造形表現の機会を得ていたということになる。

恩物は，積み木での遊びと造形活動といわれる絵画，彫塑，工作である（図表1-2-1）。今日の廃材だけに頼りがちな造形表現より，素材（陶冶財）と陶冶内容は多様な視点をもっていたといえよう。

(2)　唱歌遊戯による表現活動

フレーベルは，恩物の他に歌と自然の中での遊戯を教育の内容においている。これらの遊びにこそ幼児の内面が表現されるとし，「遊戯は，幼児の発達の，この時期の人間の発達の，最高段階である。というのは，戯ということば自身もしめしているように，遊戯は，内面的なものの自主的な表現，内面的なものそのものの表現にほかならないからである。遊戯は，この段階における人間のもっとも純粋な精神的産物である。同時に，全人間生命の，人間および事物のなかの内面的な，ひめられた自然生命の現像であり模像である」[22]として，遊戯を教育に浮上させた。幼稚園教育は，恩物や歌と遊戯で多様な表現の基礎を指導されるところから始まったといっても過言でない。

その過程が西洋音楽の導入についても見られる。美学・芸術を幼稚園教育に取り入れる前例のない労苦は，小学校に比して劣らない。唱歌遊戯としてフレーベルの「母の歌と愛撫の歌」[23]にならって翻訳した漢文調の歌詞に曲をつけたり，和歌に雅楽調の曲をつけ，笏拍子を鳴らして歌ったりなど和洋折衷の様子がうかがえる。特に，1876年，日本初の東京女子師範学校附属幼稚園の開設時にフレーベルに学んだ松野クララを主任保母として迎えたこともあり，ピアノの演奏に合わせて歌と遊戯が行われている。氏原鋹子の記録によると「保育用具はフレーベル氏製定の恩物を用ひ，楽器は和琴（六絃琴）とピアノ1台あり，此ピアノは遊戯室に据へ1週2回保母クララ氏弾じて幼児一同唱歌に和す」「幼児に唱歌を教ふるに手拍子を取り口移しに教えたり，当時我国に於ては未だピアノオルガンの製造出来ず，皆舶来に仰ぐ時代なりし」「当時唱歌の歌詞は雅言多く其意味は幼児に解されず，幼児は唯其旋律の優美なるに快感を有したるものゝ如し」[24]ということである。和洋折衷の歌詞や曲調はともかくとして，幼児が雅趣ある旋律でも喜びをもったのは，歌うことは子どもの本能であり快を伴ううえに好奇の欲求を満たしたからではないかと思われる。

西周が天皇に進講した同じ時期，幼稚園の3科目の内容に「美麗」という「好愛する物即ち彩色等を示す」科目が用意されていたということは，書記言語以前の幼児期の発達特性を踏まえていたことも一つであるが，近代国家建設を担う教育を幼児期から始めることにより，最新の教育内容を具現しようとする国の意志がみられる。25子目に挙げられた20恩物の「生活の形式」

「認識の形式」「美の形式」の習得は，象徴・ロマン主義という当時の世界の思想の流れに乗った最たるものといえよう。幼稚園は対象とする幼児の必然から教科書で教える小学校よりも早く芸術教育が生活として取り入れられ，児童中心主義に傾倒していった。先人の努力によって初等教育に西洋の美麗，画学，美術，体操，音楽が取り入れられ新生国家が描かれたのである。

1890年以降，西欧のロマン主義の影響を受け，日本でも文学界*のみならず表現芸術の世界が様変わりする。旧態依然とした写実主義からロマン主義へ，そして自然主義へと移ろう時代が到来し，それは学校等における教育内容を動かしていく原動力となる。

§2　百花繚乱の芸術科目研究

<Ⅱ期　1900年～1930年まで：児童中心主義時代の芸術科目>

1．児童中心主義時代の芸術科目

1900年，就学率が81.5%（文部省『学制百年史』）に向上すると同時に，小学校令が改正され，教育界は世界に波及したロマン主義の潮流に乗って教育内容を展開することになる。小学校令第19条には「尋常小学校ノ教科目ハ修身，国語，算術，体操トス」とあり，読書・作文・習字が国語の1科目にまとめられ，作文，習字はその地位を失っている。同施行規則では国語の「文

---

* 森鷗外の『舞姫』（1890年）を始まりとし，樋口一葉の『たけくらべ』（1895年），島崎藤村の『若菜集』（1897年），国木田独歩の『武蔵野』（1898年），徳冨蘆花の『不如帰』（1899年），泉鏡花の『高野聖』（1900年），与謝野晶子の『みだれ髪』（1901年），高山樗牛の『美的生活を論ず』（1901年）などである。国木田独歩は『運命』（1903年），島崎藤村は『破戒』（1906年）により，ロマン主義から自然主義文学に移行している。

章ノ綴リ方ハ」となって，美文調の作文から児童の日常の生活を綴る「綴り方」へと転換している。それは，台頭したロマン主義を背景に児童生徒の個性，自発性を重んじ自由発表を提唱した樋口勘次郎の『統合主義新教授法』[1]の影響が大きいといわれる。彼は大正自由教育運動の先駆的役割を果たし多くの実践者を啓蒙した。Ⅱ期は戦争の足音とともに短命に終わったが，Ⅱ期に国産化する遊びや芸術によって児童中心主義へと大きな転換をすることになる。

(1)　模倣から創造への自由画教育

1904年，従来の流れを受けて『鉛筆画手本』『毛筆画手本』が国定教科書として出されるが，6年後の1910年には，図画の内容が「自在画及び簡易ナル幾何画」と規定されて『新定画帖』へと変化する。臨画だけでなく随意画も取り入れている。また鉛筆の普及により，Ⅱ期に移行する頃には毛筆の実用性は薄れて，習字は芸術的な教材へと変化していくきざしが見られる。それは机に彫り込まれていた硯置き場がなくなるという教室文化をも変えている。

臨画手本から画帖への変化は，児童の興味ある図画を第一目的にした色刷りの教科書へと様変わりしていく。それは児童自身による自由と創造を掲げた山本鼎[2]の自由画運動が広がりを見せたころと重なる。山本は，1912年にフランスに渡り第一次世界大戦を避けてロンドンからイタリア，モスクワと見聞しながら創作活動を続けて，1916年に帰国する。モスクワで農民美術蒐集館や，児童創造展覧会を観るとともに，ヤースヤナ・ポリャーナを訪れてトルストイの農民子弟の教育にも触れ，帰国後，1919年に長野県の神川小学校で「児童自由画展」を開催している。これが長野県下だけでなく全国的な関心を呼び，臨画から自由画へと，児童の個性に注目し発展させる契機となる。山本は併せて同年，農民美術練習所を開設し，翌年には「日本児童自由画協会」を設立して全国で講演普及活動を行っている。

彼は，「自由画といふ言葉を選んだのは，不自由画の存在に対照しての事である」[3]，つまり模写を成績とする臨本，粉本，師伝等によって個性的表現が塞がれる不自由を救う言葉としている。そして数十万の子どもを国定臨画帖に向かわせる弊害を説き「音楽の教習が音楽家を，理科の教授が理学士を作らうとするのではないやうに，図画の教習が美術家を作るのを目的として居ない事も当然だ」[4] とする。そして，「美術教育とは，愛を以て創造を処理する教育である」と意義づける。自由画は「美術よりは美，模造するよりは創造，無想よりは感銘，過去よりは現在に立脚する」「権威を以て範を垂れずに，愛を以て導き，子供らの能力を順路に成功せしめよう」[5] とする主張である。

トルストイが農民学校を開いたのが1848年，『国民学校論』を著したのが1859年，『初等教科書』全4巻が1874年，そして『芸術とはなにか』[6] を著したのが1898年である。山本は早大教授としてロシア文学を講義していた片上伸（あたる）らと親交がありトルストイの情報を得ていて，彼の芸術論の展開が児童画や農民美術として花開くのを直接見聞して強く印象づけられたに違いない。「自由画教育」の中でもトルストイを随所に引用して，美術を児童自身によって児童のうちに打ち立てることを実践するのである。

模倣を成績としないで創造を成績とする山本の自由画教育論に対して岸田劉生は，「児童は元来美意識と称え得る程度のものは殆どもたぬ」[7] として，教師が子ども時代を理想化して放任に流れることを戒めている。そして岸田は教授プラン，①自由画法（イ，写生　ロ，想像または記憶図），②見学法（イ，鑑賞　ロ，臨画），③手法教授，④装飾法の4方法を挙げて，鑑賞の必要性を説く。臨画を教授していた当時としては，自由画運動への反対も多かったであろうし，山本が子どもの自由や奔放さを強調すればするほど，自由画の芸術観は純粋芸術と限界芸術同様，対立をもたらしたのである。山本は，「反対者に」[8] と題して個名を挙げて反論する。そこには“子どもを教師の目の届かないところに置いたらどんな悪いことをするかわからない”“自由画は真の芸術ではない”“劣等生や薄馬鹿に他の者に勝る芸術品はできない”などといった様々な批判に対して“子どもはもっと純真”，“初等教育に師範的技巧を教授する鑑賞教育は有害”，“子どもの絵を訂正するな”“自由画の問題は自然に接し拘束することなく描くことにあるのではなく，被教育者の見る働きを尊重することにある”といった切り口で，芸術の模写か創造かの芸術観の違い，児童観，価値と目的の違いを浮き彫りにしている。義兄の北原白秋の「児童本来の凛質は詩そのものだ。神秘の蔵だ。自由，正直，無邪，天真，而も俊雋(せん)限りなき感覚のピンだ。彼等は単純だ。然し此の単純は既に成人の種々相を包含した光り輝く感情の酵母だ。―（中略）―詩だ，詩は凡てを救ふ」[9]を引用して、自らの立脚点を明確にするが，後に岡本太郎は「自由画は印象派，つまり十九世紀的な自然主義の申し子」[10]だから見えるままの素朴な自然に頼る考え方から抜けられず，芸術的な自信をもたせるような教育法ではないとした。臨画から現代芸術への過渡期として時代がこれを受け入れ両義性にたどり着くには時間がかかる。「芸術的な自信をもたせる教育法」については，今日でも自由か教授かの短絡的な議論を展開していることに変わりはない。

(2)　唱歌音楽の普及と軍歌

一方，Ⅰ期に軍歌（明治から1945年までに160曲ほど）によって広がりを見せた洋楽であるが，1900年代になると鉄道唱歌や地理・歴史に関する唱歌本が多く出版され，1904年の国定教科書には読本唱歌が登場している。「汽笛一声新橋を」などは今日も歌われる鉄道唱歌である。児童の表現に注目した図画や綴り方と違って，Ⅱ期の音楽や国語，習字などの教科書は，全体に軍国主義を強化するものになっている。特に，音楽の分野は国策を言葉とリズム，メロディに載せて子どもたちの精神にしみ込ませていく道具となっている。

しかし，社会全体がきな臭くなる反面，ロマン主義から自然主義の風潮は，多くの芸術家を輩出し，教育にも影響を及ぼしていく。思想的リーダーとして武者小路実篤のもとには芸術の多分野精鋭が集まり，子どもの純性を育むための話・歌を創作し世に広めた鈴木三重吉の『赤い鳥』（1918年7月1日創刊，1936年8月廃刊）運動にも多くの仲間が集まっている*。

大正デモクラシーの時代には，『赤い鳥』だけでなく『少年世界』や『日本少年』などの児童雑誌も発刊されている。『赤い鳥』につぐ『おとぎの世界』（1919年），『金の船』（1919年），『童話』（1920年）が児童文学の地位を確立し，学校教育に並ぶもう一つの新しい児童に即した芸術文化をつくり出している。

横谷輝は，『赤い鳥』創刊号の巻頭にかざられた「標榜語」[11]に掲げた「世俗的な下卑た子供の読みものを排除して，子供の純性を保全開発するために，現代第一流の芸術家の真摯なる努力を集め，兼て，若き子供のための創作家の出現を迎うる一大区画的運動の先駆である」「話材の純清を誇らんとするのみならず，全誌面の表現そのものに於て，子供の文章の手本を授けんとする」「現今の下等なる新聞雑誌記事の表現に毒されている。—（中略）—子供の教養を引き受けている人々とその他のすべての国民とに向って，真個の作文の活動を教える機関である」他7項目を挙げ，管忠通の文も引用して「自由主義教育，芸術教育の思潮を背景とし，芸術性をゆたかにした児童文学をおとぎばなしや唱歌と区別するために，童心の文学として主張されていた」[12]とする。文芸精神や劇作の態度，方法を概括して童心主義とし，童謡も明治以降の「唱歌と違い，芸術的な香気が高い詩，また音楽的にも従来の唱歌と違い，単純な有節形式でない唱歌と異なる音楽」[13]を創造したのである。しかし，子どもの純文学を目指しすぎたために限界を生んだ。もちろん，第一次世界大戦（1914年～1918年），関東大震災（1923年9月1日）といっ

＊『赤い鳥』賛同者は，泉鏡花，小山内薫，徳田秋声，高浜虚子，野上豊一郎，野上弥生子，小宮豊隆，有島生馬，芥川龍之介，北原白秋，島崎藤村，森林太郎，森田草平他十数名で当時の名作家を網羅し，やがて菊池寛，西條八十，谷崎潤一郎，三木露風らも作品を寄稿している。また，白秋は与謝野鉄幹が主宰する『明星』（1900年4月創刊，1908年11月廃刊）にも，詩歌を寄稿。与謝野晶子，木下杢太郎，石川啄木，上田敏，蒲原有明，薄田泣菫，高村光太郎や吉井勇ら文壇の交友を広げている。森鴎外や斎藤茂吉らアララギ派歌人が活躍したのも同時期である。『明星』廃刊後，森鴎外や与謝野鉄幹，与謝野晶子らが発刊した『スバル』（1909年刊行，1913年廃刊）には，石川啄木，木下杢太郎，高村光太郎，北原白秋らが参画している。

た人災，天災が発刊を困難にしたこと，また運動の主宰者の死去も関係するだろう。子どもの世界を純粋芸術に近づけすぎると自然より大人の作為が勝ってしまう危険があるのは歴史が語る事実である。

ナショナリズムが勢いを増す社会情勢の中，学校教育においては当然，体操も集合，整頓，隊列動作，中隊教練といった兵式体操に変わっている。1913年の学校体操教授要目には“忠君愛国ノ精神ヲ涵養シ艱忍難ノ気力ヲ渙発”にするものとして，軍事教練の意義を増大していった[14]。軍国主義の一方で，児童の活動を重視し，児童の興味に即した合科もなされるという矛盾をはらんだ時代である。しかし，Ⅱ期に学校教育に相照らして芸術を問う運動が誕生したことの意味は大きい。学校教育に位置づけられた芸術科目の従来の内容に，新たな展開をもたらしたからである。

(3)　学校劇の始まりと禁止令

国定第3期の国語教科書には，対話や劇教材が登場している。南元子[15]によると，学校劇が始まったのは1903年に川上音次郎一座が巌谷小波の脚色したおとぎ話『狐の裁判』『浮かれ胡弓』を久留島武彦の協力により児童が演ずる劇として公演したことに始まるという。1909年には，小山内薫や市川左團次が，イプセン（森鴎外訳）の『ジョン・ガブリエル・ボルクマン』を上演するなど，戯曲を優先し演出に基づいて演技される近代演劇を興している。山田耕筰，石井漠などの音楽家，舞踏家も参加した「新劇場」は，歌舞伎に代わる新たな芝居創作の場となっている。学校劇もこうした時代の空気を反映して，1910年代には，朗読の対話劇が家族や来賓に公開されている。商業演劇を観ることから児童自身が演じる劇を推奨し各地で上演した坪内逍遙によって，脚本集や理論書『児童教育と演劇』[16]（1923年）が発表され，演劇は学校行事を変えていくことになる。

学校劇の実践者として今日の礎を作った小原國芳は，1919年からこの実践に取り組み，学校劇の必要性を全人教育の立場から提唱する。芸術そのものが師範教育者から甚く嫌われ，劇は河原乞食同然の扱いを受けることを嘆き，総合芸術としての劇は，「空間的芸術（平面的―絵画，立体的―彫刻，建築），時間的芸術（感官的―舞踊，音楽〈器楽・声楽〉，中枢的―文芸〈詩歌，小説，戯曲・脚本〉)，科学上の光学装置，俳優の現身芸術」[17] を総合した芸術だとする。劇という総合芸術によって生活の充実や遊戯の教育的価値が発現するとともに，表現本能が充足され，鑑賞の力も増し，道徳性が培われ，深い人生を知ることにより日本人の救済がなされるとするのである。

児童文芸誌『赤い鳥』でも劇の脚本が掲載され，学校劇は時代の寵児となる。あまりの加熱ぶりに，文部省が次官通牒を出したのが1924年，現場はこれを「学校劇禁止令」として受け止め，児童劇・学校劇は下火となり，以後，隆盛することはなくなり，やがて幼稚園のお遊戯会・学芸会として残っていくことになる。しかし，国定国語教科書には，その後も対話教材だけでなく劇教材が掲載され逆にその数も増えている。演劇という総合芸術を教科に位置づける面白さと困難さはあろうが，教科書掲載の教材が実際に劇として行われることを想定していたのは，小原の『学校劇論』で紹介されたイギリスや他の国々の児童劇の実践があり，また1924年の禁止令直後に出されたニーチェの思想を受けた島村民蔵の『子供の生活と芸術』[18] や芸術教育会の『学校劇の研究』といった劇や児童芸術の研究書，芸術論集等に基づいているのであろう。島村は，欧米の様々な子どもの芸術を例示しながら，子どもと芸術の意義，遊戯と芸術の境界，子どもの絵画の特徴や舞踊と遊戯と演劇の関係，さらに子どもの観察力と美観など，広汎にわたっての論を紹介している。

また，倉橋惣三は，学校劇の教育効果を学習上の価値と美育上の価値の二側面から捉えている。劇化の学習上の価値は，従来の教育が「受動的な視覚と聴覚とによる印象及び記憶によって居るのに対して，劇化に於ては，表現活動の作用から，より鮮明なる印象と，より強固なる記憶を得来らん」[19] とする活動による学習，発表による学習とともに感情興奮による学習上の価値で，同じ表現活動であっても製作とこの点が異なる。また，美育上の価値は，この感情興奮そのものを本位として重視し，「感ずることによってよりよく感じ得るものになろうとする」[20] とする。この二つの価値は，感情興奮を道具とするか目的とするか裏腹で，学校教育という限定上は芸術そのものではなく児童の情操陶冶に寄与するものと位置づけた。そして，子どもの劇に熱狂する親や教師たちに「見せようの心理が一般的戯曲衝動の一要素である限り，学校劇の場合に於ても，それに相當の位置を與ふることは，劇化作用をより完からしめるために必要なことである」とする。しかし，「見せようの心理は，児童の場合に於いては，劇化作用発生の目的ではなくて，随伴的併行作用たることである。見せようが先きになつて，劇化が初まるのでなく，初めた劇が見せようを伴ひ，また，見せようによって強められる」[21] として，見せようの心理の行きすぎを戒めている。学校劇の実際では劇を児童のものとする指導の工夫や脚本なども載せられ，その健全さを具体的に描いている。当時，坪内逍遙の『児童教育と演劇』だけでなく，外山卯三郎の『舞台芸術論』（1930年）なども出ており，また後年，毎日出版文化賞・芸術選奨文部大臣賞を受賞した『日本児童演劇史』に禁止の訓令とそれに対する反論が詳細されているので，教育に演劇を取り入れる意味を吟味する参考になろう。Ⅱ期に誕生した演劇教育については，第2部に譲ることにしよう。

学校劇の隆盛とほぼ時を同じにして，1923年，「お茶の水人形座」が誕生している。東京女子師範学校附属幼稚園園長倉橋惣三が外遊中イギリスで観た人形劇に魅せられ，帰国後，手袋式の片手人形で「塩原多助，青の別れ」を自ら園児に演じている。この年は関東大震災でお茶の水の園舎が焼失し，10月から仮保育所での保育が行われているが，倉橋は「型にはまった幼稚園を，真に子どもの世界らしい幼稚園にする為めに」人形劇の普及活動に熱心に取り組んでいる。「みんなでいっしょに舞台を見る楽しさを子どもたちと分かちあいたい」「小さなものの動きに特に惹かれ夢中になる子ども心」[22] への共感からである。それを舞台・人形・脚本のセットにしてフレーベル館が販売・支援して保育界に人形劇が定着していった。また，山本鼎の研究所の木彫り部主任の村山桂次制作の280体の木片人形（ギニョール）が農民美術品の展示販売会で売り出されるなどして，人形劇の隆盛に一役買っている。

①立体的（丸形）
- 手遣い（大阪の文楽，淡路・徳島・八王子の車人形などの手遣い）
- 糸操り（マリオネットなど糸で動かすもの）
- 指遣い（人形の下から手を入れて指で動かすもの・ギニョール）
- 瓶芝居（瓶に衣装を纏わせ顔を付けて瓶ごと動かすもの）
- 玩具芝居（人形，汽車，電車などなんでもよい）

②平面的（平面）
- 影絵芝居（型紙影絵，人間影絵，幻燈など）
- 紙芝居（紙絵として描かれたもの）

図表 1-2-2　人形劇の種類

内山憲堂／上笙一郎・冨田博之編『児童文化叢書第3期33：指遣人形劇の製作と演出』大空社，1988，pp.15-16（筆者による構造化）

村山の人形を買った一人が口演童話家の内山憲堂である。彼は，子どもを中心とした人形劇を対象に考えた場合として，人形劇の種類を図表 1-2-2 のように分類している[23)]。

人形劇の形態としては丸形か平面である。丸形はマリオネット，ギニョール，日本の手遣い人形で，平面は影絵芝居や紙芝居のようなものである。使い方によって分類すると，マリオネットのように上から操るもの，文楽人形やギニョールのような手遣い，指遣い，糸または棒で下から操るもの，に分類される[24)]。さらに衣装によって文楽のように着替えができるものとギニョールのように取り外しができないものといった分類，さらに関節のあるものとないものといった分類もしている。つまり人形劇の特徴は，人形の作り方と遣い方にあるということだろう。特に，指遣い人形は，各民族がもつ最も原始的なものだといわれている。木彫りの人形・木偶（でく）は「木もて作れる人形を舞し動かす時は，神あるが如くなる故に」[25)]といわれるように，動きが生命を象徴する。人々は自らの動きによって舞う偶像を尊び，宗教的な意味をもって扱ったのである。

人形劇の人形は，愛らしく作られた玩具用の人形と違って，総合芸術の一要素としての働きをもつものである。舞台に登場し，台詞や動きを与えられてドラマを演じる人形は，人形それ自身も芸術作品として美的な個性をもつもので，その個性に光を当てる音楽や台詞が動きを洗練させる。子どもが人形劇を好むのは，演者として自ら人形を動かすことで人形に人格を付与し，満足を得て自らの人格を確認することができるからである。また，観客として人形遣いの巧みな動きによって人形に与えられた個性を感じ，台詞や歌によってドラマを演じる人形に己を投影し，ドラマの主人公と一体となって生きることができるからである。内山は「演劇の根本は『動く』と云ふことである。この点に於て，児童の演劇本能を証することが出来るのであるが，児童は彼の想像力によつて，すべてのものを擬人化する，―自然民族と同じように―幼児がお人形遊びをしているのは，人形を決して一個の土偶人であるとは考へていないのである。即ち自分と同じ人格を付与し，人間と同じ動作をなさしめているのである」[26] として，動かないものを動かすことに興味を感じ，喜びを感じるところに意義を見いだしている。

棒でも石でも火でも雷でも，たとえ動かないものでも，すべて擬人化された生き物として動くことが演劇の特徴の一つとなる。外山は，対象を自我の自己欺瞞と考えるとは，「人物は総て神に支配されてゐると言ふ意識がありながら，人間としての自我の自由を求めてゐる。それは自我がその背後に自我でない自我と言ふ超人間的な意志を感じながら、自我としての自由を憧憬れることに相等する。その自我でない自我をもつて，一つの否自我と考へず自我そのものの消極的なものと考へる。それ故に自我は，既に自我でない自我に於いて運命づけられてゐるものであると見ることが出来る。その意味をもつ自我の姿を，客観化するところに（又それを自我の影と想像するところに）近代の演劇が考へられるだろう」[27] とする。こうした心理が，人形劇には濃厚に現れ，日常は，人間に与えられた自然の法則，つまり超人間的な意志を意識することはないが，自由に憧れる自我は想像性をかき立てる演劇の世界でその限界と可能性を発見しているといえよう。そうした演劇の世界は，現実を諦観した大人にとっても我を復活させる力をもつ。まして，子どもにとっては主人公と一体となって夢見る世界を拡大し，自我を高みに昇華していく力を与えてくれる。

Ⅱ期の大正自由教育運動において，山本鼎がその自由画を賞賛した成城学園などの新しい学校では，合科学習やプロシェクト活動が実践されている。プロジェクト活動は，子どもの興味や課題から出発し，「観察」「探究」「調査」「実験」「作業」「表現」を能動的に行い，子ども自身が一つのまとまりをもった経験として知性的な学習をすることを目的にするもので，児童中心主義に立脚する以上，表現は欠かせない分野である。教育に芸術を取り入れる運動は教授法をも問い直すものだったといえよう。

(4)　石川啄木の教員生活にみる音楽

石川啄木が代用教員としての経験を元にした文学や日記に，当時の音楽の取り扱いの様子を見ることができ，また彼の芸術論が色濃くでている教育論に触れることもできる。当時，ハイカラな芸術家教師が音楽を授業にどう取り入れていたか一見する意味はあろう。

石川啄木の「雲は天才である」は，渋民村小学校の代用教員時代をもとにした物語である。若き代用教員として訪れた学校で日夜，生徒と交わり，自分で詩を作り作曲して，その歌をヴァイオリンを弾きながら子どもたちと歌う。物語や偉人伝の話，演劇的活動など芸術に傾倒する日々である。しかし，芸術は校長らとの対立を引き起こす。代用教員のころの日記には，子どもとの交流，授業の模様，男女同権の考え方などが記されている。学校を去る直前の卒業式でヴァイオリンを弾き歌う[28] 子どもたちの美しい声，啄木の中にある美は，夕餉の食物さえ困窮する中で，子どもたちと美に酔い，真を味わう教育こそ芸術にあるという日々だったといえよう。「林中日記」に彼の芸術観が述べられているので少し長いが引用して1906年という新しい風が吹き始めた時代の学校教育に生命の発露としての芸術が取り入れられていった一端として捉えておきたい。

「詩人は人類の教師である。」然(しか)し乍(なが)ら，詩乃至一汎(ないしいつぱん)芸術が教育の奴隷(どれい)ではない。寧(むし)ろ教育こそ，芸術のうちの一含蓄(がんちく)といふべきである。此(こ)の人間教化(けうくわ)の要求が，芸術の内容と分離して，実際的に，直接的になり，

> 初めて普通の所謂教育なるものが存在する。芸術の内容—生命，と分離したものであるから，教育それ自身は，本来空虚である。死物である。残骸である。唯，芸術の内容の代りに，教ふる人の人格と結びついて，初めて充実し，生命を得，効果ある真の教育と成る。
> 芸術は人間中の神性，換言すれば，創造力の所産である。人の心が直ちに宇宙の内在に肉薄した刹那の声である。されば，教育が本来人間と密接であるに反して，芸術はむしろ神に近い。されば，其の教化の力は較々間接的である。一旦無我の浄苑に人の心を誘ひ出して，それから神秘の窓を開いて人生の心核を指し示すのだ。[29)]

ニーチェが教育を越えるのは芸術であると考えていたように，啄木も教育は芸術（人間の神性）の一分野であって教育の中に芸術があるのではないとする真善美への讃歌である。明治期に輸入した美学に始まり，学校教育における芸術は，こうした先駆的実践を経てⅢ期に向かっていった。その前に幼稚園における芸術活動を詳しく見てみよう。この時代が今日の表現教育の礎となっているからである。

2．就学前教育における芸術内容の先取り

就学率の増加は，幼稚園の就園率も上昇させる。1886年に全国で40園に満たなかった幼稚園も，1887年には67園，1907年には公私立合わせて386園，1926年には533園と急増する。Ⅱ期の前年の1899年，文部省は「幼稚園保育及設備規程」を制定し，幼稚園の性格と目的を明確にするとともに，保育時数（1日5時間以内），保母1人につき幼児数40人以内，1園の規模100人以内とし，保育項目に「遊戯」「唱歌」「談話」「手技」の4項目（1926年には，観察が加わり保育5項目となる）を挙げた。恩物は手技として括られているが，特に施設設備として恩物，絵画，遊戯道具，楽器などを備えることが挙げられていることに注目したい。これは教育用の国産の楽器や遊具が

開発されてきたことを意味し，環境をよりよくすることが保育の質と深く関係することにつながるからである。

(1)　芸術的陶冶の恩物から遊具としての恩物へ

Ⅱ期で特筆すべき先達は東京女子師範学校助教授・附属幼稚園批評係の東基吉であろう。東は，子どもの姿に学び，時代の風を読んで幼稚園教育を国産のものにするために，遊戯の本質を世に問いかけ，『幼稚園保育法』において遊戯論を展開する。

彼は，手技として位置づいた恩物を「積木も板も紙も粘土も凡てを一度に与えてやらせて見た」ところ，子どもは立体にして山や山脈を作る，箸を脚にして板を上に乗せる，積み木で家を造り，板を塀にし，紙で旗をこしらえるなどして，系統的に自己発達の法則を反映する。そこで，恩物を「交ぜ合わせて，種々にして使つて宜しいのみならず，返て夫れが発表の自由を得しめる」[30]として，使用法を大きく変えていく。東は遊戯の教育的価値を次のように見ている[31]。

①身体の上より見て。
　幼児に最も自然な活動で，運動によって身体の発達を助長し―（中略）―精神を叙暢し幽欝を散除する。
②精神の上より見て。
　（い）共同心と同情心とを涵養す。
　（ろ）法律制裁に服従する習慣を養成す。
　（は）意志の独立を促す。
　（に）社会的知識を啓発す。

一塊の遊具となった恩物は，幼児が自然の中に没我して遊んだ経験を，象徴として生活の形式，認識の形式，美の形式に表現する芸術的活動や数学的思考の基礎を陶冶するという本来の色合いを失っていくことになる。こうして恩物が批判されたのは，これら3形式を遊びとして子どもが陶冶するのではなく，教授した方法論にある。フレーベルは自然界での十全なる遊びや生活が，この“遊び道具”のもつ3形式によって陶冶される恩物を考案したはずだが，その思想は日本での実践とは結びつかなかったからである。

東は，手技は子どもの自由な自己活動である遊戯であり，フレーベルも恩物は手技の材料であって，決して機械的に操作の模倣をさせるものではないことを紹介して画一的な教授法を否定した。幼児が工夫し，想像し，内心の活動力によって自由に創作するものとして，随意に作業させたり一定の題目を与えてもその方法は幼児に一任することとする。その題目は，唱歌遊戯の材料から，室内・庭園の観察から，実物から随意に作業することである。

しかし，東の論も，宍戸健夫が批判[32)] したように，遊戯が保育の手段となる危険性をはらんでいた。それは1908年，中村正直，和田實による『幼児教育法』の中で修正され，遊戯による保育が学的構造に発展することになる。和田實は，「幼児の心身をして健全に発達させること，その習慣的行動をして善良ならしめること」[33)] を目的として，幼児の生活を，休息（睡眠・静止）と活動（生命維持に関する活動と生命の使用に関する活動）に分類した。そして，幼児の最も興味ある遊戯は「心身の内部より発露してくる自発的，衝動的刺激そのもののようである。換言すると，児童の遊戯なるものは詰まるところ，衝動を基礎とする自発的活動で，この衝動を満足させた快感の記憶とその追求が興味の形となって永く遊戯が変わっていく標準」[34)] とする。遊戯への興味を標準とする以上，教育的行動の標準は，現在の興味を基礎とし感化誘導する自然主義を根本原則に置く。その衝動は，①経験的好奇の衝動から生まれる経験的遊戯，②暗示模倣の衝動から生まれる模倣的遊戯（ごっこ），③対抗抗争の衝動から生まれる練習的遊戯，である。

①の経験的遊戯には，経験好奇の衝動に駆られ幼児が好む絵画が含まれ，経験の直観，反復のために必要と位置づける。また寓話，物語，歴史談，事実談など復元想像を愉快と感じる聴話と創作的想像を駆り立てる談話は，幼児の観念の世界を豊富にし，想像力を満足させ，外界事物を知り，理想を描

くもとになり，善を行い，発表の基礎を与えるとしている。

②の模倣的遊戯のごっこは幼児期に特徴的に見られる遊びで，演じることにより社会の事情や関係を言葉や身振りとして獲得するもので，長ずれば演劇に移行していく。

③の練習的遊戯は，筋肉的・生理的欲求を満たすため体力の限界に挑戦して楽しむ鬼ごっこ，相撲，ダンスなどを〈体力的遊戯〉とし，かるた，トランプ，囲碁・将棋，なぞなぞ，倒語，言葉での遊びなどを心力・知力を働かせることを愉快に感じる〈精神的遊戯〉とし，心身の共同活動によるものを〈技術的遊戯〉とする。さらに技術的遊戯を細区分して何らかの製作または獲得を目的とするものと，技術そのものを獲得するものに分ける。情緒を快調に保ち，美観を養成し，リズムの運動と美を喜び，和音と旋律を感じる唱歌は，子守歌に始まり幼児の生活と切り離せない。また，鞠遊び，竹馬，コマ回しなど技術そのものを体得することが愉快な技能的遊戯や，恩物を使った手工や園芸，自然物採集を入れて作業の遊戯としている。

和田の論理からは，表現は内的衝動による自発的な活動に位置づく。絵画も子どもが自ら描こうと企てる遊びで，描き散らしている段階から形態を描く段階へと自然発展する遊びとする。幼児教育者は，幼児と共に絵を描いて面白く遊ぶことが大切で，画材は大人の使っている物ならどんな物でもよいのである。まさに自由画である。遊びの全体構造に位置づいた表現活動は，取り出した技能の指導や自由の行き過ぎを自ら律する全体調和の中にある。そして，その誘導の方法も併記されている。

和田はこの論理を実践的に実証するために下野し，自ら幼稚園を開設する。その後を受けた倉橋は1917年に幼稚園主事となり，遊びの定着を図る立場から多くのメッセージを実践現場に発信することになる。文学界，美術界のロマン主義から自然主義への流れは，倉橋の時代に最高潮に達している。倉橋の著『育ての心』[35]には，純粋にさながらに生きる存在としての子どもが描かれており，子どもを一人の人間として捉え，子どもの心に寄り添った響き合う感性が保育の場としてあることを強調する。幼児の自発的生活を尊重し，相互的生活をさせ，生活を分割することなく具体的，経験的に，情緒性を重んじて行うというものである。児童中心主義の教育，自由主義の教育が「生活即教育」を謳った時代，彼も「生活を生活で生活へ」[36]として，生活へ教育をもってくるために，設備・環境の重要性を説き，指導のあり方を次のように筋道立てている。

幼児のさながらの生活—{自由 設備}—自己充実—充実指導—誘導—教導

子どもを語る彼の言葉の数々は，情緒的・感性的で甘く，赤い鳥運動の童謡と同じく美しい。自発と具体を保育の原理とし，間接教育の原則，相互教育の原則，共鳴の原則，生活による誘導の原則を掲げ，『幼稚園真諦』にはその論理も整理され，倉橋の言葉は保育界を鼓舞したが，その真諦(しんたい)は伝わらなかったといえよう。宍戸が危惧したように，あるいはデューイが遊びを教育に取り込むことで二つの課題を抱えたというように，東，中村，和田，倉橋と展開した遊び論は，衝動に発しながら教育の有用性を説くために，純粋な遊び性を失っていくのである。逆に倉橋を語ればすべて遊びの礼賛者といった曖昧さ，危険性もはらんでいる。それは倉橋の責というより，Ⅱ期から続く教員養成の問題や，第二次世界大戦後までⅢ期の総括がなされないまま，倉橋を越える人材や異なる視点に光が当たらなかったほどに，時代の権力に追随せざるを得なかったことも一因であろう。

(2)　共同遊戯への問いと唱歌の改善

東は，共同遊戯は歌いながらその意味を遊戯によって現すもので「通例の幼稚園に於ては遊戯室を備へ此処に於て風琴若しくば洋琴を用ゐて行ふものとす。ここに吾人が此遊戯(ゆうぎ)に於て，注意すべき点は，どこまでも遊戯的性質を失はざらしむること之なり」「彼等の心は満腔の喜を以て司配せられ其注意は此一点に集中せられ，彼等の顔面は此喜を以て輝き渡り，彼等の身体は自ら活発に軽快に動作するを禁ずる能はざる様ならざるべからず」[37]として，共同遊戯を仕事として感じさせないように戒め，フレーベルのいう遊戯の真精神を具現することを求めている。なぜなら，彼が見た当時の保育は楽器に合わせて秩序正しく規律的に形を模倣させ，幼児は機械的・盲目的に動作させられているだけだったからである。

東は，唱歌のもつ価値を，（い）美的感情を育成し心情を快豁（かいかつ）ならしむること。（ろ）同情の心を養成し徳性を涵養すること。（は）聴器発声器を練習して発音の正当を得しめ又呼吸器を強壮ならしむること[38]，としている。伊澤とほぼ同じ視点であるが，伊澤の方が“精神に娯楽を与え，支体（肢体）に爽快を与える”という点からみると，後になるほど教育的意味の強調を強く感じるのである。ただし東の保育の観察眼は鋭く，幼児の姿から内面を深く捉えていたことがうかがえる。それが，歌詞の内容は「幼児の経験界に適切なるもの」で幼児が興味をもつ「雨雪風雷日月山河」などの自然現象,「日常親近なる鳥獣魚蟲」などをテーマにし，曲調については「音域の範囲狭小にして高低の変化甚だしからざること」「同様の旋律の繰り返さるゝこと」「半音の少きこと」として，指導に当たっては「新しき唱歌を授くる時間は凡そ10分乃至15分たるべきこと」「発音発声に注意すること」「常に美はしき声をはもって唱わしむべきこと」として怒鳴り声をさせないことを挙げている。また，「楽器は到底之が伴奏たることを忘るべからず」「新しき唱歌を授くるに当たりては寧ろ楽器を離れ単に保育者の音声によりて導く方」[39] がよいとして，音楽の特性を伝えている。

進取の気風著しい文明開化は，国産のオルガン（1884年西川虎吉がリード・オルガン製造，1887年山葉虎楠が国産の本格的オルガンを製造，1889年に山葉風琴製造所を創設，国産ピアノが作られる），アコーディオンや蓄音機，レコードなどの楽器や音曲を生産ラインに乗せている。松野クララが週2回弾いていたピアノが，日本の保育者によって弾かれるようになったのである。さらに東は，「よく歌えるようになったら身振りをつけると興味を増すこと」，時間を定めず「談話の前後，手技の時」に歌うなど，唱歌指導の方法を具体的に述べている[40]。幼稚園開設当初の雅楽調の唱歌，その唱歌を時間割で教えていた保育を大きく転換させているとはいえ，西洋音楽は富貴層に教授される特別なものに変わりはなかった。

(3)　生命リズムに立脚した律動遊戯とリトミック

リトミックという言葉は，歌舞伎，演劇界が取り入れたことに始まる。二代目市川左団次がロンドンでリトミックの概念を学び，小山内薫とともに演劇表現の方法として取り入れたのが1909年である。小山内もドイツの学校でリトミックを見学し，「あらゆる芸術の基礎」としてダルクローズのリトミックを高く評価した。山田耕筰も，ドイツに学んで音楽と舞踊の融合による芸術表現に意欲を燃やし，石井漠とダルクローズのリトミックを舞踊の基礎として教えたという。

こうした時代背景の中，小学校の体操遊戯に疑問をもったのは土川五郎である。体操伝習所で軽体操と戸外遊戯を学んだ学生たちが指導に当たるようになったとはいえ，競争遊戯はともかくとして行進遊戯は軍隊調であり，動作遊戯は意味もわからない歌詞に合わせて振り付け真似させるものである。彼は，リズムと動作は合致しなければならないとして1912年から研究・実践を始め，「人間は歌いたい踊りたいものでそれが本能である」[41] として論を重ねる。8項目にわたる律動遊戯の理論の概略は，次のようである。

1. 音楽によって快感を起すことが最も近道で，其曲は芸術的に高いもの
2. リズムと運動（表現）が内的に調和されたもの
3. 表現其運動の基は，児童の感情から表れた表現をとらえてくる
4. 表現は児童が日常目に触れ理解できる表現をさらに美化することで芸術の深さを増し身体的効果を起す
5. 運動生理によって誤ることなくその身体の均斉なる発達を図る
6. 児童は生まれてからリズムの内に育っており主観的リズム化をもっているので音楽と表現によって内なる力を引き出す
7. 国民教育は一方に偏すべきでない。児童を純ならしめ高かからしむ

るのは芸術で，俗な遊びではない真剣で真面目なもの

8. 体操は器機的命令的だが，遊戯は自発的享楽的である。しかし，享楽だけでなく感情，意志と身体の教育を為すためのもの

また，律動遊戯は「音楽の気分，リズムによって，児童を基としたる動くもので，歌詞によらないものである。心理と生理の上に一致して而も美学上にも十分の注意を払ふたものである」[42] と律動遊戯を概念規定している。児童の生活に合致した表現を捉え，世界共通の上に国民性を織り込み，心理と生理に即して喜びが得られるものという位置づけである。様々な歩きのリズムを始め，「出してひっこめて」「五の飛び（現五段飛び）」「手拍子（現キンコンカン）」「チルドレンポルカ（現キンダーポルカ）」など今日も遊ばれている曲があり，また律動遊戯のテーマはぶらんこ，月，農夫，風，ススキ，じゃんけんといった幼児の日常の経験の即興表現にある。土川は行進遊戯，学校ダンス，体育ダンスを律動遊戯としているが，唱歌遊戯について「幼稚園でやゝもすると遊戯唱歌に傾（かたむ）き過ぎる事がある。保育項目（ほいくかうもく）は五つで遊戯は其一部であることを忘れてはならぬ。遊戯を幼児の誰もかれも，きちんと正しくやらねばならぬ様に考へる人もある。これは，大なる誤（あやま）りで，子供の身体相当（さうたう）の気持を表せばよいので自由を与えて貰ひたい。楽（たの）しい生活にしてやりたい」[43] とする。さらに舞踊は舞台のもので，舞踊と遊戯の混同は子どもを害するとし，まして子どもの遊戯や劇を見せ物にし，子どもを犠牲にすることを戒めている。

リトミックに関してもう一人，小学校の音楽教師だった小林宗作は，1923年から2年間，ダルクローズにリトミックを学び，成城学園，玉川学園でリトミックの授業をしている。宗作は，「同じ学校に在つて，担任の先生，音楽の先生，体操，図画，手工等，様々な先生達に依つて，各々思ひ思ひの教授がなされるとする，音楽の時間，体操の時間，其他の時間等に於いて多くの時と努力を費して学習される。而してお互に紙一重の関係にありながら，お互ひの努力がチグハグになり，知識は技能の断行の堆積に過ぎない―（中

略）一或る一つを学ぶことが他の多くの諸問題に直接間接に役立つ様な指導法はないものであらうか」[44] と問い，その研究結果が「総合リズム教育」（図表 1-2-3）[45] であるとする。総合には五感による自己の統一とともに，教科の統合も含む意味がある。プロジェクト活動を実践する上では，合科・総合

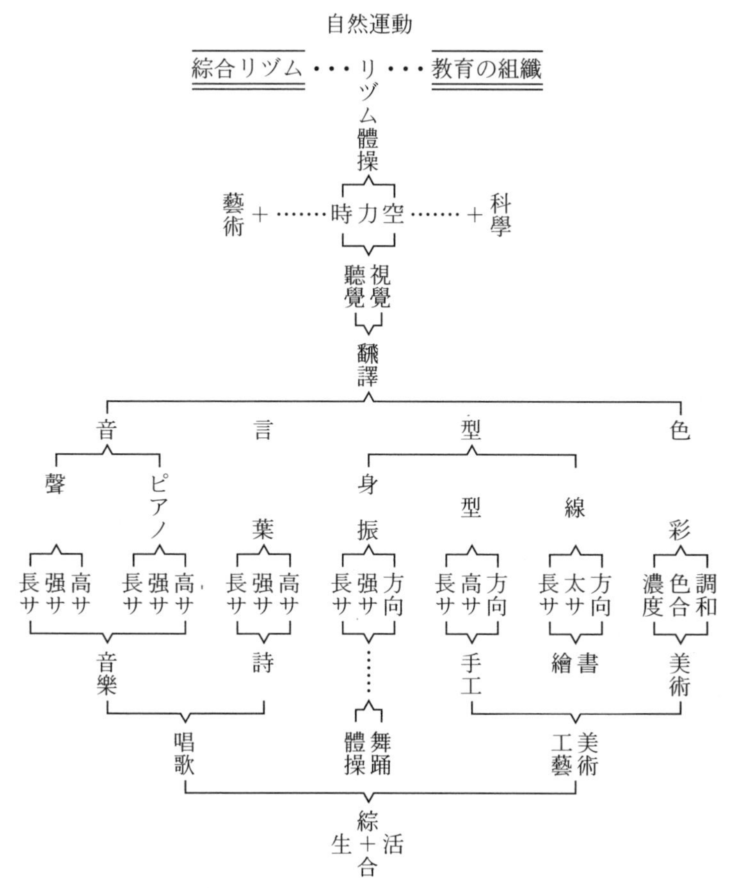

図表 1-2-3　総合リズム教育

土川五郎・小林宗作・坂内ミツ／岡田正章監修『大正・昭和保育文献集第 4 巻：実践編 1』日本らいぶらり，1978，p.130

が鍵となるからである。

宗作は「動きとは何か。時間と，力と，空間との結合された現象である」[46] とし，この時間，力，空間は人生すべての問題に共通な要素だからこそ，最小努力で最大効果をもたらすリズムが必要であると考え，リズム，運動によって時間，空間，力の相互関係を肉体に体験させるのである。音楽，舞踊，体操，図画，手工，劇，詩などもリズム学として整理でき，総合リズム教育は「諸芸術の構成要素を知覚せしめ表現の資力を増加せしめ，而して想像力と創造力を発達させるものであつて，或一つの芸術として整つた形式で扱はれることはない。それは応用の部面に属することである」[47] とする。つまり総合リズム教育はすべての芸術活動，表現の基礎となるもので，音楽，図画などと取り出したものは応用芸術に属するということである。小山内薫が新劇の基礎として，リトミックを取り入れたことを皮切りに，宗作によって学童から幼児へとその対象が移っていった。芸術活動はリズムであり，特に幼児期の敏感性と有機性を基礎とする「はじめにリズムありき」を重んじたのである。人間の本能としての芸術活動の基礎にあるリズムを芽生えさせることによって教育を組織するという考えは，応用芸術の前に基礎となる体験を耕すことを目指す。それは本性としてのリズムやハーモニーを整えることで，芸術観の根底にあるものでもある。

宗作の総合リズム教育は，その後，天野蝶の体育リトミックに変わり音楽性は薄れていく。体育リトミックが太鼓やピアノで子どもを牽引するとすれば，宗作は子どもの動き・リズムに合わせてピアノの音楽・リズムが快を提供していくという心持ちの違いがある。同じに見えてまったく同じでないことは，彼が子どもに合わせるために即興性を重んじ，ほとんど楽譜を残さなかったことから類推される。楽譜で教える音楽やリズムが蔓延する今日，総合リズム教育の伝承が難しい原因がそこにある。あたかもジョン・ケージが聴衆の前で楽譜を書きつつ演奏することに似た心持ちは，形が見えないために伝わりにくいように，教師・保育士等も楽譜という見える形に依存し楽譜と動きを教えるからである。

総合リズム教育は，①自然運動としてのリズム体操，②ソルフェージュとして声が音階の上を走る音階練習，③音と指が鍵の上を散歩するピアノ奏法，その他リズム積み木やクレヨン，リズムカードを用いた長さ，強さ，方向，太さ，濃さ，色合いを感じる感覚を遊ぶもので，それらが生活に総合されてオペレッタや音楽劇が行われる。宗作は，ピアノ奏法でバッカナールの曲とダルクローズのリトミックとブランシュ・セルバのピアノテクニックを一つにして，保母を目指す初心者が夏期講座で研修を受ければ弾けるほど簡単に音楽することを楽しいものにした。黒柳徹子が，「校長先生がピアノを弾く。そうすると，みんなは，その講堂の床に，先生の弾いてる音楽のリズムを，音符にするのだった。―中略―音符といっても，五線を書く必要はなく，ただ，リズムを書けばいいのだった。しかも，それは校長先生とみんなで話し合って決めた，トモエ流の呼びかたの音符だった」「床に，はくぼくで描く，というのは，校長先生の考えだった。紙だと，どんどん，はみ出しちゃうし，黒板では，みんなが書くのに，数が足りなかった。だから，講堂の床を，大きい黒板にして，はくぼくで書けば，『体も自由に動かせるし』『どんなに早いリズムでも，どんどん書けたし』『大きい字で，かまわなかった』」[48] というように，のびのびと総合リズムを楽しんだ様子がうかがえる。彼が開発したリズム積み木や色彩リズムカード，クレヨン（白墨）でのリズム記譜は，幼児が遊びながらリズムのもつ時間の長さや強弱，方向を感じ取って表すとともに自らリズムや歌や動きを創作していくメディアとして使われている。

当時，保母不足は著しく西洋音階による楽理すら知らない若者が1年で資格を得る[49] うえで，宗作のリトミックによって「リズム」「メロディ」「ハーモニー」を感得し，身体表現し，ピアノ奏法にまで至った実例は，まさに最小努力で最大効果を証明するものであったといえよう。

人間は，内なるリズム，外なるリズムが乱されるようなことがあると，神経―心理的な行動が常道を逸するようになる。逆に人為的リズムは，筋肉を通して身体の一部を拘束する。このリズム指導が身体的表現を通す以前に，子ども自身がリズムに対する模倣性や創造的表現性をもっているとする考えは，遡ってフレーベルやデューイにおいても子どもの活動衝動，表現衝動，創造衝動という生得的にもつ欲求として認識されているのである。

(4)　談話の改造と児童文学の隆盛

東基吉は唱歌だけではなく，談話や手技についても子どもに即した指導を取り上げている。談話では，教育上有害とする人々に「虚偽と称する中には自ら二様の種類あり即ち一は全く悪意より出るものにして一は想像より出るもの之なり」[50]として前者は教育で扱うべきではなく，後者＜寓言，童話，神話及英雄談，事実談話及偶発事項の談話＞の有効性を説き，材料の選択に当たって教育的要素を含むこと，幼児の興味に適当せることを説く。「童話は実に社会の閲歴少なき幼年者をして諸々の仮設的境遇に身を置かしめ依りてその想像力を養ひ更に同情の念と道義の心とを進めしむる」「人にして理想なくんば進歩もあるなく発達もあることなし」[51]とし，その教育的価値は，アドラーのいう「(い)　幼児の想像力を豊富ならしむる，(ろ)　幼児に理想を構成せしむる」のほか「(は)　人事上の関係を知らしむる，(に)　自然と親み動物愛憐の情を涵養する，(ほ)　他人の思想を了解し自己の思想を表出する」[52]こととする。談話の指導法についても，「秘訣は談話する者先づ自ら談話中の人物と同化するに在り」「むかしむかしの一語を聞くや直ちに談話者の声を以て幾千年前太古の人の声となし其人を以て談話中の人物となし遂には全く自ら其身を談話の境遇に置き談話中の人物と喜憂を一にするに至る」[53]とする。その心得だけでなく，最後に道徳的真理を抽出して一般の概念を与えないようにすること，幼児が飽きない談話は繰り返し行い，数を多くしすぎないようにすること，絵画を多く用いて幼児の創造を活発にし，言語は明瞭に・抑揚をつけて・順序正しく・適当なる問答法で想像思考の余地を与え，幼児の経験にあることは必ず幼児に語らせていくこと，として表現意欲を刺激し，表現に快楽する世界と幼児教育の関連を教材研究や指導法として捉えている。

§3　暗雲の中での新たな試み

<Ⅲ期　1930年～1945年：戦争に巻き込まれた子どもたち>

明治からの進取の気風は，幼稚園の就園率を上げたとはいえ，保母不足により無資格者が蔓延し，養成機関が増えても保母数が追いつかないために質的に低下していく。また，1931年には満州事変が勃発し，思想統制が強化される。2.26事件が起こったのは1936年，翌1937年には日中戦争が始まる。そして1941年には真珠湾攻撃を機に第二次世界大戦へと突入していく。芸術の分野においては大正デモクラシーの余韻が数年は残っていたものの，戦時教育令，治安維持法，学徒動員令下での自由思想は国賊として逮捕される人々を生みだし，教育界も戦時体制下に置かれる。

1．戦時体制下の教育内容

1941年の改正小学校令で，第4条に国民学校の教科は，「国民科，理数科，体錬科及芸能科」とし，国民科は修身，国語，国史及地理の科目で構成されるが，「芸能科ハ之ヲ分チテ音楽，習字，図画及工作ノ科目トシ初等科ノ女児ニ付テハ裁縫ノ科目ヲ」課せられた。また施行規則第2条に「特ニ国体ノ精華ヲ明ニシテ国民精神ヲ涵養シ皇国ノ使命ヲ自覚セシムルヲ以テ要旨トス」「皇国ニ生レタル喜ヲ感ゼシメ敬神，奉公ノ真義ヲ体得セシムベシ」，3条に「国民科修身ハ教育ニ関スル勅語ノ旨趣ニ基キテ」「皇国ノ道義的使命ヲ自覚セシムルモノトス」といった言葉が並び，第10条に「強靭ナル体力ト旺盛ナル精神力トガ国力発展ノ根基ニシテ特ニ国防ニ必要ナル所以ヲ自覚セシムベシ」として，体錬科における団体訓練，初等科における団体運動，高等科の教練（団体訓練・規律協同・従の精神），初等科男児の剣道及柔道，高等科女児の薙刀といった内容が掲載され，実業科の農耕的戸外作業も挙げられている。

教育が国策に教化される警鐘は，“教育は私に事を行うべし”とした福沢諭吉の時代からある。幼稚園も戦時中の保育目的には，「健全ナル身体」「躾ノ重視」「皇国民ノ錬成」が加えられて，保育内容も軍国化していった。倉橋がかかわった『幼児の教育』の戦時中の小冊子『幼児の母』には，「天皇の赤子」「皇国の子」「国民幼稚園を目指した皇国民の育成」といった言葉や，戦時幼稚園の用意として宣戦の詔書，太平洋戦局地図が幼児の目に付くところに掲げられているか，といった内容と心構えの言葉，ドイツナチスの政策を引き合いにするとともに，わが家庭ではなく皇国の家庭として，戦勝の報道には子どもとともに万歳を叫び涙したといった記事などが随所に見られる。

生活に戦争の影がつきまとう以上，子どもたちは戦争の絵，防空演習の絵を描き，戦争の歌を歌い，宮城（皇居）に向かって礼拝するといった日常がある。国枝幸子は，この国策下を生きざるを得ない倉橋の立場に添いながら，時代の波に翻弄される保育の姿[1]を浮かび上がらせている。

2．系統的保育案にみる芸術活動の開発

こうした時勢の中で，Ⅲ期の保育内容と関連する芸術活動の内容を知る文献に東京女子高等師範附属幼稚園の保母による『系統的保育案』がある。さながらの生活では保育案不要，との声を打ち消すために，附属の現状を整理したものである。系統としての保育案は，①生活，②設定保育，に区分される。①生活は，生活で指導誘導する「ア．ある程度の予想のもとでの自由遊戯」と「イ．必要感から自発的に行う生活訓練」であり，②設定保育は，「ア．自由遊びからの誘導保育案」として秋祭り，おもちゃ屋，紙箱の家などの目的を主題として置いたプロジェクト活動があり，「イ．誘導では導ききれない練習を主とする課程保育」として「唱歌・遊戯」「談話」「観察」「手技」

の内容が設けられている。いわゆる課業は，誘導では満足しがたいそれ自体のために行われる抜き出した活動で，これらが自由遊戯へ融合することを理想としている。教育の構造的な考え方とプロジェクト活動への手がかりとともに行事や歌唱遊戯教材，談話教材の一覧も掲載されているので1935年から10年余の保育を知る貴重な資料である[2)]。また，手技，絵画や造形，音楽，ごっこなどの表現が設定保育に括られているので，文化伝達の意図的活動内容が色濃くなった構造として，後世の保育構造に与えた影響は大きい。

4月の計画に挙げられた年少児（4歳）の課程項目の内容から「蝶々」「ハトポッポ」「雀の子」などの唱歌遊戯は，表情遊戯と律動遊戯が組み合わされて教授されている。談話の題材は「ボコボコ」「富子さんの風船」「猫のお見舞い」など身近な題材のものが取り扱われている。手技としてはまったくの自由画と「鯉のぼり」「団子」の題材が与えられた自由画と粘土，コマや鯉のぼりの制作，はさみで紙切りした汽車の構成などである。年長5歳児の誘導保育では玩具,「街」の制作があり,課程項目の唱歌遊戯は「花咲爺」「遠足」の歌と遊戯，遊戯「兵隊遊び」，唱歌「君が代」「天長節の歌」および自由表現として「種まき」が取り上げられている。談話は，既経験があるので配列にそれほどこだわらなくてよいとし,「アリババ」「釈迦」「猿蟹合戦」「天長節の話」「靖国神社の話」が挙げられている。そして聞き手という定型をほぐして幼児が話し手となる機会を少しずつつくっていく一方，聞くべき時は静かに聞くとする点を求めている。手技は，自由画，観察画を主に粘土，塗り絵，コマ，風車，金太郎，鯉のぼりの製作と多様な刺激素材，作用によって経験を耕すものと，誘導保育案の「街」に関連したものである。

3．幼児教育の基礎基本の訓練的陶冶

唱歌遊戯は律動遊戯，総合リズムから天野蝶や戸倉ハル[3)] のリズム遊戯が主流になっていく。戸倉は，東京女子高等師範学校でダンスとスウェーデン体操を学んでおり，1938年には同校の教授として律動遊戯と表情遊戯を合

わせたような子どもの歌と遊びの振り付けを行い，附属幼稚園の唱歌遊戯はほとんど戸倉の振り付けたものになっている。実践現場は，土川の歌のないダンス曲より幼児が喜ぶ歌のある遊戯へと転換する際，内的衝動による芸術性より外的作用としての体育訓練による実益を優先させたともいえよう。

当時，生活訓練は，子どもたちの健康を維持するうえで保育所でも重視されていたが，1942年を過ぎると栄養失調の子どもや病気の子どもの転地宿泊保育，長期林間保育が行われるようになる。鈴木とくのいう「その日／その日　登所した子等／ただ守り／生きておればと／思うのみなる」[4] 保育である。1943年に厚生省が設置され，託児所は厚生省の所管となるとともに，「戦時託児所使用条例」が定められ，翌年には戦時託児所設置基準を見る。1944年，幼稚園閉園令が出るころになると，戦局は厳しさを増し，幼稚園の多くは戦時託児所に転換した。1944年，1945年になると幼児疎開保育も行われたが，どこに行っても食料や物資も滞り，みんな生きることに精一杯で芸術どころか，もはや子どものための教育の片鱗すらない時代である。そして本土空襲が始まって多くの子どもたちが犠牲になっていった。1945年7月，東京都は，長野，埼玉，群馬の農村に疎開保育所を開設している。集団疎開を引き上げ，焼け野原で野外保育が再開されたのは敗戦後の12月である。

児童中心主義は，一過性のはしかのごとく表層を通り過ぎていったが，Ⅱ期からⅢ期に研究開発された幼児のための芸術的表現活動やそれを具現化するメディア教材は，日本の就学前教育を常に問い直す具体的な指標を与えている。この時代に創設された自由教育のメッカも，これからという時に東京大空襲によって焼失，あるいは閉校となったが，こうした校・園が焼けずに実践の歴史が残っていたら，教育における芸術の位相は変わっていたかもしれない。生活は芸術であるだけに，世相が表現衝動を拘束する側面をもつからである。

§４　平和を志向する安定と多様化への模索

<Ⅳ期　1945年から1990年まで：激変する世界情勢と教育>

１．敗戦からの立ち直り

Ⅳ期は，第二次世界大戦敗戦後の国家再建から始まり，高度経済成長を経て，バブル崩壊と経済の低迷，そして少子高齢化という未踏の時代に突入する。この半世紀弱にわたる時期は，制度的確立とそれによって硬直化した制度の開放による人間自身の解放に芸術科目の焦点が移っている。

(1)　敗戦の詔勅

「朕深ク世界ノ大勢ト帝国ノ現状トニ鑑ミ非常ノ措置ヲ以テ時局ヲ収拾セムト欲シ茲ニ忠良ナル爾臣民ニ告ク」「朕ハ帝国政府ヲシテ米英支蘇四国ニ対シ其ノ共同宣言ヲ受諾スル旨通告セシメタリ」に始まる終戦の詔勅および「終戦翌年頭ニ於ケル詔書」からⅣ期が始まる。詔書の冒頭には，日本の民主主義の基本として明治の「五箇條の御誓文」が掲げられている。

一，廣ク會議ヲ興シ萬機公論ニ決スヘシ
一，上下心ヲ一ニシテ盛ニ經論ヲ行フヘシ
一，官武一途庶民ニ至ル迄各其志ヲ遂ケ人心ヲシテ倦マサラシメンコトヲ要ス
一，舊來ノ陋習ヲ破リ天地ノ公道ニ基クヘシ
一，智識ヲ世界ニ求メ大ニ皇基ヲ振起スヘシ

民主主義教育への転換は，連合国指令部やアメリカ教育使節団に負うとこ

ろが大きい。明治の学制が鎖国政策を転換せざるを得ない外圧によるものならば，第二の教育改革も敗戦による外圧による。

第一次米国教育使節団によって示された教育課題は，民主制教育の導入，個人の自由と尊厳の尊重，中央統制の画一的教育の廃止，文部省の権限を削減し地方自治による教育委員会を設置して男女共学による6・3・3制度への変革に加えて日本史，修身，地理の国定教科書を廃止して社会科を導入すること，国語は漢字，ひらがな，カタカナを廃止しローマ字にすること，教員養成の師範学校を大学へ格上げし私学の位置づけを対等にすること，PTAの導入，と多岐にわたる[1)]。

第二次米国教育使節団報告では，国語として小中学校でローマ字が教えられ，当用漢字音訓表が採用され，漢字は理論的に制限され，かなづかいも改良され，口語が公文書に使用されるようになったと評価されたことから，国語の問題は国立国語研究所に委ねられたと捉えることができる。

また学習指導においても，注入主義から児童・生徒の自発性を尊重した，討議法，生活経験をもとにした学習内容構成，学習単元を設けて教材を編成する方法が取り入れられ，実験・観察・資料収集などに伴う視聴覚教材の活用も奨励されている。1946年に制定された日本国憲法に則り，1947年に「教育基本法」「学校教育法」が公布されて6・3・3・4制が発足し，教育刷新審議会も1952年には廃止になっているので，敗戦後の大混乱は朝鮮戦争前後には終息したといえよう。

(2)　芸術科目の道具的な位置づけ

1947年の学習指導要領は，実践を通して研究するための試案として出されている。この書は，「これまでの教師用書のように，一つの動かすことのできない道をきめて，それを示そうとするような目的でつくられたものではない。新しく児童の要求と社会の要求とに応じて生まれた教科課程をどんなふうにして生かして行くかを教師自身が自分で研究して行く手びきとして書かれたものである」[2)]（以下，学習指導要領からの引用については，国立教育政策研究所「学習指導要領データベース」参照）として，教育を画一的にしようとするものではないことが強調されている。戦時中の「図画科」「工作科」は「図画工作科」として必修科目になり，図画工作編（試案）第二章は，就学前の児童の造形力の発達の記述から始まるところにも大きな特徴がある。

> たいがいの児童は，就学前から，絵を描いたり，何か細工らしいことをする。児童が描写らしいことを始めるのは，早ければ生後一ケ年ぐらいから見られるが，その遅速は，環境の差にもより，また，先天的な素質の差にもよる。人は，だれでも，何か形あるものを作ろうとする造形衝動と，手足を働かせて仕事をしようとする仕事の衝動とを持っている。この二つの衝動が造形力の基礎となるのであるが，造形衝動は物的環境に左右されることが多く，仕事の衝動は社会的環境に左右されることが多い。

この図画工作は，小中校合本で，目標として①自然や人工物を観察し，表現する力を養う，②家庭や学校で用いる有用なるものや，美しいものを作る能力を養う，③実用品や芸術品を理解し鑑賞する能力を養う，とする視点から生活に役立つ図画工作教育が目指されている。表現力，技術力，芸術心の養成は，具体的・実際的な活動と結びつく必然があったのである。1951年に出された同試案改訂版では小学校と中学校が区分されており，小学校における図画工作教育の目標は，①個人完成への助けとして，②社会人及び公民としての助けとして，つまり道具的教科としての図画工作になっている。指導目標と指導内容を，描画・色彩・図案・工作・鑑賞，およびしつけ・態度・習慣の項目におさえ，各学年の内容が詳細されている。各学校の地域性を踏まえながら全国共通の内容が指導できる具体的内容で，表現能力の伸張とともに態度に重きが置かれ，図画工作によって表現の型という道具を得ることが目指されている[3)]。

表現世界が型と構造をもつことで経験のつながりができ，他者の経験に入ることも自らの経験を充実させることもできるのである。戦禍から解放され，その経験を表現し，造形への興味を満足させ，表現の能力を伸ばし，美的情操を味わえる実践がようやく保障される時代を迎えたといえよう。

(3)　教育課程の基準性強化

1953年に教科書検定制度が再出発すると，2年後に「図画工作科」の教科書が発行される。そして，試案ではなく教育課程基準としての小学校学習指導要領が告示されたのは1958年であり，教育課程の性格が，指導者の研究の手引きから，教育時数，教育内容を教授し守らねばならない絶対的な基準性を帯びるとともに，校種別の法体系の整備により発達の連続性は意識されにくいものになっていく。「図画工作」の1年生の目標の視点として，表現したい欲求・興味の満足，工夫，表現の喜びと自信，用具を扱う経験，鑑賞の喜び，などが挙げられている。

この目標からは，児童の発達に即し豊かな人間性を養う造形活動という位置づけが見られる。1968年改訂の学習指導要領には造形活動を通して造形的な美の感覚，造形的に見る力や構想力，表現する技能が挙げられている。図画工作の専任教員の配置や造形素材が豊富になってきたという点では可能性が広がったといえよう。

(4)　西洋音楽研究に基づいた教育内容

一方，戦時中，芸能科として位置づいていた音楽は，1947年の学習指導要領試案で教科名「音楽科」とされ，歌唱・器楽・創作・鑑賞を中心とする内容になる。音楽科編試案第一章，音楽教育の目標に「児童がよい音楽を十分表現し，且つ理解するようになることを目標とし，これがそのまま正しい情操教育である」として音楽美の理解・感得が人間の本質に向かうことを強調し，視点として，美的情操と豊かな人間性，知識及び技術の習得，創造力，表現力，楽譜を読む力・書く力，鑑賞力の養成，などが挙げられている。

また，従来の教育が大人の頭や考えを子どもに押しつけたために「音楽教育がはなはだ説教的性格を帯び，したがって子供はこれに興味を感じなくなって卑俗な歌に走ったり，または音楽教育の内容が幼稚なものであるために児童の興味を引かなくなったりした」「音楽教育を情操教育の手段として取り扱う傾きがはなはだ強かった。―（中略）―しかし，音楽は本来芸術であるから，目的であって手段となり得るものではない」として音楽美の理解・感得が直ちに美的情操の養成となる視点を挙げている。

第六章第一学年の音楽指導の〈全体の指導目標〉は，「人間の感情の自然な表出であり，―（中略）―歌うことによって音楽の美と喜びとを知り，気持を解放し，美しい情操養成への道を開く」とする。人間の肉体が楽器となる歌唱は，どこでも演奏することができるからである。また，歌唱以外にも恵まれた能力をもつ子どものために器楽教育・鑑賞教育・創作教育など広い視野から指導する必要性が謳われる。「特に遊戯・リズム体操・ダンス等の体育方面との結合，音楽絵画を通しての絵画との結合，歌詞を通しての国語教育との結合等は価値の高いものである」として，従来の遊戯や舞踊にみられた抒情的，文学的傾向よりも，純粋にリズムやフォームを主体としたもの，音楽絵画のような手段によるべきであるとする。ここでいう音楽絵画とは，音楽のメロディーが絡み合うポリフォニーやカノン，フーガを絵で表現した画家パウル・クレーのようにという意味ではなく，メロディやリズムなどを小林宗作のように絵譜などを用いて表すことである。器楽，作曲という新分野も作文や自由画同様，作曲の体験によって音楽美の理解につなげるとしている。さらに音楽と体育，理科，社会，算数，国語など教科とのつながりや，学芸会・運動会・遠足・音楽会・学校行事・儀式など学校生活とのつながりについても述べられている。

発声・歌唱の指導法については，楽理に基づき，「移動ド唱法」と「頭声的発声」が研究され，指導の中心になっていく。固定ド（唱法）か移動ド（唱法）か，今日では楽器演奏では固定ドが多く，声楽では移動ドが多く使われているが，学習指導要領は「適宜」として移動ドを採用している。作曲家であり指揮者の山田耕筰，作曲家の高木東六，ピアニストの井口基成や原智恵子などといった音楽家が活躍し，学校音楽を担う人材も多くなり，研究実践の成果がこうしたところに反映されるようになったと考えることができる。

1951年改訂の試案では，音楽の学習が音楽の時間内に限定され，技術の習得に主眼がおかれる弊害を説き，児童の日常生活全体に豊かさや明るさを与えることが強調され，人間教育，国際理解教育に資することが謳われている。そして，A. 創造的表現とリズム反応，B. 読譜指導の系統，C. 1年間に与える歌唱教材の最低基準数，が掲げられている。

しかし，自由な風が吹いたのはここまでで，1958年に教育時数が決められ，基準が強化されたのは音楽も同じである。第5節音楽の目標の視点として，“豊かな音楽経験と音楽的感覚の発達，美的情操”“よい音楽を愛好する心情，音楽の美しさを味わって聞く態度や能力”“音楽表現に必要な技能の習熟と創造的表現の能力”“音楽に関する知識”“日常生活に豊かさをもたらす態度や習慣”を養うことが掲げられているが，知識理解，技能，態度といった括りは明確にされている。1977年から1989年まで，これが言葉や強調点を変えてほぼ踏襲され，科目としての教授性を強めていくことになる。

2．保育要領から幼稚園教育要領までの芸術表現

国土は破壊され，園舎どころか食糧もない時代，青空保育でできることは素話や物語，地面を画布とした絵画，廃材などの造形，歌やリズム表現などである。1947年，学校教育法に位置づいた幼稚園は就学前の教育機関として，再び新しい国家建設の土台づくりを担うことになる。戦後の日本の幼児教育制度と内容に関与したヘファナンの考えは，米国教育使節団報告書に次のように反映されている。「児童の成長と発達の健全な原則に照して，より年少な児童にも教育実施を及ぼすべきであることが分る。正規の公立学校制度に必要なる変革が施され，財政的にも適当な処置が講ぜられた上は，保育所や幼稚園がもっと設置され，それが初等学校に併置されることを我々は勧める」[4)]。これを受け敗戦後の現状を勘案して，まずは学校の建て直し，そし

て経費的余裕が出てきたら幼児教育の改革（独自性を生かしながら学校に組み入れる）を目指すことになる。幼保一元を目指した「保育要領」が出されたのは1948年であり，「託児場」と「幼稚園」「家庭保育」のすべての保育の場で指標とする保育の要領としての性格を有したのはこうした未来への展望であろう。保育要領の制定過程，戦後の保育における学術文化の概略も，『戦後保育史』[5]にみることができるが，ここでは特に造形，音楽等の表現に焦点を当てて詳細する。

(1)　未来の就学前教育制度を見据えた「保育要領」

「保育要領」にみる保育内容は，＜登園，遊び，おやつ，遊び，昼食，遊び，降園＞の時間枠と生活の流れの中に，「見学」「リズム」「休息」「自由遊び」「音楽」「お話」「絵画」「製作」「自然観察」「ごっこ遊び•劇遊び•人形芝居」「健康保育」「年中行事」の12項目が織り込まれ，それらが楽しい幼児の経験となることが謳われている。「遊戯」「唱歌」「談話」「手技」「観察」の教科的取り扱いから脱却し，生活即教育として12項目の内容を組織し，幼児の経験を耕そうとするものである。

この生活経験と芸術との関係にデューイの思想が強く反映されている。デューイは，「資本主義の隆盛は，芸術作品の固有の住居としての美術館の発展と，芸術作品は日常生活から遊離したものであるという観念の進展に力強い影響を与えた」[6]として資本主義が生んだ成金階級の芸術を批判する。そして，次のように，経験としての芸術を一つにする。

> 芸術の素材は，性質から成り立っている。これにたいして，知的結論をもつ経験の素材は，記号や象徴である。それは，それ自身の固有の性質をもたず，他の経験のなかで性質として経験された事物を表わす。―（中略）―この芸術的構造は，直接的に感じられるだろう。その限りで，それは美的なものである。さらに重要なことは，この性質が知的探究を引き受け，それを正直に行なうのに重要な動機であるだけでなく，この

性質をもって仕上げられない限り，いかなる知的探究も統合的出来事（一つの経験）ではないことである。この性質なしには，思考は結論に達しないのである。要するに，美的経験は，知的経験から明確に区分できないのである[7]。

感情が経験の多様な部分に統一を提供する美的性質をもつものである以上，自我と対象の相互適応が全経験を統合する。それゆえに「芸術の真の仕事は有機的，環境的諸条件とエネルギーの相互作用から，一つの統合的経験を構築することである」[8]として，つくることの過程を芸術と定義し，過去の経験を背景として新しい生命と魂が与えられ蘇生する再創造に意味を見いだすのである。芸術表現は，泣き笑いの感情的発散ではなく，自然でもない。素材を媒体とした新しい諸関係の中に入って変形した自然なのである。保育要領は，休息を除いて生活即芸術，つまり「パトス（身体知，受苦）」と「メーティス（叡智，思慮，助言を意味する知性）」と「ロゴス（言語，概念，論理，理論）」を一つの経験に織りなす人間普遍の立場に戻ることが目指されたともいえよう。“つくることの過程”に置かれた経験としての生活芸術・限界芸術は，再び息を吹き返した。Ⅱ期の自由概念の混乱を整理し，生活経験に根を下ろしたのである。

学校教育法下に入った幼稚園教育は，「教育策新委員会」の出した答申に基づき，当分の間，幼稚園と保育所が二元でいくものの，3歳以上児は就学前教育の対象と捉えて，小学校と同じ教育課程基準と指導書が作成されていった。文部省は1953年に『幼稚園のための指導書：音楽リズム』

1953年「幼稚園のための指導書　音楽リズム編」
1960年「絵画製作編」
1968年「領域編社会」
1969年「領域編音楽リズム」
1970年「領域編自然」
1971年「健康」
1979年「一般編」
1984年「領域編言語編」
1989年「幼稚園教育指導書」
1999年「幼稚園教育要領解説書」に性格変更

図表 1-2-4　幼稚園教育指導書の歴史

を刊行する。それは「幼稚園教育要領」の布石となる音楽学理を踏まえ生活に根を下ろした教材集と教材観を示したものである。そして1956年に幼稚園教育要領が告示されると，国は指導書を刊行し（図表1-2-4），各領域のねらいに即した教材観をもとに生活の中で総合的に指導することが示された。1989年以後，国が指導書を刊行することはなくなっている。指導書にあるねらいや内容，それに伴う教材等や指導方法等を含めた指標は，民間の力に委ねられることになる。

(2)　初の指導書の意味と音楽リズム

『幼稚園のための指導書：音楽リズム』は，保育要領改訂の踏み台として5年かけて編集されたもので，幼稚園教育に関して国が刊行する初めての指導書である。かつて「幼稚園施設及び設備規程」や「幼稚園令」による基準に相当するものは示されてきたが，初の指導書は各幼稚園が地域の実情に応じた具体的な指導内容・方法の研究を推進するための書としての意味をもつ。明治期の西洋音楽の導入以来，実践現場を悩ますものは教育における芸術活動である。他の指導書に先がけて音楽に着手し，現場の研究に寄与しようとしたのも頷ける。内容構成は，図表1-2-5のようである。たった1ページだが序論の研究視点は，1989年改訂の幼稚園教育要領領域「表現」を捉える基盤になるものである。冒頭は次のように始まる。

Ⅰ．序論
Ⅱ．幼児の音楽リズム指導の目標
Ⅲ．幼児の生活と音楽リズムとの関係
Ⅳ．幼児の生理的，心理的発達と音楽リズムとの関係
Ⅴ．幼児の音楽経験の指導
〈付録〉
・歌唱ならびに器楽合奏に用いる曲
・動きのリズムならびに器楽合奏に用いる曲（外国の民謡その他）

図表1-2-5　『幼稚園のための指導書：音楽リズム』目次構成

> リズムにのり，リズムを個性のままに生かしていくところに，明るい生き生きとした，楽しい，豊かな生活が生れ，

> 美しい心情を養うことができる。われわれがよりよい人間生活を営んでいく上から，幼児期におけるリズムの指導に注目し，これを適切に指導し，助長していくことは最も必要なことである。もしも，幼児の生まれながらにもっているリズム感を豊かに生かし，たくましい創造力を養うことがなかったならば，調和のとれた生活や活動は阻害されてしまうであろう[9)]。

空海は「五大に皆響あり，十界に言語を具す，六塵悉く文字なり，法身はこれ実相なり」[10)]として，地大（個体），水大（液体），火大（エネルギー），風大（気体），空大（空間）すべてはリズムであり響きであるとする。

またクラーゲスは「リズムは―生物として，もちろん人間も関与している―一般的生命現象であり，拍子はそれにたいして人間のなすはたらきである。リズムは，拍子が完全に欠けていても，きわめて完成された形であらわれうるが，拍子はそれにたいしてリズムの共働なくしてあらわれえない」[11)]「時間的であって，同時に空間的でない現象，または，空間的であって，同時に時間的でない現象は存在しない。現象の時間性のリズム的分節はそれゆえつねに同時にその空間性のリズム的分節である。逆もまたおなじである」[12)]というように，時間的，空間的なすべての事象をリズム分節の視点から捉えるのである。当時，オクタビオ・パスが「リズムは拍ではない。―それは世界観である。暦，道徳，政治，科学技術，芸術，哲学といった，要するにわれわれが文化と呼ぶあらゆるものが，リズムに根ざしている。リズムはわれわれのあらゆる創造の泉である。二元的あるいは三元的リズム，また対立的あるいは周期的なリズムが，諸制度，信仰，芸術，そして哲学を培っている。歴史自体がリズムである」[13)]とした世界観の根源にあるものである。

子ども自身がリズムに対する模倣性や創造的表現性をもち，活動衝動，表現衝動，想像衝動として認識されているとする考えは内なる芸術に通じる。小林宗作も「吾々の思想は如何なる事でもこれを実行に移す場合，肉體の運動，筋肉の運動を通さないでは不可能である，という事実に依つて，先ず思想の表現に不自由のない様に肉体を訓練して置かなければならないからである。種を蒔く前に耕さねばならない。―(中略)―肉體の生命の奏でるシンフォニーに醒めた魂は，更にリトミックの媒介に依つて宇宙の大自然の奏でる大シンフォニーに和する」[14]とする自然リズムへの回帰を謳った。音楽リズムこそ，人間の生得的にもつ力を助長するという自然観に基づいており，部分的に取り出す応用芸術としての音楽の世界ではなく，もっと根元にある人間そのものの生に迫ろうとするものとしての捉えである。

指導書の序論にみる指導のあり方には，「音楽的経験やリズム表現の経験を発達させるためには，その機会が多いことと，多角的な練習がいちばん効果的である」「単に歌だけでなく，器楽的指導の面も考慮しなければならないし，リズム遊びの面も用意しなければならない。この場合，幼児の特質に応じ，幼児の成長・発達に伴って自然に導いていくことがたいせつである」「幼児はその場の環境に影響され，教師の内面的なものに触れて，自分の情緒を高めて自己表現するものであるから，教師は常に音楽に関する豊かな教養と幼児に対する深い愛情とをもって，絶えず注意深く幼児を観察して導いていくのでなければならない」[15]とある。

ここにいう“経験を発達させる”という言葉は，デューイにつながるところである。デューイが，“経験の源泉は衝動であり，経験とは生命の成長過程であり主体が環境との間にずれを感じることで願いが発生し，努力という相互作用によって調和を回復する過程”[16]と位置づけたように，まさに「経験の成熟」のために教師が豊かな教養と愛情をもって幼児をよく観察し，成長・発達に伴って自然に導くことを方法の柱としている。そして，単に歌うだけでなく,「聞いたり歌ったり,楽器遊びをしたり動きのリズムに移ったり,やがて劇遊びなどにも発展するというように」[17]多面的な指導が，戦後，特に強調された内容の柱となる。唱歌でもなく，音楽表現でもなく，あえて音楽リズムとしてリズムを付け加えた所以がここにあるといえよう。それを受けて目標には，聴く，歌う，リズムに合わせて動く，楽器の音色に親しみ，声でいろいろな音を出して楽しむ，という総合的なミューズの5項目が掲げられる。

音楽指導はややもすると，聞くこと，歌うこと，弾くことになりやすい。名曲を聞いた，季節の歌を歌った，打楽器を弾いたという“こと”と“ことがら”との違いは,“取り出された活動”と“ことがらとしての物語の総体性”の違いであろう。歌を歌った“ことが経験された”か，歌う“ことの物語が経験された”かは，音楽に対する身体，感性，思考との連関が異なる。また“ことがら”は，生活と分離することなく，一連の活動として子どもの発達や教師の内面的なもの，自然的な場などの現象とともにある経験と捉えられる。

この序論は，当時としてはまだ理解されにくかったであろう。そこでⅢに幼児の生活と音楽リズムとの関係として，・幼児は何を求めているか，・幼児の特質と音楽リズム，・幼児はみんな音楽的素質をもっている，・指導上の基本的な諸問題，が挙げられている。そして，Ⅳでは1歳児から5歳児までの生理的・心理的発達と音楽リズムとの関係が述べられている。

指導書である以上,〈指導の目標と方法と評価〉が一対のものとしてあるのは当然だが，当時はまだ環境としての教師にその力量が備わっていなかったために，個々の教材選択を方向づける役割と拘束する役割を果たしたといえよう。付録に挙げられた教材は，全67曲，歌唱ならびに器楽合奏に用いる曲が39曲（器楽に編曲11曲)，動きのリズムならびに器楽合奏に用いる曲が28曲（器楽に編曲5曲）である。これらはあくまで参考として用いることとされている。日本の童謡としてわらべうたを残しながらも，あえて西洋音楽としての扱いにこだわった当時の幼児音楽の進取の気風をみることができる。

調号は，ハ長調からト長調，2拍子，4拍子の次に3拍子，音域も9度という，指導の方法に書かれた趣旨で選択されている。一番高い音でも二̇である。6小節か長くても16小節と，幼児が一回聞けば，耳にそのリズムとメロディを残して即音楽の場をつくれるような，呼吸にも無理のない長さである。

番号・曲名	作詞者	作曲・編曲者	調号	拍子	音域	小節
1 桜	小林宗作	小林宗作	ヘ長調	2拍子	ヘ〜ニ̇	6
2 ちょうちょう	えほん唱歌		ト長調	2拍子	ニ〜ニ̇	8
3 ひらいたひらいた	日本童謡	信時清編曲	ハ短調	2拍子	ホ〜ニ̇	11
4 むすんでひらいて			ハ長調	2拍子	ハ〜イ	16
5 ぶらんこ	葛原しげる	小林耕輔	ト長調	2拍子	ホ〜ロ	12
6 かごめ	日本童謡	下総晥一伴奏	ト長調	2拍子	ホ〜ロ	10
7 汽車ぽつぽ	安東　粛	小林つやえ	ハ長調	2拍子	ホ〜ハ̇	12
8 ちゅうりっぷ	作詞者不明	井上武士	ヘ長調	2拍子	ヘ〜ニ̇	12
9 ままごと	えほん唱歌		ハ長調	2拍子	ホ〜ハ̇	12
10 くつがなる	清水かつら	弘田竜太郎	ニ長調	4拍子	ニ〜ニ̇	16
11 こいのぼり	えほん唱歌		ハ長調	3拍子	ハ〜ハ̇	16
12 たんぽぽ	えほん唱歌		ト長調	2拍子	ニ〜ニ̇	12
13 とけい屋のとけい	広瀬としお	坊田かずま	ヘ長調	2拍子	ハ〜ハ̇	12

図表 1-2-6　歌唱ならびに器楽合奏に用いる曲例

文部省編『幼稚園のための指導書：音楽リズム』明治図書出版，1953（一部抜粋）

ここで注目に値するのは，「全曲について動きのリズムのモデルを予想してみたが，こどもの自発活動を重んずる上から，これらモデルが一つの型に流れる恐れがあるので，いっさい省くことにした」[18] と凡例にあるように，モデルを示していないことである。楽譜通り教えるのではない，心を感染させる音楽は地域文化とともにあり，ライブで，その場に居合わす者が共に表現を創造していくところに醍醐味があることを考えると，モデルを省いた見解に大きな意味がある。また，動きのリズムは，土川五郎の律動遊戯の流れを主流に，実践現場で使われている曲（ものまね，いっしょに仲よく，馬乗り，出して引っ込めてなど）を選択している。いずれも，子どもの興味・関心や生理的・心理的発達，日常の生活と関連させて教材を選択している。序論に始まる音楽リズムの目指すところを具体的教材によって確認するという趣旨が一貫して通っている。自然的な生活の流れ，自然的な発声，発達に伴う興味，経験による音楽的な芽生え，個性の伸長，聞くことの大切さが繰り返されることにより，音楽リズムの指導が取り出された特別なもの，つまり応用芸術にならないように警鐘を発しているといえよう。

(3)　領域「絵画製作」にみる論理と実際

『幼稚園教育指導書：絵画製作編』[19)] は，小学校の「学習指導要領」が基準性を強めて実施された後の1960年に刊行されたということもあろう。そこには,「指導のない放任主義」へと迷走しないように諸課題が挙げられている。まずは絵画製作を「造形的な表現活動のすべて」と定義し,言語活動,音楽リズム活動による表現の他,幼児が容易に表現できる活動に位置づける。色彩や形体についての感覚，質感や量感など造形的感覚が幼児の創造性を養い，他者に伝達され，生活に活用され，十分な満足を得て造形的な表現や美的情操の基礎を培い，全人としての豊かな個性の形成を促すとする考え方に異論はない。絵画製作指導の変遷については前述のⅠ期，Ⅱ期，Ⅲ期で触れたような歴史がある。また序論に当たる部分は，意義と目標になり，発達的特質を１歳児のなぐりがき期から象徴期，前図式期，５歳から９歳までの図式期を挙げて多くの作品を載せている。指導目標と指導については，自由に描くこと作ることを基本に，画材も豊富に取り上げている。計画，実践，評価の色合いは,『幼稚園のための指導書：音楽リズム』より強いものになっているが，生活に根を下ろした表現活動としての位置づけは基本的には変わっていない。

この時期にはすでに,バルトやデューイ，リードの思想,ダダイズムやシュルレアリスムの思想だけでなく，現代芸術そのものが日本にも押し寄せており，1954年の岡本太郎の『今日の芸術』は,「時代を創造するものは誰か」[20)] の副題にみるように，芸術はすべての人が創るものとして，貴族芸術から市民芸術への転換が謳われている。岡本は「表現欲というのは一種の生命力で，思いのほか激しいもの」[21)] として子どもの絵にそれを見る。そして岡本は，芸術は常に新しいものを絶対条件とし，芸術の形式は固定した約束はなく常に新しいが，新しい中には創り出すアバンギャルドの側とその新しさを型として受け入れるモダニズムの側の二つの立場があるとする。新しさはアバンギャルドであり，新しいと言われた段階ですでに古いものとなる。岡本は，教育は「自由な感動を素直に表現させ，人間的な自信をもたせることが目的のはずです」[22] として，真似させたり評価したりすることなく，自由感のもっとも豊かなものこそ良い絵と見る目を養い，教師は純真に巧みに生徒に教わることだとする。

(4)　表現活動の慢性化・習慣化

生活に置かれた市民芸術活動は時代を先取りして様々なカルチャーの拠点ができ，すでに社会は動いていた。しかし，就学前教育においてはわずかな実践者を除いて，旧態依然とした臨画，模倣画や製作，あるいは口移しの歌やリズムが慢性的に教授されている。時代に逆行し指導書にある教材を教え，指導案に依存することに傾いている。義務教育以前の“基礎としての経験”を研究した時代から，手遊び，製作，ピアノによる歌の指導といった道具的扱いの教える教材を研究する時代が続く。

その原因の一つは，6領域を教科と捉える指導者が多く，1964年に「幼稚園教育要領」が改訂され“総合的な指導”を強調したにもかかわらず，歴史研究が疎かになって就学前教育の神髄が共通認識されなかったことである。二つに，幼保二元行政による混沌の中で自己教育の始まる3歳以上児も養護の対象として大人の管理を強化し，0歳から6歳までの発達を曖昧なものにするとともに，幼保が異質な文化圏，イデオロギーの対立を形成したことである。三つに，右肩上がりの就園率の増加に伴い40人学級を教授する手法が実践の型をつくり，形骸化した活動主義が蔓延したことである。四つに，急増する教師・保育士養成機関の増設によって教師・保育士の質，社会的な意識が低下し，実践現場が社会から遊離したことである。

教師・保育士だけでなく保護者も含めた子どもへの管理が強化される風潮の中で一番影響を受けたのは，Ⅳ期も芸術活動である。本来，就学前教育の場は限界芸術の場，表現活動の場であるにもかかわらず，自由と称して環境も用意せず放任する一方で，子どもたちに一斉に絵を描かせる，工作させる，歌わせる，身体表現させる，言葉を暗記させ劇をやらせるなどして，保護者を満足させるための教育成果を競い合う側面ももっている。四半世紀以上続いた保育界の一見安定した状態は，ガラパゴス化のごとく底に潜む課題を覆い隠したまま，Ⅴ期へと突入することになる。

国分一太郎も第二次世界大戦後，子ども自らの表現活動への着目が薄れている原因を，「①明治以来，図画・手工・唱歌・綴方などを技能教科とし，臨画主義・お手本主義・道徳主義・範文主義などによってきたのに対する批判が，大正自由主義時代ほどにはするどくないこと，②戦後，よけいに移入されたソビエト教育学理論などで，学校の根本的任務を，『科学と芸術の基本』を教授することにありとしているのを，理論のどこかに受け入れていること，③各教科のことまでわかる学者はすくなく，そのため，日常の教育現場の生きた実情にうといことなど」[23]のためと分析する。彼は，「表現活動は，絵画的表現であれ，彫塑的表現であれ，身体的（音楽・舞踏・演劇）表現であれ，言語的・文章的表現であれ，五感による事物の観察，表象や思考や想像による対象の意味が美の把握と，表現活動によってする自己の内面の確かめ，つまり『意識化』の精神的活動である」[24]と定義し，子どもの表現活動を重視するのは大人の芸術家や学者・思想家たちの表現・創造活動と同じ意味で「自己表現」「自己を通した表現」の精神的な働きが，外界に対する感情の動きを伴う認識と，自己の内面への省察とによって，子どもの自己形成に寄与するからだと強調する。

教育と芸術を結びつけることに関して，国分は自らの実践を振り返り「子どもたちのための仕事としてはたらきかけるところのはたらきかけには，①まったく実務的なはたらきかけかた，②科学的なはたらきかけかた，③芸術的なはたらきかけかたがあるとし，このうちの③を，たいそう大事にしてきた」[25]と述懐する。

そして，芸術的な働きかけをする教師は，良質な芸術に触れること，なんらかの芸術創造の仕事にたずさわってみること，だとする。教師自身がそうすることで，ものやことを見つめる目ができ，子どもの外なる姿と内側の姿をするどく見つめ，そこから適切な働きかけが生まれてくるという。「子どもへの目のくばりかた，表情の示しかた，声の高低の抑揚，からだや手足のうごかしかた，指先のうごきに示す表情など」[26)]，その教師の豊かさは多くの場合，物作りをしてきた，絵を描いてきた，演劇や人形劇活動をした，音楽・合唱などをやってきたなど，創造活動の経験があること，農耕が音楽を生みだしたように日々成長する農作物の様子，牛や馬や豚の生長とのかかわりといった労作経験があることが必須の要件だとする。小・中学校の教室が教師と子どもの舞台であるならば，就学前教育においては日々の生活の場が教師・保育士と子どもの表現舞台であり，教師・保育士の芸術創造の経験なくして生活の豊かさは生まれないといえよう。

Ⅳ期には個別に優れた実践が論文や図書，映像として容易に表現され出版されている。藤田妙子は生涯をかけた実践を『私の幼児教育』[27)] の中で，生活活動，知的活動，表現活動のいずれも大切ではあるが，特に幼児期の教育は歌と造形活動と詩が大切だとする。大脳中枢が発達し感覚的なものが伸びる時期こそ，質の良い美的環境，情操教育の必要性を実感するのである。音楽を感じ取り，弾き，歌い踊り，劇やオペレッタとしての総合表現に創造する意欲をもたせるところに，一つの時代を風靡した藤田の実践がある。また，松村容子は，国際美術教育会議で「美術教育に於ける科学的指導」を発表し，以後『ねんどあそび』[28)]『たんぽぽのように』[29)] やビデオ教材として文部省選定『幼児の造形』，中央児童審議会推薦『かく・つくる・あそぶ』といった数々の図書や記録を残し，実践の足跡を綴っている。

斎藤公子のさくらんぼ保育園の実践も，高度経済成長期のやさしさごっこが蔓延する時代風潮からすると様々な批判もあったであろうが，自ら学び，社会の課題に眼を向け，子どもの本質を捉えたもので，揺るがない信念がある。大正デモクラシーの隆盛期に生まれ，第一次，第二次世界大戦の戦禍をくぐり抜け，国策を批判的に見て貧困者や障害者などマイノリティに寄り添った中から生まれた保育への信念であろう。水と土との出合いから始まる大自然の中の自然としての人間の軸づくりである。当然，そこには真摯に生きる人間の美があり，子どもたちの表現が生まれる[30)]。

経験の新しさをつくりだせない混迷の中，こうした実践への挑戦者が生きること，暮らすことと表現をつないでいったのもⅣ期の特徴である。慢性化する保育の質に新たな挑戦をすることによって就学前教育の基礎とは何かを確認し，意識を鼓舞しようとする実践者の意気込みが見られる。

§5　国の形を変える教育の大改革と芸術の位相

<第Ⅴ期　1990年から現在まで：習慣としての自由からの脱却>

1980年代後半から始まった世界の教育改革の波は日本にも押し寄せた。日本の第三の教育改革は，バブル経済が崩壊し人々が不安定さを抱える一方で，コンピュータやインターネットが普及して情報化社会へと大きく変わり，生涯学習社会への移行が求められる。赤字を抱えた国家は，大きな政府から小さな政府を掲げて地方自治法を変え，学校裁量を広げていくことになる。

1．自由という落とし穴

学校で得る知識より情報機器から取得する知識が先行し，教科書を教授する指導に限界がきた1989年，幼稚園から高等学校までを一貫させたとする「幼稚園教育要領」，小・中・高の「学習指導要領」が告示される。一貫した内容とは，①全体計画としての創意ある教育課程の編成が課せられたこと，②基本方針として・自ら学ぶ意欲と社会の変化に主体的に対応できる能力の育成，・基礎的・基本的な内容の指導の徹底，・個性を生かす教育の充実，が挙げられたことである。小学校に教科「生活」が設けられたのも，目標にあるとおり，自然離れし生活の担い手意識を失った児童に「具体的な活動や体験を通して，自分と身近な社会や自然とのかかわりに関心をもち，自分自身や自分の生活について考えさせるとともに，その過程において生活上必要な習慣や技能を身に付けさせ，自立への基礎を養う」ためである。1992年には生活科が完全実施になり，1998年に改訂された学習指導要領では，幼稚園から高校まで“生きる力”と“ゆとり”が謳われる。3年生から「生活」に変わる「総合的な学習の時間」が新設されたのもその流れの中にある。総則に「児童に生きる力をはぐくむことを目指し，創意工夫を生かし特色ある教育活動を展開する中で，自ら学び自ら考える力の育成を図るとともに，基礎的・基本的な内容の確実な定着を図り，個性を生かす教育の充実に努めなければならない」とした内容は，2003年に一部改訂され，その趣旨は「児童生徒に，知識や技能に加え，学ぶ意欲や，自分で課題を見付け，自ら学び，主体的に判断し，行動し，問題を解決する資質や能力などの確かな学力を育成し，生きる力をはぐくむ」とされて，自ら学び方を学び，意欲や問題解決能力を高め判断する能力も学力として位置づけた。

(1)　最低基準としての学習指導要領

小中学校の「図画工作」「音楽」は1977年にすでに表現と鑑賞の2領域になっていたが，1989年告示では，社会の変化に自ら対応できる人間の育成として豊かな感性を培うことを重点に，個性的，創造的な造形活動，音楽活動を展開する点が強調され，1998年には2学年を見通した弾力的な指導，鑑賞指導の充実が謳われている。

地域社会や生活に根を張らない子どもたちに学校が合わなくなるにつれて教科学習や生徒指導が難しくなり，音楽や図画工作だけでなく生活科や総合的な学習の時間，体育などの表現活動にその活路を見いだそうとする意図がうかがえる。併せて1992年から学校週5日制（月1回，1995年月2回）が試行され，2002年には完全実施となるに伴い，1998年には授業時数が1年生850時間に対して782時間に，2年生910時間が840時間にと，各学年大幅に軽減されている。5日制によって地域社会で過ごす時間を増やし，生涯学習への基礎を培う目的も，子どもは塾や習い事に追われ，その弊害も生まれて一向に効果が上がらない。

ここに至って学習指導要領の性格論争が再燃する。1947年試案として出されたものが1958年から教育課程基準として絶対的な性格を強化し，最高基準なのか最低基準なのか曖昧なままに現場を拘束してきた。2000年に，時の森文部大臣が「最低基準である旨，現場に趣旨徹底させる」（産経新聞10月11日朝刊）と述べ，政策課長寺脇研がそれを是認し，従来からその性格は変わらないとした。学習指導要領が最低基準であることが確認され，地域，児童，学校の実態に即して取り扱われることになった。

(2)　日本の文化・伝統の尊重

2008年の改訂に続き2017年には，幼稚園から中学校まで一貫して目指す方向が示され，①知識及び技能，②思考力，判断力，表現力等，③学びに向かう力，人間性等，の視点で再整理された。特筆する改善点としては，

- 言語活動（実験レポートの作成，立場や根拠を明確にし議論することなど）の充実
- 必要なデータを収集・分析し課題解決のための統計教育（小算数，中数学）
- 自然災害に関する内容（小・中理科），理数教育の充実
- 我が国や地域社会における様々な文化や伝統に親しむこと（幼稚園）
- 古典等の言語文化（小・中国語），主な文化財や年中行事の理解（小社会）
- 我が国や郷土の音楽，和楽器の取り入れ（小・中音楽）
- 武道（中保健体育），和食や和服（小家庭，中技術・家庭）などの指導の充実
- 先行する道徳の特別教科化（小2018年4月，中2019年4月）
- 3，4年生「外国語活動」，5，6年生「外国語科」を導入（中学の英語2学年繰り下げ）
- 生命の有限性や自然の大切さ，挑戦や他者との協働の重要性を実感するための体験活動の充実
- 「幼児期の終わりまでに育ってほしい姿」の明確化
- 初等中等教育の一貫した学びの充実

等々，学ぶ内容と学び方の改革に踏み込んでいる。

また幼小中高の評価は，日常の提出物，発言，行動の観察や子どもの自己評価も生かして個人内評価を加味した観点別評価に代わり，体験的に学び方を学ぶ学力観に大きく様変わりした。かつて学校教育に遊びが取り入れられて混迷したように，芸術も明治の学制以来，学校教育に取り入れられ法的枠組みの中で二転，三転してようやく日本の文化・伝統の尊重が謳われた。

一方で,芸術活動や部活動は外注化され,塾化されて学校での生命性を失っていくのである。それだけ市井にスポーツや芸術関連の施設が増え，学校の部活や芸術科目のもつ限界を超える試みが広がってきたという見方もできる。しかし，多くを担ってきた学校教育のスリム化は，家庭の経済力の有無に左右され格差を広げていることも事実である。

２．就学前教育システムの再構築と芸術活動

第三の教育改革により就学前教育は激動の時代に突入し，大きく揺さぶられる。一つは，幼保一元への制度改革が，少子化，女性の就労，待機児童の解消といった外側から発生した社会問題によって動きだし，子どもの最善の利益を謳いながら最悪とも思われる激流に飲み込まれていく。二つに，幼稚園・保育所の教育内容を規定してきた「幼稚園教育要領」「保育所保育指針」は，従来の領域構成の考え方を変え，社会文化的な発達観や発達の最近接領域に基づき環境を通すという高い理念を掲げたものの，指導や実践研究の手がかりを失って教育内容の質は低下し低迷する。世代交代によって生きる思想や知識，技能の伝承が途絶えたこともそれを加速化した。三つに，保護者のニーズが多様化し，組織が生き延びるための模索が始まり，教育内容どころか子どもを長時間預かることに汲々となり，長時間対応のシステムができていない幼稚園を衰退させていった。さらに，教員免許更新制度等の実施によって研修が実践から湧き上がるのではなく，上から下りてくる構造の中で閉塞状況から抜け出せないジレンマを抱えることになる。しかし，その混沌はもう一方で新しい教育実践を胎動させ，広がりをみせていく流れも生んで

いる。

(1)　領域「表現」の位相

1989年，領域「音楽リズム」「絵画製作」として位置づけられてきた表現内容が“豊かな感性や表現する力を養い，創造性を豊かにする”領域「表現」として括られた。①美に対する豊かな感性，②様々な方法で表現する意欲，③豊かなイメージを表現する楽しさ，というねらいに見るように，生活に根を下ろした表現への再転換である。つまり，従来，音楽，絵画表現と区分して実施してきた幼児教育界の保育文化を，5領域を総合させた生活の中で，子どもたちが様々な方法で表現する喜びを味わう暮らしに戻そうという，まさにシュルレアリスム運動的な転換である。

しかし，美の意味を追求した人々の歴史認識や現代芸術への転換がなされた根拠にうとく，表現者としての自覚のない者にとって，領域「表現」は抽象度の高い言葉で飾られているだけに理解しがたい。また「特定の技能を身につけさせるために偏った指導」を戒めているので，従来の指導観の切り替えができない現場では手も足も出せない。さらに「承認，共感，励まし，アイディアを出す，手助けをする，相談相手になるなど」[1)] の直接的な援助が教師・保育士の役割として重要視された部分が，幼児を理解し，留意し，環境を構成することと関連した保育のありようから取り出された役割になる。福田恆存が“観察し実験し検証し説明し組織化する過去からの経験主義”は芸術をゆがめる[2)] と戒めたにもかかわらず，子どもを受容し信頼関係を築くために，親切な関与の過干渉という保育姿勢に転換している。

表現は内発的動機に突き動かされ経験を再創造する，表さざるを得ない主体の世界だけに，それが表現できる体験や環境に左右される。しかし，“表現の援助”の真意が見いだせず直接的に援助すればするほど，表現の領域は本来の命を失っていく。また，教育課程基準を示した5領域は「幼児が生活を通して発達していく姿を踏まえ，幼稚園教育全体を通して幼児に育つことが期待される心情，意欲，態度などを『ねらい』とし，それを達成するために教師が指導し，幼児が身につけていくことが望まれるものを『内容』とした」[3] という説明が，保育界全体を“発達する姿を捉えるための微視的な研究”に走らせ，本来，実践研究がもつ普遍性，ローカル性，継続性といった全体的な視点，環境や教材と自己陶冶の内実性といった視点を失うことになる。このように指導書の言葉の解釈が実践より先導した弊害も大きかった。

1998年の改訂で，「指導書」から「解説書」（1999年6月）になり，教育課程基準の性格が最低の基準として確認されたが，それを読み取った関係者がどれほどいたかは定かでない。抽象的な文言解説では保育は充実せず，文部科学省は2006年から「表現する意欲と豊かな感性を育てる援助のあり方」と銘打って全国統一研究課題を提言し，“感性を育てる援助”を呼びかけたが，その評価がなされるほどの時間はいまだ経っていない。芸術的感性の世界を直接的な「援助」によって育てることは，遊び同様，逆に生命性や感性をつぶしてしまうのではないかという危惧を抱かせる。これは，芸術と美の歴史的変遷でみてきたように，芸術の捉え方の根本，芸術に自信をもつ教育法の根幹にかかわる問題だからである。

(2)　保育者養成課程にみる現代芸術

1989年告示の幼稚園教育要領編成にかかわった大場牧夫は，領域「絵画製作」「音楽リズム」が領域「表現」に変わり，大学の養成課程では「表現A」「表現B」と名称が変わっても，実際は従来どおり造形と音楽が別々に教授されている現状を指摘し，領域「表現」とはそもそも何かを問う。その問いとは，「人間の表現とは何か」から出発することである。生活における総合的な表現芸術の視点，アウトサイダーの視点，現代アートの視点がなく，表現A，表現B，といった指導を受けて現場に出た保育者は，小学校から大学までに学んだ音楽と美術（図画工作）の方法を幼児に教授するという悪循環があるからである。

大場は，子どもの「あらわし」に注目し，さまざまな表現の育ちを見る目を5つの視点＝領域に置いた。つまり，発達を捉える視点としての領域「表現」は二つの意味をもつ。一つは様々な諸側面としての多様な表現（人とのかかわりの育ち，心と身体の育ち，言葉の育ち，環境とのかかわりの育ち）を見る側面であり，二つに表現者の発達の流れ，発達の過程の側面である。プラトンとゴルギアスに遡る，あるいは山本鼎と岸田劉生に遡るような，あらわしの諸相から捉える視座への転換である。

大場は「あらわしの層」（図表1-2-7）を「表出行動と表現行動を区別する場合には，ひとつの区別として，―（中略）―あらわし側が受け手を意識しているかいないかによって，表出的か表現的かということを見分ける」[4] とする。つまり「送り手と受け手の関係が成立」し，表現的行動（活動）が「伝えの意識結果への意識」をもつ明確な表現行動になっていく過程にあるかである。

このあらわしは，身体的状態に影響され，心情的な壁にぶつかる。特に，音楽をするためにピアノを上手に弾かなければならないといった心情的な壁を越えるためには，即興で直観的に，感じたままを音や色や動きや線などにしていくことが必要になる。表現に限らず，人間の経験は形をもつようになっていく。動きの形，楽譜や歌詞に書かれた形，絵画の輪郭の形，言葉の形，生活の形，そういう形を越えるための直観に戻ることを大場は説く。しかし，直観に戻って“かたち”を内省しても私たちは形を越えられない。それは受け手に評価される結果の壁にぶつかるからである。発表会でも運動会でも，受け手の評価という壁が，形を固定化する。その壁を越えられるのは，受け手が直観に基づく即興的な表現に参加してくれ，表現の場に感染することであろうか。

かつて，イサドラ・ダンカン[5] が感性のままに踊り舞ったように，ジョン・ケージが沈黙の4分33秒で聴衆と楽譜したように，現代芸術への扉を開いた人々の「場」の芸術の位相を幼児教育で打ち立てようとする提案である。領域「音楽リズム」「絵画製作」が領域「表現」に変わったということは，教育という形をもって壁にぶち当たっている芸術的表現を，本来あるべき芸術の位相，美の位相に戻そうとすることであろう。子どもの感性や直観があ

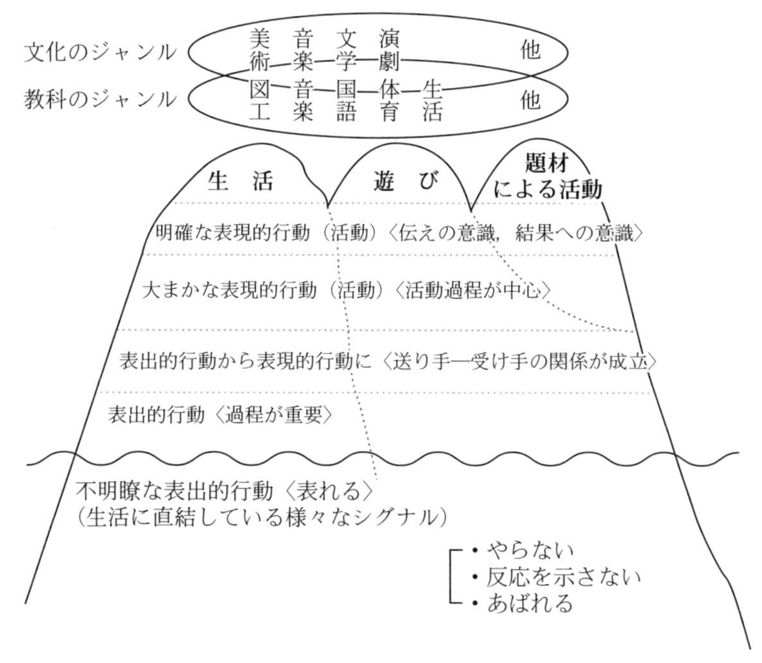

図表 1-2-7　「あらわしの層」

大場牧夫『表現原論―幼児の「あらわし」と領域「表現」:フィールドノートからの試論―』萌文書林，1996，p.179

らわす表現に注目し，「場」の芸術をつくっていこうとするものである。

しかし，それは困難を極めることになる。1989年から30年以上たった今日でも，保育者養成校は，ヘーゲルの美学に戻ったような表現の指導もあれば，近世の臨画・自由画・写生画にみるような指導もあり，逆にジャンク・アートがキャンパス一面を飾っているところもある。あるいは，バイエル教則本をこなせなければ留年させるといった指導や，絵本100冊の感想文を書かせる，折紙を100種折らせるといった表現の授業もある。表現が教育に取り込まれた歴史の基礎知識として，歴史的内容の変遷と現代の「場」の芸術を理解し，自身が表現者となって感性を磨くとともに，幼児の表現の受け手としての資質を高めるための一手段であれば意味もあろうが，“感性を育てる援助”は，学生の感性さえも摩耗させていくように思われてならない。

あらわしの一連の流れの中に表現をおいた大場が強調したかったのは，従来の保育が「表出活動から表現活動へ」の過程を見ないままに，つまり生活や遊び，題材との出合いの中にみられる表出過程を見ないままに，取り出した応用芸術の部分を指導の目標にしてきたところに問題があるとした点であろう。だから，他者に伝える意識がはっきりある明確な表現的行動を表現活動として，「見つける，気がつく，探る，確かめる，繰り返す，やり直せる，選ぶ，などということが，自由にできる」「やめたいときにやめることができる，また続けてやろうと思ったら次の日に続けることができる」[6] という自由な状態にあることが表現力を刺激する環境となり，自由で解放された状態に，感情や技能が伴う必要性を説いているのではないかと思われる。

保育制度改革が実現した2017年に幼稚園教育要領，認定こども園教育・保育要領，保育所保育指針が改訂された。領域「表現」の3歳以上の内容は2008年と変わっていないが，教育課程の基準，指針がそれぞれの施設の特性を踏まえながら全体構造に位置づけられた意味は大きい。「総則」で幼稚園，認定こども園，保育所の＜基本＞を明記し，教育課程・保育の全体的な計画や指導計画との関係や評価，特別な配慮を要する幼児への指導や施設の特性に応じた園運営上の留意点及び教育時間外の教育活動等が掲げられている。

総則に謳われたそれぞれの施設において育みたい＜知識及び技能の基礎＞＜思考力，判断力，表現力等の基礎＞＜学びに向かう力，人間性等＞は，5領域のねらい，内容に基づく活動全体を通して育まれることが明記される。生活基盤型であれ就学準備型であれ，活動全体を通して育む表現力は，10項目「健康な心と体」「自立心」「協同性」「道徳性・規範意識の芽生え」「社会生活との関わり」「思考力の芽生え」「自然との関わり・生命尊重」「数量や図形，標識や文字などへの関心・感覚」「言葉による伝え合い」「豊かな感性と表現」について幼児期の終わりまでに育つ姿として実現を目指すのである。

つまり，領域『表現』がねらう「豊かな感性と表現，創造力」は，自律に向かう健康な心身，仲間との協同性，善悪・規範意識の共有や社会生活との関わり，自然との関わり，生活で活用される数量や図形，標識や文字などへの関心・感覚，言葉や行為表現で伝え合う社会生活と切り離して育むことはできない，総合力だということである。

2008年，2017年の2回にわたる改訂においても，教育における表現芸術を美の位相に置くことは難しく，実践現場の表現領域の研究は，かつての果敢なる挑戦者を失って逆に低迷した状態が続いている。漠然と表現を捉えていると，習慣としての自由が蔓延して，真の自由が失われるという落とし穴にはまる。永岡都は，表現活動の矮小化に次のような課題を見いだしている。「幼児教育における音楽活動の割合は―（中略）―自己表現が重視され，音楽・ダンス・美術といった芸術創造へ繋がる『美的な経験』や，表現のための技能や形式の学びが後退したことによって，明らかに減少した」「一括りに『音楽』と纏められて具体的にどのような音楽を指すのか，漠然としているのも問題だが，それ以上に音楽活動が非常に狭く捉えられていて，外に広がる発展の可能性がないことが問題であろう」「各国のナショナル・カリキュラムを見れば，人間の営みとしての音楽活動が，本来，歌唱，音楽に合わせて動くこと（ダンス），聴取，楽器の演奏，創作など多面的な経験と捉えられていることが分かる。我々は，言語，感情，時間，空間，身体の動きといった様々なイメージを，音楽活動を通して経験することができる。つまり，音楽経験の質と形式を通して『世界を感じる』ことができるのだ」[7]として，「英語と運動遊びと現代的なリズムを総合する」音楽表現活動のプロジェクトを立ち上げ，実施している。しかし，音楽経験の質と形式について関心をもつ現場はほとんどなく，抽象的な自由という言葉が行きかうのみで，領域「表現」の解釈と実践は明治時代と変わらない困難を抱えている。

社会が分化し，都市部では楽器，歌唱，ダンスやリトミック，絵画・造形，ミュージカルなどの専門家の稽古場が増え，習い事となるに従い，就学前教育における表現分野への期待は薄れて，教師・保育士に求められる機能は養護に傾いている。一方，住民が減少し表現分野の担い手・人材がいない，自然災害に見舞われ根こそぎ文化活動が絶たれた，あるいは僻地で文化に浴する機会がないといった地域では，園や学校に漱石，山本鼎が授業で展開したような，あるいはお茶の水人形座や富士見幼稚園のつむぎ座（茨城県結城市），小林宗作の総合リズム教育にみるような表現芸術に関連する教育活動が求められる。地方でも，結城市や飯田市のように町をあげて総合芸術としての演劇の文化を支える仕組みをつくり出しているところは限界芸術の受け口があるが，一園では不可能な地域も多い。そうした町の特徴を踏まえないと，これからの教育内容を構想するカリキュラム・マネジメントは不可能であろう。幼児期の終わりまでに育つ姿としての10項目は，表現活動の多様性と経験の質および形式に対する認識をもたなければ，絵に描いた餅となりかねない。

教育が芸術を取り込み，生活という総合の中で美感を培うことは極めて難しい。本来なら限界芸術として生活に根付くはずの芸術が，幼児の感性への介入という大人の援助や，見せる芸術としてのこだわりによって生の現象が萎えていく現象が危惧される。さらに，実践現場では，領域「表現」が発達の諸相を捉える視点であるなら，子どものあらわしを読み取るということに限定して，あらわしを待っているだけの状況も発生している。歌も歌われない，絵も描かない，身体での表現も生まれない，言葉での表現にも関心は払われない，といった生活環境や美感が感情を揺さぶらない環境から，子どもの感性が刺激され表現されることはないだろう。

第2部

演劇教育知の未来

バリ島の祭祀で行われるバロン劇[1)]は，舞踊的要素をもつパフォーマンスとガムラン音楽のリズムで不死の演劇知に人々をいざなう。教育もまた演劇知を享受できるのか。

第1章は，ごっこから劇遊びへ，劇遊びから演劇へと発展する初発の段階から，人間が表現する意味を捉えている。

第2章では，学校における演劇教育の功罪を問い，かつての見せるためのシアター教育に陥りがちな課題を乗り越えてきた先人の演劇論を踏まえている。

第3章では，幼児・児童を対象としたドラマ教育への転換に意識を向けるところに学校諸機関における演劇教育，全人教育の未来を描いている。

第1章

人間社会と演劇

§1　表現と人間

1．なぜ，今，演劇なのか

就学前教育・保育に対する演劇活動の魅力をいえば，第一に総合的な学習を展開できるツールになることである。演劇活動の総合性には，音楽・造形・身体・ICT メディアなどを統合した総合的な表現活動ができるという側面と，子どもの遊びのように，幼稚園教育要領等の5領域をまたぐ形の学習活動が生みだせるという二つの側面がある。第二に役同士のコミュニケーションを中核にドラマは構成されるが，創作過程では顔と顔を合わせた対話的交流により，孤立せず，一人ひとりが他者との協同を意識して成立させていく面白さを味わえる。第三に現代的な意味として他者との交流の中で，お互いに似ている部分や差異ある部分を見つける機会を産出できる。

今まで無かったものを新しく産出する活動に際限はない。本人たちが満足・完成・終了と思わない限り，創作作品はいかようにも変わり続ける。つくっては壊し，壊してはつくるという繰り返しの中で，常に新たな可能性を求めて，動き続けるのが演劇の基本姿勢であり魅力なのである。このような正解の無い問いを探求するという難局に立ち向かうには，一人よりも複数の方が良い。そして，多様な考え，視点をもつ人が集った方が良い。同質集団では現状を打破するような驚きの発見は生まれないが，異質な者が集えば集うほど演劇創作の魅力は増し，その集団内で個々が自分らしさを抑えずに開放すればするほど活動の面白みは比例的に増加する。かといって，互いに違う世界に存在する状況ではドラマは生まれない。差異ある者同士が個性を発揮しながら，かつ，同じ方向を向いている状態がバランス良く維持されることが大事である。お互いの違いを認め合い，乗り越えるきっかけをつくることが演劇の重要な教育的機能であろう。

特に幼児教育の場合は，ごっこから演劇創作につながる流れがある。ドラマ的な要素のある「劇遊び」を演劇活動への橋渡し役として位置づけ，これら三つの魅力を統合させた演劇教育のモデル・カリキュラムの構築が期待されている。

「この世はすべて舞台。人生はドラマだ」といわれるように社会は演技で溢れているという発想に立てば，われわれは生ある限りにおいて何らかの役割を演じていることになる。親の役割，子の役割，先生の役割，生徒の役割，時には乗客となり，時には農作業人として人生ドラマの中を生きる。われわれは演劇を特殊に捉えるが，その源を探れば，生活に根ざしたものであり，生の実感や神への畏怖を表すために共同で行われたものである。演劇は「生産とか病・死とか，戦いとか天災地変など，生活の危機に直面した時に，なんとかしてその不安を乗り越え，かき消し，生きているということを体ごと確認しようとする無意識な働きだったのである。それは現在でも，原始的な生活をしている未開人種に明らかに見られる」[1)] のである。社会の中で自らの役割を取り出し演じることで人は生きる希望をもち，情緒の安定を得る場を共有し，そこで生きる人々と陶酔感を伝染し合い，連携をつくり出している。

保育・教育現場において演劇の表現形式はオペレッタやミュージカル，音楽劇などであるが，歌唱や器楽演奏などの音楽活動，舞台装置や衣装づくりなどの造形活動，そしてダンス活動も取り込み，それらは演劇によって一つに統合されていく。

子どもは，劇を遊んでいるうちに，自分たちの表現を他者にも見せたくなり，教師・保育士の援助のもと発表場所や日時を決めたり，チケットを作って集客のための宣伝をしたり，会場設営や受付も自分たちで遂行しようとする。こうした舞台発表であれば，創作の過程で共振の喜びを感じ，皆でつくり上げた満足感，最後までやり遂げた達成感に浸れるであろう。その躍動感が観客・保護者と共有されて，演劇が見る人も含めた共同的な場の題材となっていくといえよう。

しかし，南元子が，1924年に九頭竜繍画学校が帝国ホテルの宴会場でギャラをもらって公演をしたことや，滝野川小学校が父兄や研究者だけを観客として，設備の整った会場で公演したことを指摘し「一般的な『学校劇』の中には，見世物的かつ商業的で，教育理念を欠いた劇が少なからずあったのではないだろうか」[2]と言及しているように，子どものために行われる，という大原則を忘れ，観客への見せ物となった途端，個人の主観を喪失させ国民に自らに都合のよい演劇を鑑賞させて印象操作をした統制者のごとき手段と化す危険があるのも演劇の特徴である。大人の力を使えば「子どもをオブジェの如く使って自分の表現欲を満足させ」[3]ることは容易なのである。それぞれの主観や表現欲求を無視して個を犠牲とした結果，子どもは次第に考えることを放棄し大人が敷いたレールの上を，ただ無感動に歩む方が安全という境地に達する。このように，明治期に学芸会が始まった当時から今日に至るまで，演劇活動の趣旨が二転三転し，その課題は依然として残ったままである。「行事そのものを目的化して，幼稚園生活に行事を過度に取り入れたり，結果やできばえに過重な期待をしたりすることは，幼児の負担になるばかりでなく，ときには幼稚園生活の楽しさが失われる」[4]とした警鐘は今も続く。

幼稚園教育要領の領域「表現」の内容（8）では「自分のイメージを動き

や言葉などで表現したり，演じて遊んだりするなどの楽しさを味わう」[5)] と位置づけられている。演劇は“ハレ”の舞台に限定されたものではなく日常にある。演じて遊ぶ行為は，日常的な生活の中で，まねっこ遊びやふりあそび，見立て遊び，ごっこ遊びという形で自然と行われている。また，絵本の内容を土台にドラマのクライマックスを再現し，自然発生的なごっこを意図的に発展させる「劇遊び」も子どもの楽しみの一つである。

これまでの実践研究は，演劇に興味・関心のある教師・保育士が蓄積した経験や勘を頼りに進められてきた。そして，それを研修の場を通してお互いに交換し合うことでその知見を広げてきた。これからは演劇に好意的な者が集う狭いコミュニティの中だけではなく，広く一般の教師・保育士に対しても，演劇教育の知見の提供という課題に取り組む必要があろう。演技できない世代を生みだしてきたのは養成校かもしれない。現場で多様な演劇活動が行われているのに，養成段階でそれに対応した学習機会が創出されていないのである。

もちろん，演劇を取り扱う法的義務が養成校にはないにも関わらず，多くの養成校の中で行われている現状を鑑みれば，実践現場における重要な課題として演劇を捉えているということもでき，一定の評価はできよう。しかしながら，同時に養成校における演劇の取り扱いに対する課題も指摘できる。一つ目は，“ケ”の演劇を扱う機会が少ないことである。“ハレ”の演劇とは対照的に，保育内容「表現」において演劇を取り扱う授業はあまり開講されていない[6)]。二つ目は，保育では演劇を総合的な表現活動として扱うことが求められるため，分化した教科目担当者では扱えない。幼児期の発達特性と演劇の独自性を理解したうえで総合的な活動につなげれば，学生に有機的な体験を生みだすことが可能なはずである。三つ目は，表現を保育と結びつける応用の視点が必要となることであろう。学生が主体的に自力で演劇活動に取り組めても，それが子どもの演劇体験を導く力の育成に結びつくとは限らない。かといって演劇体験がカリキュラムに組み込まれたら演劇に対して苦手意識のある学生や，負のイメージをもつ学生からすれば，養成校で自らが演じることの意味を見いだせず，抵抗感を抱く者もいよう。養成校の教師はそのような学生にも配慮して演劇体験に対する主体性を喚起しつつ，単位履修のための義務的参加を加味してその均衡を保つ必要がある。

さらに，演劇体験を子どもにとって満足のいくものにするプロデュース力が求められる。プロデュース力とは，子どもと創作を完遂させることだけでなく，演じることが楽しくなるよう過程も結果も充実した活動にするために，教師・保育士に求められる力である。

今のところ，これらの養成校での課題に挑んでいるのは，演劇教育の専門家でなく，演劇以外の音楽や美術などを専門とする教師たちである[7)]。彼らにより養成段階で子どもの演劇体験を導く学習は積極的な展開をみせているものの，その方法にはまだ改善の余地があり，今一度そのあり方を検討する必要があろう。

近年では台湾や韓国などアジアにおいても演劇が養成校カリキュラムの正課として導入されている。特に台湾では，2001年に教育政策として演劇を正課として導入するために，音楽や造形を担当する教師に演劇的な内容を深める研修をさせ，演劇活動も担当できる教師とする試みを行い，成果を得ている[8)]。演劇教育は基準がつくりにくいが，隣国の取り組みなども参考にしながら，養成段階における学習内容や養成校教師の専門性，そして体系的なカリキュラム・デザインを検討する時期に来ている。また，養成校で演劇を扱う専門外の教師に対して，情報共有を行ったり，教材提供などの支援体制を整えたりすることも併せて必要であろう。

2．伝達目的の表現と内的心象の表現

表現と聞いて筆者が連想するのは幼稚園の発表会であろうか。発表会の体験は今日まで記憶され，日常生活に潤いを与える人生のエポックとしての意義を見いだすことができる。また，人によっては整理し論理立てた内容をレジュメにまとめ，制限時間を守り，堂々と発信するプレゼンテーションや弁

論大会，パフォーマンスなどが思い起こされるかもしれない。

前者の表現は，練習の成果や，習得した型，集団としてのハーモニーを観客に向けて披露することを目的として，特別な舞台や式典，あるいはハレのお祭りの中で行われるものであろう。後者の表現は情報や思考を言葉や身振りで外に出すことで他者に伝達すると共に，自らの中により定着させようとする「思考・判断・表現」に近い。

両者の共通点は，対象が明確であること，そしてあらかじめ内容を準備すること，また費用対効果，集客数，評判，その後の発展といった価値も付加され，達成度の評価もしやすいことである。いずれにしろ両者とも対象への伝達が目的のため，絶対に観客が必要である。表現の発信を受け止めてくれる受信者がいなければ意味をなさないのである。

一方，われわれは日常生活の中で誰に伝えるわけでもない表現もしている。表情や態度に自らの感情や欲求，本音が出たり，無意識の中で鼻歌やため息が出たりするような「表出」と定義される「あらわれ」[9]に近い表現である。それは誰かに向けたものでも，誰かのためのものでもなく，本人が本人の情動処理のために行うものである。有名なラスコーの壁画は世界中の人々に知られているが，作者は表現したくて描いたのであろう。まさか世界中の人が自らの作品を知ることになるとは当人も当時の人々もまったく予想しなかったはずである。

竹内敏晴は「からだはいつも呼びかけている。人は生活の中で，自分で気づかずに，さまざまなしぐさによって，自分のいる状況と自分の生きようと欲する方向のしるしを現している」[10]という。生まれたばかりの赤子であっても，泣くことで自らの欲求を表現するように，人は生命ある限り「あらわし」続ける存在といえよう[11]。表現の中には伝達対象が必ずしも必要ではなく，本人の自覚もされずに自然と表に現れてしまう「表出的表現」もあるのである。

(1)　表現の構造

対象の有無は表現者にとって重要な違いを生むが，その構造自体は「あらわれ」であろうと「あらわし」であろうと，その両者で共通していよう。それは「表」に「現」すという構造である。ここでいう「表（オモテ）」とは，手，足，喉などの身体によって産み出される，見える，聞こえる，触れることができる音，リズム，動き，造形物などを指す。一方で，「現」とは辞書的にいえば，見えなかった，聞こえなかった，触れなかった，隠されていたものが眼前に出現し，確認できる状態になることを意味する。

厚生省中央児童福祉審議会文化財部会などを歴任した岡田陽は自分の外側にあるものを取り込んで表に現れるものを「内（ウチ）」と称し，自らの内面に存在するものを可視化する外化行動を表現と説明した[12)]。つまり，岡田によれば，自らの内面を現すために，つくったり，歌ったり，踊ったり，行動したりすることが表現なのである。表現は，形としてわれわれがつかむことができて評価しやすいオモテだけでなく，見えない，つかみづらい，測りづらいウチという要素を無視できないため，非常に説明がしにくいものなのである。

仮にそうであるならば，表現を考える際にはウチが重要となろう。何かが表に現れるためにはあらかじめそれが存在していなければ，現れようがないからである。つまり，表現におけるウチは，オモテの源泉といえよう。

ウチは，初めから自分の中に存在するものではなく，自分の外側にあるものを取り込むことで形成されるものである。そして，その作用を行うのは感性である。岡田によれば，感性は大きく分けて二つの要素（感覚と感情）に分けられる。感覚（視覚，聴覚，触覚，嗅覚，味覚）は，情報を収集する知覚センサーの役割を果たす。それによって，自分が今存在する場の温度・湿度，音，雰囲気など，場を共有する他者や物から醸し出される情報を感じ取るのである[13)]。

図表2-1-1はある男児（当時2歳1か月）の様子を撮影した一枚である。児童館の乳幼児室の二つの柱の間にある窪みに玩具の車を停車させ，ピッと

効果音を発して，洗車機のスイッチを押すふりをした瞬間である。

この行為には少なくとも三つの想像的・創造的な要素が含まれていよう。一つ目は，窪みを洗車機に置き換え，起動ボタンがあると見立てる要素である。二つ目は，つもり・ふりの要素である。車を入れる客と洗車機の起動ボタンを押す店員の二つの役割の言動（つもり・ふり（無対象行動））の要素である。三つ目は，彼がガソリンスタンドへ車で来て，洗車し終えて帰るという一連の流れ（児童館に行く，洗車機で遊ぶ，家に帰る）のドラマを遊んでいる要素である。

図表 2-1-1　2歳児の洗車機空間の見立て

この遊びの特徴は，カイヨワのいうミミクリー（模倣）に当たるもの[14]，ピアジェのいう象徴的遊びと定義付けられるもの[15]であろう。アリストテレスは「再現（模倣）することは，子供のころから人間にそなわった自然な傾向」[16]と述べている。彼を駆り立てるのは模倣衝動であり，われわれが誰しも生得的にもつものである。彼は，その衝動に突き動かされて，表現せざるを得なくて表現に至ったと思われる。つまり，彼は誰かに指示や依頼，強制されたからでも，定められた台本に沿って行ったわけでもなく，したいからその行動をしただけなのである。

ここに内面のイメージを表現したい強い衝動がみられる。その衝動に駆られたら彼は突然に，いつでもどこでも大きな声で始めてしまう。われわれはそれを制止できないし，逆にそうして欲しいと依頼しても聞き入れられない。彼のこのような模倣表現は，その背景を知らず，彼との共通体験が少ない人には理解しにくいのである。

実際の洗車工程と彼のその模倣を比べると，その手順が違うことや，店員への作業依頼や事前の金銭の授受など，現実では不可欠な工程のいくつかが省略・簡略化されている。つまり，彼の模倣は対象全体を網羅するというより強く印象に残った部分のみを表現しているのである。

なぜ彼はまるでそのモデルを踏まえたかのような模倣ができるのか。それは，目前のモデルの複製的・模写的な直接の真似ではなく，自身の体験を拠り所とした再現的な復元行動であり，彼の中に手本となるモデルが形成され，定着しているためである。

彼の内側に形成されているイメージは1歳半から3歳ころまで，ほぼ毎日，何度も近所のガソリンスタンドを訪れたことに起因しよう。彼はそこで見たり聞いたり触ったりしながら新しい発見を積み重ね，その過程でイメージが深まり，いつでもどこでも再現可能な状態に至ったと考えられる。

彼がしていたのは実感した感覚記憶の再現行動なのである。彼の中にある感覚記憶，イメージは，諸感覚器官を通して外から取り入れられる。内面のイメージと外界の情報は，感覚器官を通し自我によって調整されて表現の源が耕されていく。

(2)　こだわりと個性

彼の月齢が上がって言葉の使用が増えるに従い，玩具の車で模倣洗車の際に「アワアワやってないね」と洗車機が稼働しておらず，洗車ができない状況を理由づけたり，「(駐車場) 空いてなかった」と駐車できずに右往左往する車の再現をしたり，信号のない所で歩行中に突然「赤」と言って立ち止まったりするようになる。洗車へのこだわりは保持したまま彼は自ら制限を生みだし，ドラマの中に取り入れていったのである。

彼が制限を取り入れる理由は，制限を乗り越えることや難しい課題を解決することへの挑戦をドラマに取り入れることによって，一人ごっこに変化と発展をもたらす面白さを見いだしたからであろう。遊びの繰り返しの段階から制限を加えた新たな遊びの段階へと発展させていくことは，遊びの面白さを支える認知機能が発達してきたことの証である。信号の赤と青を使い分けたり，洗車機の稼働と休止を条件づけたりするなど，部分をつなぐモチーフに制限条件が加わって，自分で解決可能なドラマにしている。

子どものもつ興味・関心は，個人によって異なる。模倣という行動自体は誰しもが有する共通行動であっても，そのモチーフは何でもよいわけではない。模倣のモチーフの選択には本人の主体性が発揮される。その人にとって何らかの思い入れがあるため，そのモチーフが選ばれるのである。洗車機は世界中の誰しもに共通するモチーフではない。生育歴の中で洗車機を見たことも聞いたこともない人はその模倣をすることはできないし，その模倣をしたいとも思わないであろう。幼児期の模倣は実生活と切り離されたものにはなりにくい。それはその人自身の気質や経験と結びつくという側面があるからである。彼が模倣したいと思う題材は，彼が実体験を通して得た実感に基づくものだけなのである。

児童館の窪み（図表 2-1-2）を洗車機（図表 2-1-3）に見立てるか，電車あるいは電車の車庫に見立てるか，暗い怖い場，入ってはいけない場として無関心に思うか，子どもによって捉え方は違う。

図表 2-1-2　窪み

図表 2-1-3　洗車機

図表 2-1-4
ルビンの壺

ルビンの壺の絵（図表 2-1-4）が白地を強調すると壺に見えるが，黒地を見ると向かい合った二人にも見えるように，窪みの見え方は異なる。人の見方や捉え方は画一的ではなく，その見立ても異なるのである。

個性的で多様な存在であるわれわれは，自分らしい捉え方で対象を価値づけしたり，強調したりする。両親が同一の兄弟•姉妹であっても物事を判断•

評価する基準は決して一律ではない。しかし日本人であれば教育や地域社会の中で培われる共通の文化的背景を吸収するため，日本的な感覚や規範意識が自然と身につき,類似傾向をもつようになる。モチーフを選択する基準は,胎児期から形成されてきた感覚と感覚がもたらす情動，情動の表現に対する他者の反応，それに対する快不快の経験に大きく左右されると思われる。

感情は，感覚器官から入った知覚情報が内臓器官でずれを受け止めて反応し，その人らしさを司る自我という主観的フィルターに到着した際に発生するものである。そしてまた,感情は表現のエネルギーを生みだす源でもある。快の感情を生むものに対しては高い熱量が生じ，逆に不快をもたらすものには消極的な熱量となる[17]。

その構造から考えれば，表現の理想的な形は，ウチを隠すベールを取り外し，そのままのイメージ通りに色や形，動き，言葉やリズムなどでオモテに現すような表現であろう。自分らしい見方や感じ方は，心象の違いであり,心象の違いは個々のパースペクティヴによる違いである。「外部から受け入れた事象に対して，いかなる感覚と感情のバランスを各人が自力で調整できる」[18] 必要がある。ウチを司る心とオモテを司る身体が密接につながっていて，その両者が合致することが望ましいのである。

3．表現の自由と自由を阻害する状況

いつ，どこで，何を，どう感じるかは自由である。そして，それをどう表現するかもわれわれに与えられた自由である。自由である限りにおいて表現は主体的行動である。もちろん，誰かに強いられたり，何を表現するかを検閲されたり，統制されたりする中から生まれる表現もあるが，そこには他者の感性に依存する自我がある。日本では憲法において表現の自由が保障されているため，逆に自由を意識することが忘れられやすい。単なる習慣を自由とはき違えることもある。

(1)　相互依存的な人間関係

われわれはそれぞれが一人で独立して生きているのではなく，お互いに関係を築きながら相互依存的に生きている。自分のウチなる気持ちを思うがまま表現したくても，相手への配慮や思いやり，気配りも求められるため一筋縄ではいかず，表現の対象としての他者は無視できない。別の角度からいえば，「他者に受け入れられるかたち，社会に容認されるかたちにコントロールされた自己を表出する」[19] という自己呈示の課題もある。誰しも他人によく思われたい，よりよく見られたいと願うはずである。そのため，自分らしい表現をしているつもりでも，無意識に他者に依存していることに安楽を感じてしまう。場の空気に共感している方が居心地はよく，自分という存在を脅かされないからである。

そうした意味では，自分らしい表現を阻害する最大の要因は，社会という表現の場を共有する他者ではなく，他者に依存した自我にあろう。他人にどう思われようが構わない，嫌われたとしても自分自身を貫きたいという姿勢を固持することは難しい。他者は，ルビンの壺絵を白地で見るか黒地で見るかが異なるように，自分の感性に問いを向けてくる存在である。自らのことを第一に考える限り視野・視点は広がらない。また，他者も他者自身を第一にする限り本当の自由は得られないのである。

文化的背景や伝統，宗教，思想，言葉，そして価値観が異なる他者の存在が，“我如何に思い，感じるか”という原点に迫ってくる。われわれは他者から負の反応が返されることによって，精神の均衡が崩され，情緒の不安定，心身の緊張，葛藤を抱えた状態となることがあるが，それは自ら表現の自由へ回帰する機会を提供することにつながるベクトル上にある。不安定さの回復のために，相手に理由を尋ねたり，異論を唱えたりして共感してもらうよう調整を試み，他者と折り合いをつけること自体が不自由である。まして，相手と関わらないようにしたり，その相手を暴力という手段で除こうとしたりするほど，我が失われているとすると，他者の自由も認めない偏狭な自分がいるということになる。社会には，そのような緊張・対立・軋轢を不用意に生じさせないよう，罰則も含めた表現のルールが定められている。それに関するマナーやエチケット，道徳的な倫理観も存在する。

しかし，様々な要因によって，自分らしい表現が制限され続けると，自分で自分の表現を阻害するようになる。表現衝動が生じても他者からの否定的・消極的反応を予測し表現する前に自制するのである。周囲を気にしてうまく伝達する自信がないと思ったり，他者から変わり者として見られたくないと思ったりするのはなぜか。それは近代国家建設の途上から現代にいたるまで，個性を伸ばすことよりも同質化することを求める文化が勝ってきたからではなかろうか。

自分の表現を否定されるのが怖ければ，他者の前で何も表現しなければよい。そうすれば失敗や挫折感，恥を感じて自尊心が傷つくことは避けられる。ただし，そうすることでマイナスの感情を味わうことは回避できても，同時に自分が描く世界観，あるいは自我でない自我を演じる達成感や高みに昇華する陶酔感などプラスの感情を味わうことも放棄することになる。自らの表現衝動を押し殺すことで，感性の働きが鈍くなり，自分らしさを表現する原動力となる感情も枯渇してしまう。結果として，生命性が萎え無気力状態をつくり出してしまうのである。

また，集団に所属する場合には，意思決定の際に，集団の輪を乱す行為として表現しないという表現が認められない場合もあろうが，それで表現の自由が侵害されるとは限らない。表現できる関係を求めて移動できる自由がある限りにおいて自由である。母国を亡命したルソーもしかり，貴族社会を批判し放浪したトルストイもしかりである。まれに移動の自由すら保障されないままに表現の自由を求めた人々もいる。大宰府に左遷された菅原道真も「東風吹かば　にほひおこせよ　梅の花　主なしとて　春な忘れそ」と詠み，安藤昌益は江戸時代の規律においては受け入れられない思想を150年以上眠らせて自らの自由を表現した[20)]。誰しもありのままに自分を表現できる場を求めてさすらうのが人生なのかもしれない。

(2)　表現する身体

どんなにウチなるイメージが豊かで，それを外化できるエネルギーの熱量が高くても，自分が思い描くイメージ通りのパフォーマンスや，思いのままに作品化・具現化できるとは限らない。それは，実際にオモテに現すのは，身体や発声器官だからである。何かを産出するためには，その目的にかなった作業，動作が必要なため，どうしても一定の技能やそれなりの経験が求められる。そのため，表現技術の習熟度をまったく無視することはできず，「感情に訴え，外に表そうとする時，各人は多かれ少なかれ葛藤を余儀なくされる」[21] のである。

いずれテクノロジーが進歩すれば，自らのイメージを希望する媒体で瞬時に具現化するシステムや，媒体を介さずに他者の中に直接的にイメージをテレパシーで伝達するシステムが開発され，表現という概念が無くなるかもしれない。ただ，今のところ，表現は自らの身体行為として行う必要があるため，表現技能の不足が表現の自由を阻害する要因にもなるのである。

(3)　形骸的表現の成立

幼児であっても舞台上でシェイクスピア作『ハムレット』の有名な台詞「生きるべきか死ぬべきかそれが問題だ」を眉間にしわを寄せて苦しみを実感しているかのように表現させることは難しい課題ではない。表現の構造から考えれば，顕在化するウチが無ければ，オモテには何も現れようがないはずであるが，実際はイメージが空虚で実感が無くても，他者に表現として提示することができる。他者とまったく同じ模倣行為，あるいは社交辞令のように実際の言動と本音は裏腹で両者が一致しない表現をわれわれは平気ですることができるのである。

ただ，それは自分のためでも，相手のためでも，結果的に誰のためでもない宙に浮いた無対象な表現である。自分らしい表現は，心と身体と言葉の緊密な関係が維持されて初めて成立する。誰のためでもない義務的に行われる表現の場合は，ウチとオモテが分裂しているため，生き生きしさのない形骸化された表現となる。あるいは，金太郎飴のような紋切り型の類型化された画一的表現となりやすいのである。

われわれは社会の中で生きねばならない。そのための同調も求められ，必ずしも自分らしい表現ができず，その不安から心身の均衡を崩しやすい。表現を考える際には表現の原理・原則も大事であるが，社会という環境の中で成立するという条件も念頭に置く必要があろう。

4．人間にとっての表現

そもそもなぜ人間は表現をするのか。もしも表現をしなかったり，できなかったり，許されなかったりしたならば何が起きるのか，人間にとっての表現の意味を考えてみたい。

(1)　心身の均衡の調整

寓話「王さまの耳はロバの耳」は，人間が表現を封じられた際の苦痛，そしてその際に何が起こるのかを物語ったものである。王の秘密を知った床屋は，その秘密を口に出すと罪に問われるため，皆に伝えたくても黙っておかねばならなかった。われわれも同じく自分が言いたくても表せない葛藤状態に陥ると欲求不満になる。そして，心身の均衡が崩れ，苦痛を感じ，そのままの状態で居続けるのが不可能となる。寓話の床屋は無対象表現である独り言という手段で回復を果たしたが，われわれも何らかの表現によって「みずから気づかずに失っている内的なバランスや，現実との結合を回復する」[22)]のである。表現はわれわれの元気が失われた状態から元気を取り戻そうとする内的衝動の現れともいえる。

もちろん，表現には，対象を意識した伝達的行為という側面もある。ただ，その伝達の前提は，赤子が泣くように何らかの生理的欲求が満たされておらず，そのままではいられないという危機的状況が前提である。伝達はその要因の解決のための一つの手段として行われるのである。表現の結果としての完成作品を他者に見て欲しい，あわよくば承認してもらいたいという気持ちの根本は，自らの満たされない思いを満たしたいという本能的な欲求と関係があるのである。

もう一方で，表現は自らの心身の均衡が乱れた際にその回復のために行われるという消極的側面もあるが，自らの中に沸き起こった表現衝動に突き動かされて自分が現したいから行為するという積極的側面もある。

積極的側面の一つは，自分の表現の結果を確かめたいという欲求である。自分がしてみたいことをしたいようにやってみたり，少ない材料という制限の中で行ってみたり，一つではなく多様なやり方で表現することに挑戦したりすることで満足感を得ようとする。それは遊戯に近く，表現行為自体を楽しむ本能に支えられたものである。

積極的側面の二つは，自分自身をもっと知りたいという欲求である。表現がウチをオモテに現す行動で，イメージ通りに外化することが理想だとしても，そもそも自分が現そうとするウチとは何か，自らの原動力となっているのはどんな感情か，なぜそれを現したいのかなど，すべてわかったうえで表現しているわけではない。「灯台下暗し」という諺（ことわざ）があるが，自分らしさを問われてもすぐに答えられる人は少ないだろう。その理由は，自らでは制御しづらい情動が関与するからであろうが，われわれは自ら行う表現であっても，何を表現したかったのか，なぜ表現したかったのか，うまく説明できるとは限らないのである。表現してみることで自らを自覚できるという積極的な意味も見いだせる。

すなわち，人間にとって表現とは，自分という基盤を自らで探求し，発見しようとする探求行為でもある。表現によって一番身近で最も遠い自分という存在を理解するのである。そして，その際に重要な役割を果たすのは他者である。われわれは，自分で行う表現を直接見ることはできず，「鏡に映して自分の姿を見たり，他者の反応から自分の行動，外見，態度などを間接的に類推したりする。そして他者の言葉，表情や動作などによる反応で，自分の姿を客観的につかむことができる。このように人間は他者に働きかけ，他者を自分の鏡にすることによって，自分を対象化し，反省するのである」[23]。つまり，他者という存在は，自分を知るための鏡として重要な意味があるのである。

(2)　共振的関係の構築

「表現と人間」という課題は，自分と違う他者がこの世にいなければ，生まれ得ない課題かもしれない。自律的で煩わしくありながら他者がいるからこそ表現という行為を発現する意味がある。岡田は，「人は自分の心にうかぶさまざまな思いや考えを，ひとり自分の心にとどめておかないで，何とかそれを他者にも伝え，理解され，心を分かちあいたいと願うものである」[24]という。われわれは自分が良いと思って現したものは，他者にもそう感じて欲しいものである。気分が落ち込んでいても，誰かに一緒に落ち込んでもらうことで元気を回復できるように他者が自分の気持ちに共感してくれることで心地良さや心の安定を感じるのである。また，何よりも他者がいるから一人ではできないことに挑戦できる。世界観の異なる他者と，自分の知らない世界を表わそうとするからこそ新しいアイディアが湧いてくる。

また，他者がいるからこそ，息を合わせるという協同的な行為が成立する。多様なペースで呼吸する主観的存在である両者が息を合わせるには，互いの呼吸に折り合いをつけて揃えなければならず，そう易しい課題ではない。だからこそ，息を合わせるために，その違いを乗り越えようとすることに意味を見いだせる。お互いに「わかる！」「それだ！」と共感したり，「そう来たか」「それもいいね」と共振したりするところに表現行為の価値が生じる。息が合いづらいと思っていた人だからこそ，ただ息が合うだけで嬉しさを感じるのである。そして，その共振の心地良さを感じることが生きる意味にもつながる。共振の感覚は，当事者以外にはわかりづらい感覚かもしれないが，自分たちの中で通じ合い，お互いの関係に自信をもてるものなのである。このように表現には他者への伝達という意味だけでなく，表現の伝え合いを通して，他者との信頼や共振的なつながりを実感し，お互いの関係に自信をもつこともその重要な意味といえる。自分とはものの見方，感じ方，考え方が異なる他者と，同じ風景を共有する実感を味わうことができるのが，人間にとっての表現の喜びなのである。

他者がいるからこそ，孤立的な自己表現から伝達・共振的な表現へと変容する。多様な人々がいる社会の中で，自分らしい表現をするためには，他者をどう捉えるかにかかっている。他者を表現の障壁として消極的に捉えることも，共振の喜びを分かち合うパートナーとして積極的に受け止めることもできる。そのすべては自分の気持ち次第である。

§2　演劇と人間

1．演劇とは何か

プラトンは，演劇のような人間の激情をそそりたてる芸術は，われわれの正しい理性をくらますものであるから，理想の国家から追放せよと言った。これに対してアリストテレスは，演劇によって激情をかきたてられることは，むしろわれわれの胸中にわだかまる激情に下剤をかけて浄化する効能（カタルシス）があると言った。

演劇の訳語といえば，シアター（theatre）がまず思い浮ぶ。その由来はギリシア語のテアトロン（theatron「見る場所」）を意味する言葉である。それは劇場を指す言葉でもあるため，演劇は劇場における芸術と定義づけることもできよう。

劇という字の構成は，「虎」と「豕（いのしし）」という対立した二匹の猛獣が激しく戦う様と，緊張感や危機を示す刃物の「刂」の合成である。それによって，人間と神や自然，社会悪，他の人間との命をかけた対立関係や，自分の中にいるもう一人の自分との闘いなどの内的な葛藤が暗示される[1)]。

(1)　人間らしさの探究

プラトンとアリストテレスに代表されるように，演劇の利害得失はこれまでも議論されてきた。それは演劇が人間社会に寄り添う形で，良い意味でも悪い意味でも人間らしさに寄り添い，その探求をテーマとして発達した芸術だからであろう。人間らしさの源とは他ならぬ衝動・欲求である。人間は欲求を満たすために行動するといえる。ただ，仮に欲求を満たして満足感や達成感を得たとしてもすぐ次の欲求が生まれてくる。人間の欲求に底はなく無尽蔵である。そのため，トラブルは欲求と絡んで頻繁に引き起こされるのである。

一人ひとりは個性的存在である。それぞれが何を欲するか，どう欲求と向き合うか，それを満たそうとする熱量も異なる。お互いがそれぞれのやり方でそれぞれの欲求を満たそうとするため，時に衝突したり対立したりする。そのトラブルが何らかの形で解決されたとしても，一方の欲求は満たされ，もう一方は満たされず，軋轢を生むこともある。程度はあれども，このようなずれをわれわれは日常的に経験している。

人間には多面性がある。一人の中でも芯の強い部分もあれば弱い部分もある。善人であっても多少の悪事をするし，多かれ少なかれ他者には知られたくない秘密も，裏と表の顔もある。一人の人間の中には美しい部分だけでなく，醜さや残酷さも同時に有している。優れているところもあれば，劣っているところもある。いつもは冷静な自分であっても，自分で自分を制御できないくらい我を忘れてしまう状態になる時もある。自分の中にもいろいろな自分がいて，そこでも対立すると人知れずに葛藤を抱えることになる。

歴史上の勝者は，神格化され英雄視もされるが，対立して敗れた側から見れば単なる侵略者であり，蛮勇の徒に過ぎない。ある立場から見たら成功・正解の行動であっても，対立する立場からすれば失敗・不正解と捉えることもできる。行動の結果は唯一かもしれないが，その捉え方は一つではなく，何十通り, 何百通り, 何千通りもの解釈ができる。同じ台本で創作活動を行っても，演出家や俳優が異なれば，その解釈は異なり，最終的な完成形もみな同じにはならない。

対立に勝利し，欲求を満たしたはずの人が，その戦いの中で傷つき，命を落とすこともある。木下順二がいうドラマがはらむ矛盾とは「理想とするものへ近づこうとすればするほどそれから遠ざかる」[2] ことである。欲求を満たそうと行動した結果，逆に望みとは真逆の結果を迎えてしまうことは，われわれが生きる中で決して珍しい話ではなかろう。

人間が自分の欲求を満たすためだけに刹那的に生きる存在であったり，禁欲的に真面目に生きるだけの存在であったりすれば，古代から現代に至るまで演劇の芽は何一つ育たなかったであろう。社会に何も揉め事がなくて，空腹の心配も身の危険も無く，それでいて人間が退屈さも感じなければ，演劇はすでに消滅していただろう。演劇は，人間に対する絶対的な真を求めるよりも，人間の多様性・多面性を認め，その弱さも含めた人間らしさを追い求めるのである。

アリストテレスは，自分の内的なイメージを表に現すのに，音楽的表現が音やリズムで，造形的表現が物で，舞踊的表現が身体で現すとすれば，演劇的表現は行動で現す様式と説明した[3]。

つまり，演劇は「行動する」ことを，観客の眼前で「行う」という二重構造を有する様式ともいえる[4]。演劇における「行動する」ことを別の側面から広く捉えれば，歌うという「行動」，描くという「行動」，踊るという「行動」を観客に対して自らの声と身体を使って「行う」, それが演劇なのである。演劇が総合的なのは，芸術の諸要素を様式の中に包含する側面と演劇が表現手段とする行動の概念が広範囲である側面があるからであろう。演劇を意味する用語がシアターだけでなく，ギリシア語の dran「行動する」（ドラマ drama も当てはまる）に由来するのはそのためである。

また，演劇舞台においては行動が単独で扱われることはない。必ず音響や照明，装置，衣装，映像などで行動に彩りがなされる。そのため，現象として実際に見えた・聞こえた行動に意識が向くが，行動が現象として現れるには，その内的要因としての感情，思い，欲求などを彩る仕組みも付随する。そして，行動の外的要因としての社会的な立場や役割，他者との関係性などの要素もドラマに絡み合う。演劇は「日常生活では見落としてしまう，または見て見ないふりをしてしまう人間の微細な精神の振幅をも顕在化させる」[5)]のである。行動で現すことを通して，見えない，聞こえない，感じるしかない，人間らしさを意識的に浮き上がらせるのが，演劇による表し方といえる。

(2)　演劇の差異と共通項

演劇には様々な種類がある。オーソドックスなストレートプレイだけでなく，ミュージカルやオペレッタなどの複合的な演劇を想像する人もいる。演劇は音楽や造形，舞踊などの他の表現要素とも絡み合う複雑な芸術様式であり，総合芸術としての性質をもち合わせていることは前述した。さらに人形劇やペープサート，影絵劇も演劇の一種であり，仮面をつける無言劇などもある。また，舞台という場が，劇場であることを忘れてしまう写実的な世界が構築される場合もあるし，歌舞伎のように，色彩感のある艶やかな世界が構築される場合もある。また，能・狂言のように舞台上には何もなく，見る人の想像力に委ねられる抽象的な状況が構築されることもある。さらに公演場所が劇場だけに限らず，公民館や学校の体育館，保育室，場合によっては野外で行われるものもある。職業劇団員の構成も大規模から小規模まで多々存在するが，趣味としての社会人劇団や学生サークル劇団なども決して珍しくはない。

歴史を紐解けば，演劇は神への祈り，奉納であった。また，古代ギリシアでは，一般市民を対象とした宗教的儀式の運用に演劇の手法が活用され，祭りの際の市民の公共奉仕の一つとして，演劇コンテストへの参加が義務づけられたという[6)]。その芸術的遺産を引き継いだローマでは娯楽を求める暇をもて余した大衆に通俗的な内容の劇が行われた。それは，賑やかで派手な歌や音楽，踊り，パフォーマンスを含んだ，スペクタクル性のあるエンターテイメントの色濃いものだったという。

このように演劇の特徴をいえば，かなり多様な側面があって，まとめることができないくらい広い範囲を覆っていることがわかるであろう。「演劇」とは包括的な言葉なのであるが，その一言で包括しているため，逆にわかりづらいのかもしれない。多様な形を有する演劇において，いかなる共通要素を見いだせるのか。『演劇学序説』[7)]などを記し，日本における演劇の学問的研究の広がりに寄与した飯塚友一郎は，演劇と呼ぶには三つの要素が含まれることを指摘した。

その一つ目は，表現の創造者としての俳優である。俳優は身体や声，言葉を使って，劇中で自らを変身させて，直接的に行動する役割を果たす。生身の肉体を媒体とする点では舞踊と共通しており，時間芸術であるのは，音楽と共通している。また，美術や文学と違って瞬間的・一回的であるのは俳優の要素があるためである。映像記録は残せるし，何回でも同じ演目を行うことができる再現芸術という特徴もあるが，俳優のコンディションも一定ではなく，観客も題目も劇場も毎回違うため，まったく同じ公演にはならないのである。俳優は，舞台上で直接的に行動しなくても，観客が俳優の内面を想像する。そのため，俳優は舞台上にいるだけで意味を生みだす。演劇は行動する主体である俳優という存在を欠いては，成立し得ないのである。

二つ目は戯曲である。戯曲は俳優の行動の根拠を定めたものである。活字媒体として台本化され，対話や場面構成，出入りの指示が書かれていることが一般的であるが，文字化されておらず流れの筋立て程度が示され，俳優に行動が任される簡易的プロットも戯曲の一種である。飯塚は戯曲が無ければ「たんなる踊り・物まね・仮装となる」とその重要性を指摘している[8)]。

三つ目は俳優にとっての働きかけの対象としての観客である。その役割は俳優の行動を見ることであり，そして反応することである。観客は作品に好感をもてば感動を表明し，もたねば不満を示す。その反応は波動となって舞台上の俳優にはね返り作品に影響を与える[9)]。また，演劇は俳優の直接的な行動で表現することがその特徴であるが，主語を変えれば，観客は眼前で行われる俳優の言動をライブで見ることが演劇鑑賞の醍醐味である。

スポーツもライブで行われ，観客は集う。ただ，スポーツの目的は，ゲームの勝利への過程であり，アスリートにとっては自らの記録の更新の過程である。どんなに観客を魅了し沸かせたとしても，その歩む過程や目的の結果が達成できなければ意味は薄らぐ。

一方，演劇の主眼は観客に見せることであり，共振する観客が必要である。アスリートは応援されない無観客の状態では奮起しづらくても勝敗そのものの意味は失われない。しかし，演劇は無観客な一方向の状態では単なる予行練習となるため，スポーツとは対照的な側面をもつ。

これら三つを踏まえると，飯塚のいうように演劇は「当面の観衆を相手に，俳優が身をもって戯曲的過程を演じてみせる芸術」[10]と定義できよう。

２．演劇のアイデンティティ

では俳優，戯曲，観客の三つの要素さえあれば演劇と呼べるのか。例えば，裁判にはそれらすべてが含まれる。弁護人や裁判長は俳優の役割を果たす。台本の形式ではないが，戯曲のように進行は定められている。傍聴人はまさに観客である。しかも，原告・被告の対立関係は明快である。傍聴人の眼前で原告が無念の思いを吐露し涙を流すような“劇的”な出来事が起き，その場に集う人にカタルシスがもたらされることもある。もっと言えば，被告の残忍な所業が伝えられ，傍聴人は驚愕し，その感情が揺さぶられ，中には怒りのあまり興奮して騒ぎ出す人もいるかもしれない。

このように裁判と演劇は非常に類似性があり，場合によってはまったく同一視する人もいるかもしれないが，その目的は両者で明確に異なる。裁判の目的は，その事案に関わる当事者間の調整である。裁判は当事者のために行われるものであり，見守り人である傍聴人に向けて行われるものではない。

一方，演劇も観客の眼前で裁判のような出来事が現実的に起きる。ただ，演劇の目的は当事者間の調整ではなく，裁判でいえば傍聴人である観客に見せるために行われるものである。そして，裁判が現実生活の中の出来事であるのに対して，演劇はあくまで架空の出来事である。裁判における実際の判決は，その事案に関わる当事者たちにとって，今後の人生を左右する重大なエポックである。対して，演劇では劇中の最終的な結末がどんなものになろうと，観客の実生活には何ら影響を及ぼさず，俳優が劇中の役で有罪判決を受けたとしても，その実生活において何の制限にもつながらない。「演者，スタッフ，観客はさまざまにエネルギーを消費して<労働>するが，人間生活に直接有用な財物はまったく生み出さない」[11] のである。

このように演劇は，裁判と形式的に似ているが，目的も性質も異なる。演劇の特性をいえば，ヒストリア（歴史的評価が定められた事柄）ではなくあくまでも作り事（フィクション）であるということにつきよう。

(1)　虚としての作り事

演劇で行われる作り事は，俳優が他者のふりをし続けるという非日常的かつ異質なものである。俳優が行うことは生活の中での実際の意味をもたず，功利とは無縁といえるが，一方で「現実の行動以上に高い緊張をはらんだ運動であり，―（中略）―日常の行動以上に現実的な行動」[12] という性質も同時に有する。

観客の立場からいえば，演劇は作り事であっても，眼前で繰り広げられる。観客が現実とは一線を画するはずの作り事の中のドラマに自らの現実を見いだすのは，そこにリアリティ（現実性）が存在するからである。「舞台上で起こる事柄を，あたかも現実に起こることであるかのように」[13]，目の前の出来事が現実なのか作り事なのか，判断しにくい曖昧さがあるのが演劇である。

このような感覚は，周辺諸国を旅する際にも感じる。街並みを見ると，いつもの風景と思うが，目を凝らして見ると看板は馴染みの言葉ではない。そこに集う人もいつもとは違う顔である。その違和感に戸惑うが同時に親近感を抱くかもしれない。

また，筆者の近所の商店街では七夕祭りが毎年行われるが，時期が近づくと飾り付けがなされ，いつもとは違った雰囲気になっていく。そして，七夕の当日には，多くの露店が立ち並び，身動き取れないほどの大勢の客で賑わう。その場所自体は何ら変わらず，馴染みの店主もそこにいるが，いつものゆったりとした雰囲気は感じられない。いつもの場所はいつもと違うところのように錯覚し，自分が今どこで何をしているのかわからなくなる。もちろん，祭りが終わると数日間の出来事が無かったかのように日常に戻る。

このような現実と非現実の関係について，東洋のシェイクスピアとも称された浄瑠璃作家の近松門左衛門は「芸といふものは実と虚（うそ）との皮膜（ひにく）の間にあるもの也。—（中略）—虚にして虚にあらず実にして実にあらず，この間に慰が有たもの也」[14] と演劇が本当と嘘との間にある，その中間に位置づく曖昧な存在と関係が深いことを「虚実皮膜論」によって指摘した。本当のようで嘘，嘘のようで本当というその境界線に存在する「虚（きょ）」という要素があることで観客は本物らしさを抱くというのである。演劇における嘘は，まったく根拠のない出鱈目と切り捨てることはできず，人間の本性が隠れた本当らしさを感じさせる虚なのである。

(2)　虚の共有

ごく素朴な踊りから始まった演劇が芸術にまで昇華したのは，宗教祭式との提携が大きかろう。古代ギリシアにおける演劇の神は，酒の神としても知られるディオニュソスである。彼を取り巻く巫女たちは，顔面に醜い化粧をほどこし，サテュロス（半獣人）とシレノス（半獣神）に扮装し，まるで何かに取り憑かれたかのように熱狂的に，生命力溢れる様で周辺を練り歩いた。無秩序で非抑圧的な忘我の彼女たちの様子を見て同じ気分となった人々はそれに追従し，ディオニュソスを慕う者の勢いは増していったという[15]。原始的な演劇は，見る人に錯覚を起こさせようと扮装を始めたのではなく，自らが我を忘れて何かに変身した，と信じることから始まった。

演劇を構成するうえで欠かせない要素は，俳優，戯曲，観客であることは先に述べたが，それらは発達過程の中で分化したに過ぎず，元来一つの体であった。見る・見られる（観客・俳優）という関係を超越し，そこに集うすべての者が我を忘れて自らが魔法にかかったかのように祭りを楽しむ共同的なトランス行為が元来の演劇の姿だったのである。俳優（わざおぎ）はもともと神を「おぐ（招く）」ために「わざ（歌や身振り）」をする人を意味する[16)]。神からの共感を得るために，無意識状態の中で“おぐ”ことこそ，演劇の原体験といえよう。

古代ギリシアの演劇コンテストでは，市民の中から抽選で俳優役が選ばれ，マスクと衣装を身につけて扮装し見せ合ったという。俳優を担当した市民は次回では観客となり，今回の観客が次は演じる立場となる。市民は観客であり俳優でもあり，俳優と観客は合わせ鏡のような一体的関係にあったといえる。それは，鶴見俊輔のいう「限界芸術」[17)]に近い状態なのかもしれない。当事者だけに限定される内輪としての体験に過ぎないが，その人々だけは深い共有・共振関係を楽しむことができるのである。

演劇の元々の姿は俳優と観客，そのどちらかが一方的に何かを享受するために行われるものではなかった。その場にいるすべての者がその場で起こる虚を共有し，その時間を分かち合う意識が無ければ成立しないものだったのである。演劇では「見せる俳優と，見る観衆とが人間的に接触し，その生活感情を交流させる劇的世界にいるという意識」[18)]が集う者の中で共有されていることが大事である。つまり，虚の意識の共有が俳優と観客の中で共有されていなければ先の三つの要素を有していたとしてもそれは演劇とは呼べないものとなるのである。

虚の意識とは，“今は遊んでいる”という幼児期の遊戯の意識に近いものかもしれない。先に述べたように，演劇の訳語にはドラマ「行動する」やシアター「見る」があるが，プレイ play「遊ぶ」という言葉も当てはまる。当事者間で今は虚の中で遊んでいるという意識が共有されていることこそ，演劇のアイデンティティであり，その核であろう。

３．人間にとっての演劇

演劇は虚の作り事を実際に作る行為であり，本当ではないことをわざわざ本当にする行為である。観客もそれをわかっていて，承知したうえで席に座って見る。演劇は共有される作り事を観る人と創る人がいて，始めて成立する協同的側面を有している。では演劇は観客，創造者にどのような意味をもたらすのだろうか。

(1)　観客にとっての演劇

能を大成した世阿弥は，観客にとって「芸能とは，諸人の心を和らげて，上下の感をなさんこと，寿福増長の基，遐齢延年の方なるべし」[19] と述べ，観客のために存在することを強調した。舞踊家で演出家でもある関矢幸雄は，拍手や笑い，涙などの感動表現を観客自身に促すために演劇は存在すると述べた。演劇は演じる者だけでなく，観客の心を躍らせ，元気にするエンターテイメントとしての側面を決して無視できないのである[20]。

一方，後述する演出家・劇作家の小山内薫は，演劇は観客に娯楽をもたらすものであるということを認識したうえで，教育の範疇で語るのであれば，それ以外の意味を探る必要があると考えた。彼によれば，観客は演劇によって舞台の上に自分（観客自身）を見ることになるという[21]。

ドラマの中では何らかの対処をせねばならない事態が起こる。もちろん，その舞台上での出来事は観客にとって無関係で，俳優が演じる役の身に降りかかるものである。ただ，もしも観客の身に実際に起こったとしたら，心身の均衡が乱れ，その調整・回復のための行動をせざるをえない危機的な状況である。観客は，目の前で実際に起こるその事態を五感で受け止め，関連する自らの感覚記憶を呼び起こす。そして，その危機的事態の目撃者という形で，自分事として虚の世界を成立させる当事者の一人になっていくのである。

手に汗を握りながら観客は俳優を応援したり，自分ならばどう行動するかを想像したりするが，あくまでもその解決は自らの代理である俳優に委ねられる。通常，行動する自らの姿を自分で見ることはできないが，観客は俳優を通して自らを想像的に見ることができる。演劇は観客にとって，自分の人生ドラマを映す鏡のような役割を果たしてくれるのである。たとえ，その状況が観客にとって生々しい感情が沸き起こるテーマであっても，あくまでも作り事として受け止めることもできる。日常における自らの行動や他者との関係を冷静に，俯瞰的に多面的に振り返るきっかけとすることもできるのである。

アリストテレスのいう感情の浄化（カタルシス）は，観客が投影した人物が，迷いや葛藤を抱えながらも行動し，その報われない結果を目にした時に起こる。舞台上の人物に同化した観客は，その間接的な体験によって，恐怖や悲しみといった人間にとっての否定的な感情を解消することができるといえよう。

一方，演劇の歴史を変えた一人，ベルトルト・ブレヒト（ドイツの劇作家，詩人，演出家）は，観客が作り事に対する同化的な態度を前提として構築されるアリストテレスらの演劇に疑問を呈した。彼は，人間の負の感情を劇場で浄化させて完結させるのではなく，劇場の外にも持ち越し，演劇によって生まれた心的なエネルギーを現実社会の変革のために活用することを主張した[22)]。彼は舞台上で起こる出来事と観客が抱える実際の生活課題を意図的に結びつけ，現状に対する違和感をもたらし，観客が主体的に現実における問題解決を図るように企図したのである。

観客が鏡に映し出された自らの現状を他者と共に目の当たりにすることで，事後に自らの見解を述べたり，他者のそれを聞いたりする対話が促されると考えたブレヒトは，演劇をあくまでも現実的な問題に対する議論の土台とした。舞台上で明確な正解が提示されず，問題を考えるための材料提供のような形にこだわるのは，ドラマ中の課題はあくまでも観客の課題と考えるからであろう。結局どのように提示しても，それをどう受け止めるかは，観客に選択権がある。そのため，彼は舞台上で起こる想像的な出来事に観客を同化的に感情移入させないよう，あえて異化的な言動を俳優が行ったり，観客に投影する気持ちを冷めさせる装置の工夫を見いだしたりすることで，作り事ということを強調させたのである[23)]。

俳優に対してもアリストテレスらの叙情的演劇の場合は，自らの役に対する感情移入が前提であるが，ブレヒトの叙事的形式の演劇では，俳優自身も演じる人物に同化を許さず，演じている最中であっても自らが担当する役に対して批判的態度を差し込むことが要求されたという[24)]。

ブレヒトがこだわったように，演劇は共同体のあり方を議論するためにも活用されてきた。われわれはテクノロジーを進歩させてありとあらゆるものを見ることができるようになったが，人間の心や気持ちはまだ見ることができていない。演劇は人間の外面的行動を表現することで，人間の内面を同化的にそして異化的に語り合う材料の提供をしているともいえよう[25)]。

観客にとって演劇は作り事であるが，同化的に熱く観ることもできるし，作り事だからこそ冷静に受け止めることもできる。仮に演劇の鑑賞が現実逃避を促したとしても，その中で主体的に何かを発見したり，気づいたりすることがあれば，それは，現実的な価値にもなり得る。作り事の中だからこそ，いつもの決まり切った当たり前の日常を客観的に捉えたり，自らが課している制限から逃れて自由な発想に至ったりもできるのである。

このように演劇は，現実を乗り越え，観客にとっての未来の現実をつくり出すエネルギーを生むこともできるのである。舞台上から，観客が自分らしく生きることへのエールを送り，観客が実生活で主体的に生きるよう背中を押すのが演劇の社会的機能といえよう。

(2)　創造者にとっての演劇

演劇の創造は古代より続けられてきた。稽古には俳優や舞台スタッフ，観客も含めて大勢が集い，莫大な時間とエネルギーが注入される。そのわりに，複製的な映画のように多くの地域で同時に作品の公開はできず，非効率的で生産性も著しく低い。また，西洋では「ローマ時代にはいると，俳優は決定的に奴隷の職業として位置づけられ，それ以後，この仕事にたいする侮蔑は，長く中世からルネッサンスののちまで変ることがなかった」[26]という。日本でも河原者というレッテルを貼られ，軽視の対象として歩んできた歴史もあり，社会的にも経済的にも恵まれてはいなかった。そのような中，これまで廃れずに創作が継続されてきたのには，創造者にとって何らかの魅力があったからである。

演劇という協同的な作品創作活動を例えるとすれば，それは航海であろう。創造者たちは集団で長い時間をかけて目的地（港）で待つ観客に作品という共通の積み荷を届ける船員の立場で船に乗る。一度船が出たら仮に嫌になっても途中で下船は難しい。やり遂げねば航海を終わらせることができない重苦な体験である。しかも乗船前にその覚悟を求められる。

航海は順調に進む時もあるが，たいていは悪天候や荒波，食糧・燃料不足，伝染病などのトラブルに苛まれる。船内に逃げ場はなく，ずっと一人で過ごすことはできない。関わり合う中でいざこざが起こり，欲求不満が生じるような相性の悪い人がいたとしても相互不干渉で済ますことはできない。海上でのトラブルは，無線で外部から指示を受けることはできても，実際的な解決は自分たちでするしかない。船上でのルールを自主的に決め，お互いに折り合って協力して進める以外に道はないのである。そのような過程を経ることで，徐々に自分一人だけの課題だったものが，自分たちの課題と思えるようになる。そして，その解決のドラマを観客に届けることで，皆で達成感を分かち合えるのである。

コンピューターやテクノロジーを駆使すれば，ロボットに演劇をさせることもできる[27]。ロボットは同じ内容を常に間違わずに再現できるし，ドラマの外でロボット同士が対立し，感情を露わに喧嘩が起きることはない。演劇の創作は，たとえ一人であっても，ロボットに指令を出し，自らの代理者として行動させて，創作意欲を満足させることができるのである。

しかしながら，関矢がいうように「人間が，なぜ祭りや芸能に集まるのかということも，今日では参集する当の本人たちも気づいていない。本人も忘れている―人間を蘇生させる源泉の，その感動表現の場を求めて集まる」[28]こともまた真であろう。もしかしたら，創造者たちは効率の悪い中でも何かを協同的に行うこと自体に魅力を感じたのかもしれない。損得勘定を超えて人間と人間とが結びつくことに意味を見いだしていたのかもしれない。

また，演劇の世界では舞台上にほのぼのとした日常を展開させることもできるが，そこで人を騙したり殺めたりするセンセーショナルな出来事を起こすこともできる。江戸後期に活躍した狂言作者，四代目鶴屋南北の演劇は「人間の可能態としてのありうる行為―残虐さや色情性やらを，舞台という構造の方から手玉にとって，いかにおもしろく遊ぶかということに徹底している」[29]という。演劇という枠組みを利用して，日常では絶対に許されず，題材として扱うことが憚られるような出来事を舞台では空想に留まることなく，具現化し形にできる。他の人では気づかない部分や，意図的に見ようとしない部分，見えない部分も扱うことができるのである。架空ということで本音を間接的に言えることもその魅力なのかもしれない。大人であっても，子ども時代のごっこ遊びのように自らの思い描く自由な世界を工夫して構築したいという欲求があり，演劇はその思いを昇華させることができるのである。

くどいようだが，演劇は，俳優だけで成立するわけではない。「俳優のセリフを観客が先に言ってはいけないとか，極悪非道の登場人物を憎むあまり観客が舞台にかけのぼってその人物（実は俳優）を殴ったりしてはいけないとか，要するにルール・掟・約束ごとのようなもの」[30]を観客にも共有してもらう必要がある。創造者が虚の世界を信じ，その世界の中で行動するための準備を積み重ねて臨むのに対し，観客は動機も様々で，単に連れられて来ただけの人もいる。虚の世界を共有する心情が観客の中に湧くとも限らず，その存在は創造者にとってやっかいなのである。

見る人と見られる人に分かれ演者と観客が誕生したのは，混然一体的な宗教祭事の中で，信仰に基づいて行う俳優（第一者＝主演者，第二者＝受け手の演者）以外の者が現れたためである。それは第一者・第二者と共通する信仰意識がなく，傍観的にその場にいる第三者（観客）の存在である。その登場によって，俳優は部外者の視線に身を晒（さら）される意識をもつことや，第三者にもわかるように言動の再構成を迫られたのである。俳優は神を「おぐ（招く）」意識を実際にもつよりも，第三者に対して，俳優が“おぐ”状態にいると認識させるよう振る舞えることが求められるように変容したのである。

もう一つ，俳優と観客は対等な関係でない。例えば，誰かと山頂でのすがすがしさを共有するには，一緒に汗を流し共に山を登ればよい。だが，演劇の場合は，演者は声を出したり，身体を動かしたりする動的・積極的態度が許される一方，観客はその場で黙って座り続けることを強いられる。できることといえば，自分の山登りの経験を想起して，その情景を思い浮かべる静的・受動的態度である。

音楽的な活動では，観客も歌ったり，手拍子したりして一体化する術があるが，演劇の場合は，観客が初見の場合も多く，劇場で共に汗を流すような工夫の考案は難しい。創造者にとって身動きが取れない制限下にある観客との温度差を埋めることは決して易しい課題ではないのである。

創造者の立場からすれば，演劇は観客に対する挑戦といえる。一歩引いて冷めた観客に対して，投影する余地もない自分とは無関係の作り事と感じさせないよう本物よりもリアリティを喚起させるような虚の構築術を模索するのである（ブレヒトの叙事的演劇は，この範疇に当てはまらないが）。そのための工夫が演劇論として考案されていったのはいうまでもない。演劇論には，次の四つの視点が必要になってくる。

①作劇法

演劇は虚の世界において，非日常的な行動，見方によっては常識を疑うような不道徳かつ不合理な行動を扱う場合がある。ここで作劇法が重要な意味をもつ。初見の場合が多い観客に登場人物の関係性や劇中の世界における常識や定められたルールを丁寧に提示する必要がある。だからこそ，逆にあらすじに首尾一貫性をもたせるようにしたり，行動の因果に整合性をつけるようにしたりして，観客を異化的な状態にさせず，舞台のリアリティを保つような工夫が求められるのである。

戯曲のストーリーを平坦な筋で進行させないように，ドラマの山場をいくつかつくり主人公にあえて遠回りをさせたり，主人公を妨げる障壁を意図的につくり出したり，主人公にそれらを工夫や努力で乗り越えさせたりしながら，成長を遂げさせるのである。物語の起承転結や，歌舞伎や能における序破急と定義づけられる段階的な流れがそれに当たる。鑑賞開始時の観客の冷めた心情に寄り添い，徐々に感情が盛り上がり，興奮が最高潮（クライマックス）を迎え，最終的には平穏な状態になるという作劇の妙味である。

②演出

そうして出来上がったあらすじの全体を俯瞰して作品にするのは，演出家である。演劇の成立には，その場に集う者が皆，舞台を注意深く観たり聴いたりする集中状態となっていなければ，虚の共有は望めない。その状態を意図的につくり出す工夫が演出と呼ばれている。

どこをどう見るかは，観客に委ねられている。そのため，演出にあたっては俳優の声音や顔の向き，視線・姿勢，動きの大きさや微細さ，やり取りする他者との距離の取り方といった動きのリアリティと誇張を工夫する。また，衣装や舞台の小道具，大道具と空間の関係，それらの時代考証も欠かすことができない。さらに，舞台上の色彩や照明を効果的に使って，どこに観客の目を向けるかを誘導する必要があるのである。

③演技術

観客は俳優が舞台上でする言動は役としてのふりということを知っている。物語上，役同士は初対面という設定であっても，実際の俳優同士は顔見知りということを観客はわかっている。そのような観客の冷めた心情の中，俳優への親和的同化を促すには，その役になりきった（憑依）状態であると観客に錯覚させる必要がある。俳優は憑依した役として自然な状態で舞台上に存在しなければならないのである。

ロシアの演出家で俳優養成所長として世界で初めて科学的な演技論を確立したコンスタンチン・スタニスラフスキーは，舞台上で俳優が演じる人物は

「内的欲求を持ち，その欲求を遂行する。欲求を遂行する軌跡は行動の集積とみなされる。したがって役の人物を演ずることは役の人物の行動を行うことである」と述べ，役の人物の行動の軌跡を「超課題，または貫通行動」と名付けた[31]。登場人物の性格や人格は選択された行動の集積によって，舞台上に表現される。俳優は役の行動を意識しながらその人生を追体験するのだが，観客の前に身を晒してその視線を浴びながらそれを行わなければならない。役を演じる際，われわれは自分の身体をしっかりとコントロールできると考えがちであるが，実際はなかなか上手くはいかない。人に見られていることを意識し，上手にやろう，文句をいわれないようにやろう，多分失敗するだろうなどと考えてしまうことで，不必要な緊張が生まれ，筋肉の正常な働きが阻止されるからである。スタニスラフスキーは，戯曲が要求する役の行動に集中することで緊張を取り除けると説いた。俳優に必要なのは心身の緊張状態を意識的に解放できる集中力の習得と考えたのである[32]。

彼の確立した俳優養成術は，その後に演劇教育を推進する人々が根拠とすることになったのだが，その理論をアメリカで応用したロバート・ベンディッティは，演劇は再現芸術であり，俳優は稽古も含めれば何ヶ月にもわたって役としての行動を繰り返す点に注目した。彼が重要視したのは，観客が再現・繰り返しを感じないような俳優のみずみずしい演技である。舞台上で次に何が起きるかを知っていても，俳優は毎回まるで初めであるかのように新鮮な感覚でいられることがその実力と考えたのである[33]。

彼が求めたのは，役に集中し没頭することではなく，俳優が演じるその役にとって忠実な反応を行える“反響板”を自らの中に宿したうえで，それを機能させ，相手や場の状況から与えられる情報を的確に受信できるだけの心の余裕をもつことであった[34]。つまり，役になりきっているように見せるために，俳優に自らの意識を完全に消滅させないことを要求したのである。ベンディッティは役としての反応をするためには自分の意識をある程度残し，俳優が自らの演技を傍観的に冷めた目で判断できることも重要な力と考えたのである。

例えば俳優が舞台上で泣かねばならない時，役になりきって同化し過ぎてしまい感情が溢れて我を忘れて舞台上で本当にむせび泣いてしまうかもしれない。もしもそうなったら，舞台を進行することが全体としてままならなくなり，その流れは完全に止まってしまう。その俳優が泣き止んで状況判断ができるくらい落ち着きを取り戻すまで，全体は待つことになる。俳優が舞台上で自分の意識を無くすくらい忘我状態になったとしたら，集団の一員としてルールのある作り事を成立させる協同的役割が果たせなくなる[35]。

インドにおいて破壊と創造を司るシバー神は，芸能の神としての一面ももつ。演劇学者で日本演劇学会会長も務めた河竹登志夫は，シバー神には，両目の他に額に第三の眼があり，行動する自分を第三の眼で同時に見る異化的存在であることを指摘した[36]。世阿弥も「上手にも悪きところあり，下手にも良きところ必ずあるものなり。これを見る人もなし。主も知らず。―（中略）―されば上手も下手も，たがひに人に尋ぬべし」[37]と述べている。

俳優は役に同化してなりきるほど自分の気持ちを熱くさせねばならないが，それと同時に，シバー神のように自分自身を冷めた目で冷静かつ俯瞰的に見る必要もあるのである。つまり，俳優に求められるのは，熱さと冷たさの相反する二つの感覚を同居させるような内的状態を保つことである。もちろん，シバー神のように第三の目を実際に取り付けて自分を直接的に見ることは叶わないが，世阿弥のいうように他者からの客観的かつ批判的な意見にも耳を傾け，自身の演技を確認しながら調整し続ける謙虚な態度が俳優には求められるのである。

④制作

劇場に足を運ぶか運ばないか，鑑賞作品の選択権をもつのは観客である。小説であればそれを見るためにわざわざ指定された時間と場所に自ら赴かなくても自分のペースで読むことができる。携帯端末における動画視聴であれば，見たい時に見たい姿勢でいつでもどこでも楽しめる。見物料が発生する商業演劇のチケットは，映画と比べて数倍の値段，DVDのレンタルと比べたら数十倍の費用がかかる。

観客なしで演劇は成立しないため，いかに観客を客席に迎え入れるかは永遠の課題なのである。元々，出雲の阿国が1603年に京の四条河原で歌舞伎の原型を演じた際は野外での仮設的な舞台であった。劇場において観客をただ迎えるだけでなく，1950年代には，児童劇団が演劇鑑賞教室の一環で学校巡演を行い始めたり[38)]，1960年代には，舞台の機能を果たすテントを移動させて劇場そのものを移動させたりもした。観客がいる場所に赴き，その場所を劇場にするという制作的工夫も打ち出されたのである。

(3)　俳優にとっての演劇

俳優は演出家や舞台スタッフと共に創造者の一員である。ただ，舞台スタッフらと比べると幼児期のごっこのように虚の世界への出入りや，見立てや変身行為を担うことができ，直接的に表現衝動を満たすことができる魅力がある。何よりも最終的な成果発表の際に観客の反応を直に受け取ることができるため，創造者の中でも中心的存在である。その俳優にとっての演劇とは何の意味があるのか。

演劇にはライブという一回性の特性がある[39)]。俳優はその中で観客からの反応を直に受け即時にそれを反映させて内容を変更する。観客が感動していることを感じ取れば，その感覚を乗せて演じることもできる。俳優が自らの存在意義を感じるのは「自分という人間がイマ，ここにいることを他者が心から喜んでくれた時」[40)] を垣間見た際である。観客に自らの演技で元気や活力をもたらすことで，俳優自らもまた創造の喜びを感じ元気になれる。舞台発表を終えて観客から拍手をもらう瞬間は，俳優としてやりがいと達成感に浸れる時であろう。

ただ，俳優は喜びを感じることができる一方で，苦しいことも多く経験することになる。映画であれ舞台であれ，一般的に俳優は自分で演じる役を決められないことが多い。そのため，与えられた役を全うすることが求められる。俳優として役になるといっても，その活用は自分の身体と声，そして感性に頼らざるを得ない。自らの性別や声質，体型などの個人的特徴によっても与えられる役に幅は生じるが，どんな他者でも演じることができるよう，自分の身体や気持ちをできるだけ中性的かつ柔軟に保ち続けることが求められる。

俳優が役と同化するための拠り所となるのは戯曲である。そこには“何を言うか，どう動くか”という行動の情報は記載されているが，一方で“なぜ言うか，なぜ動くか”というその動機や欲求などの内面に関する情報は書かれていない。俳優がその役になるためには，戯曲にある他人事の行動を読み取り，それを自分事の行動として解釈したうえで，自らの身体に落とし込まなければ役として再生することはできないのである[41]。

演劇は作り事であるため，俳優はごっこ遊びのように思うままにドラマの中で自由に振る舞うことができるが，だからといって，戯曲という土台をまったく無視することもできない。彼らの作業は，無からの創造というよりも，何らかの前提がある中で，それを踏まえたうえで行う再創造や追創造といえる制限の中の創造なのである。

自分で役の内面や行動の動機を解釈した結果，俳優本人の気持ちや願いとは乖離する場合がある。また，同じメンバーである他の俳優にもそれぞれの主観や立場，思いがあるため，必ずしも同じ方向を向いて協同性を発揮できるとは限らない。自分だけの解釈に固守すれば全体の辻褄が合わなくなることもある。他と調整しながら合意形成をしなければならない。自分自身の調整だけでなく，他の俳優や演出家，スタッフの解釈にも耳を傾け，場合によっては，自らの捉え方を脇に置かねばならないこともある。「演劇もルールは守らなければいけないということです。自分勝手なセリフやシグサは許されない世界」[42] でもある。俳優には自分の努力や才能だけでは乗り越えられないことが多くあるのである。

また，同じチーム内に創造にまったく携わらない興業主や劇場主などの立場の者もいる。俳優は，観客の心を動かすことがその第一の願いかもしれない。仮に観客に意図が伝わらなくても，作品が評論家から酷評されたとしても，完成せずに公演延期になったとしても自分たちらしい納得のいく作品を最終的に産出できれば，それを糧として前向きになれる。

しかし，そのような俳優のロマンチシズムに制作者は無関心である。彼らの願いは公開初日にとにかく幕を上げることである。特に商業演劇では莫大な金銭も動くため，費用対効果の観点は彼らにとって絶対的に重要である。いかに効率よく作品を完成させるか，広告宣伝料を安く抑えながら見物料を払う観客をたくさん迎えるかを優先させざるを得ないのである。

演出家の鈴木忠志は「演劇行為それ自体は，この体制を支えている資本の論理や，文化的要請のために，いつも少数から多数へ，惨めな内面から華やかな外面へという性向を，演劇の本質としてもっているかのように錯覚させられる弱点をもっている。それはまた，演劇が不可避に観客を必要としている以上，しかたないことかもしれない」[43] と指摘する。長い時間をかけて創作しても，公演の場に観客が一人もいないという可能性が常につきまとう。制作者はそれを避けるため，結果的に俳優が創り上げる作品が高い評価を受けるものになることを信じるよりも，観客が観たい人気者をゲスト俳優として登用したり，華美なショーの要素を強くさせたり，金払いのよい固定客が望むような作品を生みだすよう，俳優の思いを無視して集客のための作品をつくらせたりすることもあるのである。

このように，俳優よりも制作者の方が絶対的な権力を有する場合が多い。制作者の決定にルールも含めてすべて委ねられ，俳優が自分たちで方向を決めることができない不自由な状況となることも多い。決定事項が押しつけられ，それをただ消化する表現に陥ることもあるのである。

俳優にとって演劇は，観客と感動を分かち合い，その充実感を味わうことができるが，過程の中で数々の外的制限を受け，重苦的な葛藤を体験することになる。と同時に，創作過程の中で本人自身の感性とも対峙しなければならない。つまり,俳優は外と内で二重の葛藤を体験することになるのである。人気映画「男はつらいよ」の中で，悩みなど笑い飛ばしそうな車寅次郎を演じた名優，渥美清（本名：田所康雄）は，晩年自らの健康問題に加えて，あまりに大きくなりすぎた“寅さん”という役が自らの役者生活さえも覆ってしまう現実に悩んだという。寅次郎の役を自らの意思で降板し，続編が撮影されないことになればその映画に関わる全スタッフの生活に影響を及ぼすことを苦慮し，最後の最後まで寅次郎を演じ続けていた[44]。

俳優は観客の代理者であるとともに演出家や舞台スタッフ，制作者などの仲間のために，自らの主観や個人的感情を押し殺して，自分を犠牲にする重苦的側面がある。自分らしい自分でも，自分がなりたい自分でもなく，まわりが期待する自分を演じることが求められる場合もある。別の言い方をすれば，観客はそのような俳優の重苦的な生き様自体にも，「人間としての全存在がかもし出す魅力」[45] を感じてしまう。

俳優は不自由とまではいえないが，すべて自由に完全な自己発揮ができるわけではない。俳優にとって演劇は，制限の中において自由を求めようとする創造体験といえるのかもしれない。

第２章

子どもと演劇

§１　教育と演劇

１．児童演劇の誕生と演劇教育への発展

子どもと演劇との交わりは，演劇鑑賞を子どもがすることの価値と，演劇創造を子どもがすることの価値を考える二つの方向がある。ただ，歴史的観点からいえば，教育と演劇を結びつける以前から，子どもの前にはすでに演劇が存在していた。それは，今時の感覚からすれば，大人が眉をひそめ，ネットが炎上するような非教育的な要素の強いエロ・グロ・ナンセンスを含む内容だったかもしれないし，華美で派手な刺激の強い禍々しいものだったと思われる。子ども自身が演じる体験は寺子屋の余興としてあったようであるが[1]，時代が明治に移り変わる頃には「子供歌舞伎」と称される，大人のために子どもが演じる歌舞伎も流行した[2]。

このように演劇は古くから子どもとの接点はあったが，基本的には大人の文化のお裾分けであり，大人の娯楽に組み込まれた限定的なものであった。

子どもの文化として，子どものための演劇を見いだそうとする機運は，明治期までその発生を待たねばならなかった。その始まりは演劇の専門家である職業演劇人による鑑賞教育の方向からであった。演劇を子どものためのものにする運動を展開したのは，妻の貞奴らと共にヨーロッパに出かけ，シェイクスピアの作品を翻案して日本で上演し，新派劇の基礎を築いた川上音二郎である[3)]。彼は1903年には，一座を率いて，東京の本郷座で子どもを観客とする演劇作品『狐の裁判』（ドイツ民話）と『浮かれ胡弓』（スウェーデン民話）を「お伽芝居」と銘打って発表し，その後，全国で巡演を重ねている。

お伽芝居は，一座の脚本を手がけた巌谷小波がドイツで調査した成果に基づくものである。巌谷は明治の児童文化運動を代表する一人であり，「お伽話（口演童話）」の創始者である。以後，巌谷は児童雑誌の中でも精力的に脚本を発表し，学校で子どもが劇を演じる土台をつくった[4)]。

時代は大正に移り，芸術や文化の分野に関しても，これまでの慣習に囚われない，実験的で斬新な試みが各地で展開された。それは「新教育運動」もしくは「大正自由教育運動」と称されるが，その運動の中心人物であった小説家・童話作家の鈴木三重吉は，1918年に芥川龍之介，有島武郎，島崎藤村，北原白秋ら文壇作家の応援を受け，児童雑誌『赤い鳥』を創刊した。彼は，当時の児童雑誌は文学性に乏しく，子どもの感性を豊かにはできないという思いから，一流の文学者に作品を依頼し，表紙や挿絵も優秀な画家の手に委ね，当時として格調の高い児童雑誌をつくりあげた。豊かな人間性を描く戯曲を「童話劇」と称し，そこに久保田万太郎や小山内薫らの作品を意欲的に掲載した[5)]。

子どものための演劇台本の研究は，巌谷や鈴木らの努力で進んだが，実際に公演された作品に関していえば，舞台上でビールを飲む場面が行われるなど，改善の余地を有したもので，当時でもその点は批判されたようである[6)]。もちろん，彼らは子どもや教育の専門家ではなく，劇団員の中に教師が所属していたわけでもない。子どものための演劇の創出という理念は明確であっても，具体的に手本とする作品はなく，児童演劇という専門分野もまだ芽生えてはいない状況であった。

ただ，これらの試みはわが国に児童演劇という概念を誕生させ，児童劇専門の職業劇団や素人劇団の誕生を促した。そして，鑑賞した子どもと教師に自分たちの手で演劇を創作したいという意欲を喚起させ，学校文化の中に演劇が溶け込むきっかけを生みだしたということもできる。

２．演劇を通した教育

国や地域によって演劇教育の捉え方は様々である。欧米やオーストラリアでは演劇は1950年代頃から芸術教科として位置づいた歴史があるが，その地位は絶対的なものではなく，言語教科の一分野に再編成されるなど時代によって変化している。このように,演劇教育の誕生も内容も絶対的な基準は,各国でも明確に定まっているわけではない[7]。

演劇教育の定義をいえば,「演劇のあらゆる特性を教育の中に活用し，子供達の知的な発展や世界観を育成することを指す」[8] 表現・芸術教育であろう。芸術としての演劇の何らかの要素を教育に活用し，子どもに成長・発達を促そうとするものである。

芸術の創造と鑑賞という二側面は演劇教育においても同様である。そのどちらか一つでも欠けると機能しない車の両輪のような関係である。鑑賞については前述しているので，ここからは子どもの創造的な体験を中心とした演劇教育を捉えていく。

演者自身が楽しむ演劇の創造的体験は，社会教育やコミュニティの文化においても行われている。世代や性別を超えた市民間の交流をもたらすものとして，高齢者の生きがいづくりや，障害者の自己発揮のためのプログラム，児童館での児童健全育成の遊びプログラムなどのほか，企業研修，治療（セラピー）など，広範囲の分野で活用されている。

幼児教育の分野では，領域「表現」の中で子どもが経験すべき内容として位置づくことは先に述べたが，遊戯会や子ども会の名称の行事の演目として展開されている。幼児教育において演劇は，「幼稚園教育要領」や「保育所保育指針」が時代とともに変遷していく中でも一貫して何らかの形で組み込まれてきたことが特徴といえよう。1948年に文部省より出された「保育要領」には，幼児の楽しい経験として「1見学，2リズム，3休息，4自由遊び，5音楽，6お話，7絵画，8製作，9自然観察，10ごっこ遊び・劇遊び・人形芝居，11健康保育，12年中行事」という12項目が挙げられており，演劇は他の項目と並列的に位置づけられていた[9]。

続く1956年の改訂では，教育内容が6つの領域として整理された。演劇的な内容は，領域「社会」の中で「ままごと・乗物ごっこ・売屋ごっこなどのごっこ遊びをする」経験とされていたり[10]，領域「言語」の中で「○紙しばいや人形しばいをしたり，見たりする。○劇や幻燈・映画などを見る。○劇遊びをして，自分の受け持つせりふをいう。○多くの友だちといっしょに，劇や映画を静かに見る。○紙しばい・人形しばい・劇・幻燈・映画などを見たあとで，感じたことを発表する」経験として捉えられた[11]。

1968年に発行された『幼稚園教育指導書・一般編』には幼児の発達の程度に応じ，その生活経験に即し，地域や幼稚園の実情に応じた「望ましい経験や活動」として14項目が挙げられているが，そのうちの二つが演劇に関する項目「第9節　ごっこ」と「第10節　劇的な活動」である。

一つ目の「ごっこ」の教育的な意味は「幼児が興味や関心のある人物や事象を模倣し，満足して遊んでいるうちに，心身のあらゆる方面についての発達が促され個人的，社会的な望ましい態度の基礎を身につけたり，簡単な社会のしくみや働きについても興味や関心をもち，幼児なりに理解する」経験として捉えられている[12]。

二つ目の「劇的な活動」は，「いろいろな物語の中の人物のうち自分のあこがれているものになって遊んだり，強く印象づけられた物語の一節を劇的に再現して遊んだりしている。自分たちで演じて楽しんでいるだけでなく，観客になる者ができ，教師や友だちがお客になることもある」経験として捉えられている。また，「劇的な活動」は，いずれ「演劇的活動」へと発展する点が「ごっこ」とは異なるという[13]。つまり，ここでは幼児期における演劇に関する活動を段階的に整理すれば，「ごっこ」が発展して「劇的な活動」となり，それから「演劇的活動」へと至るのである。これら三つは，あまりはっきり区別する必要はないと説明されているが，そうしながらも「ある人物になったつもりで，自分の考えで演じる」ことと，「すでにある物語の人物の役を演じる」ことが区別されていることは，幼児期における演劇をつかむうえでの拠り所となろう。

学校教育の分野では，小学校の「特別活動」の文化的行事や儀式的行事，クラブ活動として扱われたり，「総合的な学習の時間」の中で演劇創作を中核に据えた総合学習の実践が行われたりしている。また，役を演じるロールプレイやシミュレーション，ごっこ活動は教科学習や英語，外国語の習得のため，学級づくりや人間関係を深めるための方法として，学校の中で一定の市民権を得ている。近年では「コミュニケーション教育」の観点から現場に職業演劇人が講師として招聘され，注目を浴びている。特に私学に目を向ければ，希有な例ではあるが成城小学校など，時間割の中に演劇が常態的に位置づけられ，年間を通じて演劇創作が展開されている学校もある。

中学校では，部活動の中に演劇が取り入れられている学校もあり，文化連盟などを中心に学校間での交流が盛んな地域もある。高等学校においても演劇の部活動は盛んで，授業においても芸術科目や一般選択科目の授業として創作活動が組み込まれていたり，演劇部顧問のつながりによって全国的なフェスティバルも毎年開催されたりしている。

大学においては，芸術や文化を習得する学部・学科などにおいて演劇を核にカリキュラムが構成されている大学や，文学部の中で演劇を学ぶコースが開設されている大学もある[14]。幼稚園教師・保育士を養成する大学・専門学校においては，一般教養科目や「保育内容（表現）」などの中で演劇が取り扱われたり，学校行事の中に表現科目の学習成果を総合的に発表する場としてミュージカルやオペレッタが行われたりする所もある。

このように創造的側面から子ども（参加者）がつくり手として上演を最終

目標に掲げて実施される演劇教育は，シアター教育と定義づけられている。上演発表を前提に演劇体験の価値を探求するシアター教育は，歴史がかなり古い。15世紀に記された『風姿花伝』には幼児・児童の発達を念頭に置く子役の演技指導に関する教えが残っている。世阿弥は「この芸において，おほかた，七歳をもてはじめとす。このころの能の稽古，必ず，その者，自然と為出だすことに，得たる風体あるべし。舞・はたらきの間，音曲，もしくは怒れることなどにてもあれ，ふと為出ださんかかりを，うち任せて，心のままにせさすべし。さのみに，よき，あしきとは，教ふべからず。あまりにいたく諫むれば，童は気を失ひて，能，ものくさくなりたちぬれば，やがて能は止まるなり」[15]と伝える。この言は秘伝であり，これまで一般には知られることは少なかったが，このような専門職を念頭に置いた演劇教育の理念と方法論は，歴史の中で明確に定義づけられ，その実践が蓄積されてきた。

シアター教育という概念は，そこから派生して生まれたといっても過言ではない。シアター教育は，上演発表を前提としない演劇体験の価値を探求するドラマ教育と区別するための通称でもあるが，人によって，積極的に両者を別物として分離させようとする立場の人，段階的に両者を一体的に捉える立場の人，そもそも別物と捉えない立場の人もいる。演劇の捉え方は多様であるが，それを扱う演劇教育の捉え方もまた多様であろう。

(1)　シアター教育の二つの立脚点

上演発表を前提に演劇体験の価値を探求する演劇教育（シアター教育）という言葉は「演劇」と「教育」に分離できる。その両者を水と油のように対立的な関係とせず，水と魚のような親和的な結びつきを導こうとする合成語である。ただ，「演劇」と「教育」のどちらに主軸（あるいは重き）を置くかで，シアター教育の主たる目的は変わる。前者は，演劇文化の創造やその更なる発展，基盤の継続的な安定のために教育的知見を活かして専門職養成を主眼に置く教育を目指す（目的とする）。後者は，生活に潤いをもたらす演劇的な芸術教養を高めることや，演劇体験を通して全人的な資質を涵養する体験重視に主眼を置く教育を目指す（目的とする）。

専門職養成に主眼を置くシアター教育は，その専門的技能の活用，形の習得，慣習的なルール・しきたりの遵守も学習内容とした上演活動の体験に主眼が置かれる。また，観客を作品に同化させる俳優としての集中力や創造性の向上が目指される。演出家や舞台美術家であるならば，審美眼•美的感性•想像力・五感の研ぎ澄ましが，舞台スタッフであるならば音響・照明技術の獲得，演劇的な表現技法であるテンション，クライマックス，テンポ，ペースなどのテクニックや技量の習得が目指される。いずれも，完成した創作作品に対する評価の受容や創作における重苦の側面に挑戦する気概や耐性も重要な到達目標となる。

体験重視型のシアター教育は，総合学習の一環として，演じる者，舞台背景や時代考証を調べ制作する者，照明や効果音などを担当する者など，役や分担を決めて協働する。類似科目としては，小学校以降の芸術教科「図画工作」や「音楽」を挙げることができる。それらは美術教育や音楽教育という学問体系を基盤に構築された内容の部分として体験的に創造活動をする教科であるが，「図画工作」が画家や彫刻家，「音楽」が歌手や作曲家の育成を目指すものではなく専門的な知識・技能の習得だけを念頭に置いたものではないのと同じである。

(2)　体験重視型のシアター教育における副次的価値

演劇の学問的研究を推進する日本演劇学会における考えの主流は，どちらかといえば前者の専門職養成に主眼を置くシアター教育であろう。「演劇的教育とか演劇で教育するとか，演劇的手法を使った教育といったものを，全然認めないわけではありませんが，自分が思う演劇教育というのは，演劇を教える，あるいは演劇を学ぶというものが演劇教育だと思っております」[16]という後者の体験重視型のシアター教育とは距離のある見解である。しかし，前者といえども，子どもを対象とした場合は演劇を学ぶことによって多様な人々の生活や行動，感じ方・考え方などを体験し，経験の幅を広げ，内面を陶冶する過程に意味を置いていることに変わりはない。

日本には教科としての「演劇」は存在しないが，あるとすれば，自立や人格の完成を最終目標とする一般の子どものための演劇体験活動を中核に据えたものとなろう。観客の利益を最優先に考えず，体験者の利益を第一に考える体験重視型のシアター教育である。

そのような普通教育における体験重視型のシアター教育では，専門職養成の中では絶対に見過ごされることはない演劇作品の芸術性や完成度は子どもと指導者の満足感・達成感によって測られる。たとえ演劇専門家からすれば子どもたちの稽古過程が非効率なやり方で進められたとしても，観客にとって形づくられた最終的な演劇表現が理解しづらいものであっても当事者の納得が得られるものならば是とされる。心情，意欲，態度の育ちを重視した経験主義（プラグマティズム）の線上に位置づけられる体験重視型のシアター教育は，他者の評価を自分たちに返し課題解決に向ける一つの視点となるのである。

ここでは一般の子どもを対象とした普通教育の枠組みの中で，演劇の体験が生活を豊かにするうえでどのような副次的価値をもつかを整理したい。体験重視型のシアター教育の目標を整理すると次の５項目にわたる。

①学習の深化（知の深化）

昔から学びを「真似び」として，他者の模倣・真似からすべての学習が始まると考えられてきた。アリストテレスは，他の動物よりも人間は模倣を好むと指摘する。幼児は憧れをもつ人々の行動を模倣することによって，体験的に物事を学ぶのである[17]。人種差別問題を扱ったアメリカ映画『アラバマ物語』[18]には，こんな台詞がある。「他人の靴を履いて歩き回ってみなければ，本当にその人のことはわからない」と。

靴は大きさ，幅，甲の高さ，底の減り方・傾き方，色や形などから，他者の身長，体重だけでなく，身体の重心の位置や傾き，嗜好などを推し量れる。他者の役・存在になってみることで，その言葉の使い方，癖，置かれた立場，思考，その人の生きた時代背景も含めて行動の理解が広がる。この学習は「劇化」という手法で実現可能である。海外ではこの学習法が古くから取り入れられている。コメニウスは1654年に発刊した『遊戯学校』の中で「単に読んだり聞いたりしたものよりも，演技によって生き生きと表現する方が，どんな記憶するべき事柄でも，容易に記憶力に刻み付けられるようになる，という状態が生じる。多くの行，文章，まるまる一冊の書物でさえも，このようにして次々と覚えさせる方が，ばらばらに分けて，少ないものを覚えさせるよりも，容易なのである」[19]と述べている。

その人になるための学習には，その人の社会的状況や金銭的状況，思想・信条などの調査，実在するのであればその人の観察，インタビューも含まれる。演じるためにその人の基本情報を集める必要性は，調査活動の動機づけにつながる。収集した情報や知識，自らの経験知を合わせて，実際に自分の声や身体，心を活用してその人になる。

靴を履くことでの学習は，模倣の範疇ではあるが，その中で実感する気持ちや感情，気付きは，その本人にとっては現実的な価値をもつものである。つまり，演技といえども，言動や感情表現はつくられたものではない。知識や技術の習得時に魂を揺さぶられれば，その学習内容は他人事ではなく，自分事へと近づくのである。

②他者への共感

他者としての行動は，その人生を追体験する感覚に通じ，その人を深く考えるきっかけとなる。幼児は自己中心的な面もあり，相手の立場になって考えることはまだ難しいところがあるが，演劇の中で，その人の立場でその人として考え，感じ，表現することで，なぜその人がそのように振る舞ったのか，その気持ちや感情にも理解が及ぶ。

さらに自分の中に他者が入り込む感覚がわき，他者の出来事を自分事として共感的に理解するようになる。実際に自分の身体や声を使って他者になることで，表面上ではわからなかった，その人の気持ちや感情にも理解がおよび，その本音や本心に気づき，認識を深める。他者の気持ちを推し量ることを通して，他者に対する思いやりの気持ちが芽生えることも期待でき，体験の価値がより高まると考える。

他者への接近は，自分との共通点や相違点の比較の機会も生みだす。他者になることで自らを振り返り，自己発見や自己理解が促されるのである。それは新たな価値観や視点の獲得ともいえよう。演劇体験は自分や他者，そして両者の関係性も含めた人間理解につながるのである。

③言語発達の促進

海外では演劇の言語学習への応用は古くから行われてきた。古代ギリシアの時代では修辞法習得のために，中世ヨーロッパの時代では英国のグラマースクールなどにおいてラテン語や古語の習得のために，また，近世から現代では識字・開発教育の視点においても活用されてきた。

OECD 教育研究革新センターも演劇体験が言語学習への効果を示すことについて「授業で演劇の訓練をすることは，読解力や物語の理解といった幅広い言語能力を高めるという，明確な因果関係を示すエビデンスがある」[20]と説明している。

台本に書かれた台詞は，たいていの場合は他者の言葉である。誰かになってその人の言葉を発することで，自分の身体を通し，他者の言葉に自らの気持ちや感情を付随させることができる。演劇体験を通して学習者の感性を揺り動かすことができれば，他者の言葉であっても自分の中の生きた言葉になるということである。

もう一つの観点として，言語には別の側面がある。それは，“間”やテンポなどの言葉に随伴する要素のことで，周辺言語（パラ・ランゲージ）と呼ばれる。また，言葉を発する際には身体が動いたり顔の表情が変わったりするボディ・ランゲージと呼ばれる身振り手振り，ジェスチャーなどの非言語的な要素が伴う。言葉以上に言葉を発するその人自身の表現を引き出す。こうした全身による表現も合わせて演劇的な言語として捉えることができる[21]。

演劇的な活動を通して，頭，身体，心，感性，言葉など，そのすべては連動・統合していることに気づく。言葉とそれ以外の要素が有機的に結びつくことで表現はオモテとウチが一致した生きたものになることを発見するのである[22]。

他者になることで，その人がある場面でどういうふうに感じ，考え，理解し，行動するか，自分以外の人の考え方や態度，行動様式に接し人間生活や社会生活の実際を学習する。知識や技術，言葉を感性・感情と切り離さずに身体化させることで，学習内容をより深化できる。つまり，自分以外の誰かになる学習は，知を統合し補完することにつながるのである。

④社会性の発達の促進

演劇創作には演じる役割の俳優以外にも，演出，舞台監督・転換係・舞台美術・道具・衣装・音楽演奏・音響・照明などの舞台スタッフ，プロデューサー・会計などのマネージメント・スタッフの役割があり，それらをメンバーで分担して果たさねばならない。後述する社会科のプロジェクト学習がこれに当たるが，演劇という大きな枠組みを使えば，計画・調査・構成・発表・反省という循環的な学習を協同的に設定することも，多様な教科横断的な内容を総合的に学ぶ機会を生みだすこともできる。

一人では成立しない演劇は仲間を求めてグループ化し，役割を分担したり，交代したり，一緒に必要なものをつくったりすることになる。自然にグループ活動を重ねるうちに，協力する習慣や態度を身につける。OECD 教育研究革新センターも芸術教育の中で「社会的理解を高める点を証明しているのは，今のところ，演劇分野のみである」と社会性の発達に寄与することに言及している[23]。チームとしての創作活動は，多くの役割が分担・協同され，そこで小社会が形成・維持される。それぞれがその過程でチームの一員として自分の役割を果たすべく，演劇を集団的に創作する渦中に身を置くことによって，工夫を凝らす態度，メンバーの一員としての協力的態度，リーダーシップやパートナーシップの発揮，お互いの尊重，最後まで責任をもってやり遂げる力などの社会性の発達を促すというのである。

演劇を創作する際に，メンバーの思いや理想とする型，その達成方法が同じとは限らず，簡単には進まない。調整したり，妥協したりする中で葛藤を感じる場面に出くわすが，むしろそれが絶好の学習機会で，皆で相談して進捗状況や発生する課題を考察し，改善方策を対話的に探り，勇気をもって対応策を講じる機会となる。このような体験を積み重ねることにより，現実の世界について関心をもち，意欲的に問題や困難に関わろうと思う素地が養われる。また，表現は他者あっての主観性や自己表現であり，自分が伝達者・発信者としての役割だけを担うのではなく，他者の表現の受け手の立場も同時に果たす。送受の関係が何度も入れ替わり，お互いに響き合う反応をしながら徐々に共有する世界観が深まるのである。表現には「他者へ」と「他者から」という二重の社会的学びの要素がある。

⑤創作過程の楽しさや面白さを味わう

稽古の様子は不可思議で自己満足的な活動に見えることもあるが，幼児の即興性と反復性で創作されるごっこのように，お互いの主観も受け止めながら，それぞれの自己表現を高めていく信頼関係が構築される。2017年告示の幼稚園教育要領に記される「幼児期の終わりまでに育ってほしい姿」の(10)「豊かな感性と表現」の解説では「グループで劇をつくる場面では，役に応じて話し方や動き方を工夫する，必要な衣装や道具を身近な素材や用具などを使ってつくり上げる，効果音を考えるなど，表現すること自体を楽しむとともに，友達と一緒に工夫することで，新たな考えを生み出すなど，より多様に表現できるようになっていく過程を楽しむようになる」[24] と例示されている。自分たちだけで通じるニックネームで呼び合ったり，秘密意識の共有のような感覚を感じたりするのである。イメージの中で同じ風景を感じ合い，日常や園生活の中で心から「すごい」「かっこいい」「面白い」「いいね」と実感したことが共有され，共感・共振の関係がつくり出される。

もちろん，大人の手を借りて見栄えよく完成することは簡単かもしれないが，それでは舞台上で生き生きとした表現をすることや，作品を自分たちのイメージを交流してつくり，完成させたという達成感や自己効力感を味わうこと，そして自信を喚起する機会を奪うことになってしまう。演劇という社会的芸術に対して自分たちで成し遂げようと挑戦する姿勢に教育的価値を見いだすことができるのである。

しかし，体験重視型のシアター教育で挙げた５項目の目標，副次的価値は，観客から評価される作品を目指すと忘れられやすい。結果的に演劇体験が表現する喜びや日常生活と離れるのである。「終わりよければすべてよし」を許してしまえば，良い評価を得るために手段を問わず，仲間やライバルチームを貶（おとし）めることにつながりかねない。

演劇は，全体の秩序，集団機能を重んじるため，社会性の発達を促す意義を見いだせるとはいえ，主観性や感情的な要素を失わせるものであったり，没個性の訓練であったり，集団のために個を犠牲にするやり方であったりすれば本末転倒な結果を招く危険がある。最終的に観客へ向けて発表する舞台は観客よりも大抵高い位置で，とても明るい場所である。そこでは演じ手が自分の身を隠す場所もなく，その場にずっと立ち続けなければならない。

最終的な舞台発表の成果は気にしない遊びであるといっても，最終発表をすること自体，子どもにかなりの負荷がかかる。演劇とはもともとそういうコンセプトであるが，作り手である子どもが自力でもたらした結果に不満をもつ可能性がある。また，保護者の辛辣な評価によって，自信を失わせる場合もある。逆に「はれがましい場所で，人に見られ，ほめそやされるという習慣から，個人的虚栄心のとりこになって，だらくし，つまらない人間になってしまう」[25] 危険性も指摘される。子どもが教師・保育士や仲間と演劇創作を行うことの意味は多分にあるが，彼らだけでは解決できない課題も多々あるからこそ，そこに良き指導者が求められるのである。

このように，体験重視型のシアター教育には意義もあれば課題もある。「『演ずること』の意義をはっきりさせることの必要性が考えられるようになり，『演ずること』の作用に目をむけることによって，これまで，観念的にしかとらえられなかった演劇教育の意義が，しだいに，科学的・具体的にとらえられるようになった」[26] が，その基準は現在に至ってもまだ確立されていない状況である。ただ日本の演劇教育は，幼児を対象とした場合でも，この体験重視型のシアター教育を中心に展開されてきたという歴史がある。

§2　学校と演劇

1．学校における演劇の始まり

演劇は，国策として上から導入された音楽や美術とは異なり，下からの定着を目指した。長年にわたって日本演劇教育連盟のリーダーとして演劇教育の研究実践を推進した冨田博之によれば，学校文化の中に演劇が定着したのは，先に述べた川上らの「お伽芝居」の上演活動の影響のほかに，まず，キリスト教会が併設した日曜学校におけるキリストの生誕劇が挙げられる。1872年に横浜山下町に教会が創設されると共に日曜学校も始まった。その後各地でも開設され，クリスマスには子どもの手によるキリスト生誕劇を上演することが多く，信者以外の子どもも観客として参加していた。もう一つは，明治期に創設されたキリスト教系の学校や西欧の影響を強く受けて出発した私立学校で行われた集会行事（文学の集い）の影響である。学校の教育課程の中において学芸会が位置づけられ，演劇が行われるようになったのは1900年代に入ってからである。「学業練習会」，「教科練習会」，「児童談話会」などの名称で学校ごとに独自展開をし，その後，学芸会という名称で一般化した。演劇はその演目の一つとして定着したという[1)]。

具体的な演劇の演目は「活人画」や「対話」といわれるものであった。「活人画」は舞台を絵画の額縁のように捉え，役に扮装した人が静止画の要領で様々なポーズをとり，場面の状況描写を現す技法である。欧米ではタブロウやフリーズと呼ばれ，明治初期に上流階級が楽しむ舞踏会の余興として入ってきた。もう一つの「対話」は，例えば国語科の教科書の中にある文章を対話形式で再構成して二人以上の語り手によって皆の前で発表される活動である。当初は語りだけであったが，次第に衣装や動作にも注意を払うようになり，今日の舞台劇の様式に近づいていったという。

演劇が学校行事として注目を浴びたのは，「おとぎ歌劇」の影響が色濃い。それは1914年に宝塚少女歌劇が行った，西洋風・日本風の楽曲を混ぜて観客にわかりやすく構成した歌劇である。初演は桃太郎を土台とした北村季晴作『どんぶらこ』で，音楽と踊りで華やかに演出されたその演目は，演者が小学校を卒業したばかりの少女中心であったことから，教育関係者も注目し，学校でも好意的に受け止められたという。その影響を受けた小学校の音楽教師を中心に授業の中で積極的に取り入れられ，「唱歌劇」という名称で定着するようになった。しかしこの流れの中で学校文化としての許容範囲を超えたエンターテイメント色の強い華美な作品が創作され，発表する学校も多々出てきた。そのため，当時の文部大臣，小松原英太郎に注意を促される学校もあった[2)]。

2．二人の改革者

残念ながら，当時は日本の伝統芸能や欧米から輸入された演劇から子役養成のノウハウを学び，それを学校で応用することは叶わなかった。演劇が単なる行事の一演目ではなく，その創作過程も含めて教育的に価値あるものとして社会に向けて発信されるのは，教育的な視座のある演劇人，芸術的資質のある教育者の二人の登場を待たねばならなかった。

(1)　児童劇の提唱者，坪内逍遙

大正期に入ると，世界的規模で広がりを見せた新教育運動の影響も色濃く，経験を重んじる児童中心主義が教育界で主張された。児童雑誌『赤い鳥』が推進した芸術教育運動も画一主義的な教授中心の学習活動への批判的流れに沿ったものであった。

①子どもの自動性と劇的本能

そうした自由な空気感の中，演劇人である坪内逍遙は1924年に『児童教

育と演劇』において「児童は其の本来性として，自動性（モーター・ネーチュア）に富んでいて，他に動かされるよりも自ら動くことを好む者である。又頗る劇的本能（ドラマチック・インスチンクト）に秀でて居る者である」[3)] と人間的本能との結びつきを強調し，演劇を教育的な観点で活用するための提案を次々と行っていった。

坪内は子どもと劇の関係について，三種類に分類して説明した。一つ目は大人が演じ子どもが鑑賞する劇。二つ目は子ども向けの劇のように見えるが大人を対象とした劇。そして，三つ目は，子ども自身が演じる劇である。その中でも彼が重視し，積極的に展開を推し進めたのは三つ目の劇のスタイルである。彼はそれを「児童劇」と命名し, その普及に力を入れることになる。

彼の教育観に強い影響を与えたのは，アメリカの演劇教育運動である。彼はアリス・M・ハーツが書いた『児童教育劇場』を頼りに，日本における児童劇の確立に乗り出した。「本来児童教育の方法としては，注入と啓発との二様がある。注入は児童を専ら所動的たらしめるので，啓発は彼等をして能動的たらしめるのである。彼等をいつも受身体にして父母なり教師なりのいふままに従はしめるか，或いは彼等をして各自自身で自発的，自修的に働かせるやう仕向けるかの二様に帰着する。ところが，いふまでもなく，最近の最も進んだ教育法は，いづれも児童を能動的に取扱ふとを以て眼目としてゐます」[4)] と説明した。

坪内は, 子どものために大人が行うこれまでの「お伽芝居」や「童話劇」は, 子ども本位でなく，大人の思惑や営利が入り込み過ぎていると批判した[5)]。山本鼎が提唱した「自由画」のように子どもの生活や思いを大事に彼らの劇的本能や表現衝動を満たすことのできる子ども自身が行う演劇の必要性を訴えたのである。

②教育者としての顔

坪内の名前は一般的には『小説神髄』や『当世書生気質』の著者として，あるいは外国の演劇事情を調査した研究家として知られている。しかし，それだけではなく，『シェイクスピア全集』を完訳し，海外の翻訳劇を積極的に上演した演劇人としての顔ももつ。また，彼は，早稲田大学教授職の際に同中学校の創立にも参画し，教頭，校長を兼任した教育者の一面もある。

彼が児童劇の普及運動を始めたのは，60歳を過ぎてからのことであった。積極的に児童劇の脚本を書き，児童のための演劇論の構築に取り組んだのである。また，それだけでなく「坪内博士直接指導児童劇団」を結成し，自らその指導を行うなど，子どもとの直接的な関わりも大事にするエネルギッシュな人物でもあった[6)]。彼は各地における巡演にも同行し，その前後日に「復興期芸術の一要素としての児童劇」と称する講演も並行して行うなど，その普及活動を推し進めた。

教育者の活動として特筆すべきは1906年，日本最初の新劇団体として一般人を対象とした演劇人養成機関「文芸協会」を立ち上げ，封建的な演劇界の体質に風穴を開けようとしたことであろう。素人であった松井須磨子を島村抱月らと共に育て，1911年には『人形の家』が大当たりした。しかし，須磨子と抱月のスキャンダル，その後の脱会などでもわかるように[7)]，うまく機能せず，1913年に解散している。しかしながら，リアリズム演劇の確立を目指し，何より戯曲を優先し，それを正しく表現する媒介としての演出，演出に基づいて初めて演技がある，という近代演劇の俳優養成システムの構築に影響を与えた意味は大きい。

③坪内逍遙の演劇教育論

坪内は「児童劇」の体験が子どもに役立つ点について，以下の10項目に渡って説明している。

1. 無意識に自発的に自由に快活に遊戯せしむるより生ずる利益
2. 過去の生存競争が遺伝したる諸種の本能の安全弁—悪衝動の発散
3. 種々の才能の発見，誘導—記憶力，想像力，発明力，製作力
4. 和衷協同の予習—デモクラチック・スピリット，自治，自制，自恃等の訓練
5. 倫理的情操の自然的浸潤

6. 世故人情諒解の端―教え易からざる恕（同情）を会得さする捷径
7. 種々の知識を得―歴史，地理，科学，雑事
8. くだらぬ読書，くだらぬ観物，くだらぬ遊戯を排除するより生ずる利益
9. 言語挙作（行儀，作法）の改善―礼服を着た時の心持
10. 大俗的，物質的，感傷的，煽情的のせせこましさ以外に出てしむるより生ずる利益―自然なる寛ぎ，其の他[8)]

その内容を要約すれば，筆者が前述してきた遊びとしての価値（1，2，8，9，10），集団活動としての価値（3，4，5），身体化としての価値（6，7）であろう。演劇経験を通して子どもが得られる具体的な教育的効果について論じている。

坪内の演劇教育論に関しては，賛否両論がある。批判としては彼の携わった実践活動との乖離に対する点である。ただ，河竹登志夫は「それまでまちまちだった児童劇に，理論的基礎づけを行い，指針を与えたこと，そして，すべてが理想的ではなかったにせよ，全国的に児童劇の意義を知らしめた」[9)]として，彼の演劇教育がもたらした功績を称えている。彼の児童劇の普及運動は期間的にもあまり長くはなかったが，伝統芸能にも明るく，当時の西洋演劇の第一人者が，演劇の教育的価値に対して言及し，広く伝えたことはそれだけでも大きな意味をもつ。子どもが行う演劇に対して全国的な関心をあおり，単なる行事の一演目ではなく，成長・発達を促す教育活動としての可能性があることを文化人や教育者に訴えたのは坪内逍遙その人といえよう。

彼の論は演劇教育の礎であり，出発点である。彼の理念と熱意は，同時代を歩んだ小原國芳に，そしてその後を歩むわれわれに受け継がれたのである。

(2)　学校劇の提唱者，小原國芳

①全人教育の具現化

演劇人の立場から演劇教育を推進したのは坪内逍遙であるが，一貫して教

育者の立場で演劇教育を奨励，実践したのは小原國芳である。小原は，広島高等師範学校附属小学校での教諭時代に，自らが書いた脚本「天の岩戸」,「水師営の会見」の上演指導を行った。その経験に基づき，子どもたちの芸術的素養は，意図的に育てられねばならず，演劇上演活動を通してその達成ができると考えるようになった[10]。芸術としての演劇を，彼の主張する全人教育を具現化するための一つの方法論として「学校劇」と位置づけたのである。その理論は，1923年4月に『学校劇論』として出版されている。

教育史にみる小原は，及川平治らと共に「八大教育主張講演会」の中で全人教育を唱えた教育哲学者としての顔[11]，成城小学校の主事，そして玉川学園の創設者としての顔が思い浮かぶ大胆かつ緻密に時代を牽引した実践家である。彼の実践への熱き話として，劇発表のために構造上出入りができない官立学校の体育館の壁をぶち抜いたという話がある[12]。また，彼の著作は膨大であり，不可能を可能にするエネルギーに満ちあふれる人物であったことが伺える。

彼の主張する全人教育とは，画一的な人間を目指すのではなく，その人なりの個性を生かす形で成し遂げられるものであった。「芸術活動そのものの一面は実に創作ということである。創造ということである。自己表現ということである。個性の発揮ということである。—（中略）—そこには自己の生活の統一，調整，総合が営まれねばならない。それが完全になればなるほど完全なる自己表現，自己活躍が行われ，遺憾なき個性発揮となる。結局，個性発揮とは，自己統一の創造作用の実現である。自我の自由なる生長である。生命の増進である。自我の解放である。芸術活動の貴さはそこに存する。人間の本具する芸術活動の力に信頼して，心身の成長を図り，全人的に人の性能を発揮せしめ，人格の創造的発動をなさしめんとするのが芸術教育の根本原理である」[13] としている。つまり，小原は学校劇の意義として，「自己表現の創造的発動」を説いたのである。

小原の元で，演劇教育を玉川学園の眼目として成就させた岡田陽は，小原の芸術教育の目的について「トータルな生きた存在である人間というものの内面に深くかかわり，人間を突き上げ，人間を動かし，人間を行動せしめるエネルギー，原動力としての人間感性の問題として芸術教育を考えたということが出来る」[14]と述べている。小原が演劇に注目したのは，その総合芸術的な側面にも期待したことは間違いないが，彼自身がそうであったように，演劇における行動（ドラマ的側面）や，行動を突き動かす内的エネルギーの喚起を重要と考えたからではなかろうか。

②小原國芳の演劇教育論

小原が考えた学校劇の価値は，項目だけ拾ってみても多岐にわたる。「総合芸術としての価値」，「子どもの生活の充実」，「真の人格をつくるため」であり，遊戯の教育的価値を，「劇的本能の啓発」，「子どもの純真な芸術的表現の発露」，「劇の革新，劇に対する批評眼養成と正しい理解」，「感情の純化」におき，内容上から「諸教科徹底と統合」して徳性を涵養し，「学校祭り日」の開催と，「家庭改良」によって社会教化を図ることである[15]。

小原の学校劇運動は，彼が成城小学校に移ってから本格的に始まっている。香川師範学校附属教諭時代の教え子である斎田喬を呼び，自ら先陣には立たずに一歩引いて，斎田や内海繁太郎らに実践研究を託した。玉川学園に移った後もその熱は冷めることなく，晩年は岡田陽にそのバトンを譲った。

小原が『学校劇論』の中で教師に触れた箇所は多くはないが，「子供の前に教師。子供の前に，お互がホンモノにならねばいかぬ。ない袖は振られない。ないパンは与えられない」と演劇指導に携わる者自身が演劇を学修していることを暗に求めている[16]。彼は実際にそれを成し遂げる後輩教師を育てることでその言葉の重みを示したかったのでないだろうか。

(3)　坪内，小原の芸術教育観

小原の「学校劇」がその名称によっても学校での教育活動に限定されるのに対して，坪内は「児童劇」という語を用いた。彼にとって，演者として，または観客として子どもが関わっていればすべて児童劇であり，小原よりも広い捉え方をしていた。坪内が理想とした児童劇は，「子供の活動性を善導するに適した」もので，「彼等をして其の自己を表現させるように導くもの」であり，「其の自己訓練に適」していて，「成るべく活発に，四肢五体を働かすに適」し，「静的よりも動的」で，「娯楽というより遊戯」で，「個的の遊戯であるよりも群団的の遊戯」である[17]。そのため，坪内は，学校で多くの演者が多くの観客の前で大々的に披露する会を開くよりも「家庭内で，子供らの遊びとして，それへ親達や兄姉達が一しょになって，家人もしくは親族の子供，或いは近所の子供位いを呼んで来て，役割なぞは一々貼り出すような事はしないで，これから子供が遊びますから見てやって下さい，という調子で」[18] 行う小規模な発表のあり方を提案したのである。

岡田は二人の論を比べて，坪内には当時の学校教育事情にとらわれぬ自由さがあり，小原には学校教育に直接携わるものとしての立場が見え隠れすると指摘した[19]。坪内の論は学校文化の中の型にはまらない自由さがある一方で，そこで機能する実利的な点は弱い。一方，小原は学校に良くも悪くも精通しているため，学校のありとあらゆるものを演劇でカバーしようとしたため，その独自性を薄ませざるを得なかったという側面もある。

折しも新劇の登場と演劇改良運動を経た当時の日本の演劇界にあって，坪内も小原も，海外の演劇の芸術性の高さ，地位の高さに憧れをもったのではないだろうか。「河原者」と呼ばれる俳優の上演内容の多くが大衆におもねった卑俗なものであったことに対する問題意識は両者の中に共通してあったはずである。坪内が「児童みずから演ずる児童みずからの劇」，小原は「自己表現の創造的発動」でその達成を目指したのも，両者ともに将来演劇の担い手になり観客にもなる子どもに，審美眼を育てたかったのであろう。

しかし，二人とも上演発表を行う演劇様式に対する疑いはもたなかった。彼らは演劇という枠組みを維持したまま，それを教育にどう適合させるかを課題としていた。彼らの演劇教育は総合的な演劇上演活動を前提とし，当時のシアター教育の枠内から抜け出そうとする視点は無かったのである。

3．演劇教育運動への問い

演劇教育の礎を築いた両名の主張は，当時の演劇教育運動に大きな影響を与えたが，実際にその主張する考え方を実践に反映する困難は大きく，全体的に模索過程にあった。そこに問題提起したのが小山内である。

(1)　小山内薫による指導者を欠いた「教育劇」への批判

①遊戯性の喪失

小山内は「その指導の出来る資格がある教育家が現れるまでは問題であります。少なくとも，小学校の先生達が，芝居などというものは誰にでも出来るものだ，誰にでも教えられるものだと思っている内はだめだろうと思います」[20]と批判した。坪内，小原両名の演劇教育論の神髄を当時の教師や保母がしっかりと捉えることは難しく，その本質をつかみきれなかったのである。それは現場に演劇を専門に指導する者はいないうえに，演劇を教育的に学んだ者もおらず，その養成システムの中に演劇は取り入れられてもいなかったからである。職業演劇人による助言・支援の制度もない中，一般の教師や保母は，演劇の何をどう教えればよいか自分で考え，自己流に実践しなければならなかった。そのため，教授的な立場で関わることよりも，子どもの主体性や自由を重んじる自由教育の立場に立たざるをえず，子どもの活動を見守ることを由としたのである。

当時の学校劇は，子どもの自由が許される休み時間や自由時間中に行われる遊びではなく，教師や保母が主たる指導役を担う学習時間の範疇での活動である。子どもの主体性や自由を重んじるといっても，劇を体験したことも見たこともない子どもは大人がその場にいて見守るだけでは目指す方向がつかみにくい。迷える教師や保母が関与することで経験主義的活動が義務として行われることにつながったり，演劇を演劇たらしめている遊戯性が失われやすくなったりしたのである。小山内薫はそのような状況に危惧を抱いたのである。

②発表にこだわらない演劇教育

小山内は，劇作家・演出家として高名な演劇人だが，児童雑誌『赤い鳥』にも戯曲を寄稿し，子どもと演劇の関係に関する論説も残した多才な人物である。彼は，1909年に二代目市川左團次と共に「自由劇場」を有楽座で旗揚げして，歌舞伎役者にリトミックなどの西洋的なトレーニングを施し，旧来の演劇を打破できる人物の輩出を試みる[21]。1924年には日本演劇史の観点からも意義深い「築地小劇場」を土方与志らと共に立ち上げた。そこでは子どもを対象とした劇が定期的に上演された。劇場において子ども向けのプログラムや企画が催される流れは現在に続くものであり，彼は児童演劇の発展に尽力した人物ともいえる。子どものための演劇は，職業演劇人が探求するに値する重要なテーマであることを伝えたのである。

小山内の演劇教育論は，戯曲に基づいて演出があり，演出に基づいて演技があるという近代演劇を土台とすることを特徴とする。彼の言葉を借りれば「素人劇」には反対だが「教育劇」には賛成という。彼のいう素人劇とは子どもの特性を無視し職業演劇人と同じように観客のために上演を行う演劇の形である。演劇は難易度も高く，それを推し進めることで，どうしても実感の無い演劇体験となり，演者と観客の交流意識が見いだせない形骸化された作品になりやすい。一方で，教育劇とは坪内の重視した「児童劇」に近く，演じる子ども自身の手による演劇である。その主眼は，他者に見せようと取り繕うことではなく，他者として行動してみること，その体験について事後に皆で話し合うこと，その体験を自ら振り返ったりすることにある。上演にこだわらないといった方が適切であろうか。小山内は創作過程における稽古自体に演劇体験の重要な価値を見いだし，現実に役に立つ知識や教訓はその稽古の中でこそ得られると考えたのである[22]。

また彼は，子どもは遊びを好むため，演劇は子どもにとっての遊びの範疇にあるべきだと主張している[23]。彼が学校に対して最も疑問を呈したのは，最終発表日を先に決定する慣習である。創作活動の本来的な順序をいえば，準備を積み重ね，形が整ってきたから，そろそろ発表の検討を始めるという流れであろう。陶芸が趣味の人が，作品が揃ってきたから個展を開催しようとその準備を始めるプロセスに似ている。

発表の日時が決まっていれば本番までに何があっても完成させなければならない空気感になる。行事として表現を強いられることが前提であれば，子どもは参加しないという態度を示すことはできず，場合によっては，とにかく完成させるため，指導者が強権的な演出家のごとく子どもに教え込むことも起こり得る。

小山内はそのような事態を回避するため，演じることを楽しんだり，限られた材料の中，工夫して現すことの面白さに気づかせたりする演劇のあり方を模索し，発表にこだわらないことに至ったのである。

もちろん，職業演劇人ならば，発表の日時が先にあって，それに向けて逆算的に創作する計画力も求められよう。ただ，学校劇の対象は一般の子どもである。締め切りを設定し，それに間に合わせるためにつじつまを合わせるように急がすことは，すでに遊戯の精神からの逸脱と考えたのである。

小山内は見せる劇を絶対とした行事のあり方に異を唱え，稽古の中で演者同士が遊び，気づき合う過程こそが演劇教育の本質との考えを貫いた。しかし，残念ながら彼の主張も実践現場に影響を与えたとは言い難く，演劇は行事の発表のために行われ，大人の思惑が過激になっていくのを止めることはできなかった。

(2)　文部省の発した問いとその影響

玉石混交状態の学校劇に文部省当局は目を光らせていた。1924年，岡田良平文部大臣は華美になる学校劇を「学校に於て脂粉を施し仮装を為して劇的動作を演ぜしめ，公衆の観覧に供するが如きは，質実剛健の民風を作興する途にあらざるは論を待たず。当局者の深く思を致さんことを望む」[24]と，風紀を乱す活動として厳重注意したのである。あくまでも注意喚起にすぎないものであったが，現場にとっては「学校劇禁止令」とも受け止められる訓示であったという。公立学校では，文化として定着していた学校劇の実施がまかりならない雰囲気となった。そのため，継続させようとする学校は名称を「教科劇」に変えてみたり，明治期の「対話」や「活人画」を復活させたりしていたようだが，「学芸会にだけ，いわゆる教科劇と称して歌唱劇はもとより国史劇とか理科劇というものを上演する傾向をひきおこした。つまり，学校劇が追放されてさびしくなった学芸会の救済策として利用されたのである。―（中略）―しかし，多くはちゃちなもので，学習の役にもたたなければ，芸術的でもない，中途はんぱなものであった」[25] という批判に晒される始末であった。これにより，全体的に公立校での学校劇に対する士気は消沈してしまったのである。

一方で，私立学校は公立学校とは事情が異なり，行政との距離感を保ち，その後も活動を継続できた。小原が種を蒔いた成城小学校や玉川学園では，現在にもつながる演劇教育実践を積み重ねた。成城小学校の斎田らの指導する劇は「生活劇」と呼ばれ，子どもの実態を踏まえて教師自らが台本を書き，子ども一人ひとりを生かす上演指導の方法を確立させた。やがて公立学校の教師たちの中には，生活劇の指導者らに教えを受けながら，演劇教育の独自の研究グループを組織する者も現れた。実践したいのにできないというハングリー精神をもつ教師が集まり，会報などを作成しながら学校劇の灯をともし続けた。この演劇教育運動は，現在でも継続しているものの，演劇教育の研究実践の流れは，学校劇禁止令後にいったん停止したといえる。

子どものための演劇の理想型，子どもにとっての演劇体験の教育的な価値，子どもの興味・関心を踏まえた指導法，創作活動を行う際の指導上の工夫や留意点，配慮点などは，今をもっても未解決の課題である。また，演劇という芸術を専門教育や一般教育の枠組みの中でどのように位置づけるか，指導する者に求められる資質・能力，その養成カリキュラムに関しても検討課題のままである。大場牧夫が指摘するように「劇的な表現という活動が，子どもの年齢に即してどういう育ち方をするのか，あるいは，経験をどういうように積み上げていくことが大事なのか」[26] という重大な問いには現在をもってしても明確な答えは見いだせない。演劇教育に対する教師や保育士の熱意は育んだが，坪内，小原，小山内らが追い求めた学校劇の意義と課題はその時に何も総括されることなく，次の時代の展開を迎えることになってしまった。

4．演劇を核とした単元学習の展開

1941年に始まった第二次世界大戦によって教育は停滞し，1945年に敗戦を迎えたが，戦前の教育が偏狭な国粋主義を推し進めたという反省に立ち，民主主義国家の建設にふさわしい社会人づくりを目指して教育は改革された。その基盤となったのは，教育とは経験を絶え間なく再組織ないし改造することと主張したジョン・デューイの理論に基づく経験主義的色合いの濃いバージニア・プランやカリフォルニア・プランであった。アメリカの影響で新たな可能性が拓けたという見方もできるが，彼らの思想に基づく科目として新たに社会科が設けられ，それをカリキュラム全体の核とした学習指導要領が策定されたのである[27)]。

(1)　重宝された演劇

子どもを学習の中心に据えた当時のカリキュラムでは，子どもの生活上の課題を子ども自らで解決する「問題解決学習」の手法が採用された。子どもの主体的な体験を通して，生きた知識の獲得，社会参画への促し，学習に対する挑戦的な態度の育成を目標としたのである。

当時のカリキュラムの最大の特徴は，新設教科の社会科をカリキュラムの核に据えたことであろう。教科としての社会は，敗戦後，教育の民主化が叫ばれる中，地理，歴史，公民，修身を統合する形で誕生した。戦前の教育が国粋主義と封建的な道徳を伴った非科学的な社会の認識を教授したという反省に立ち，民主主義国家としての新しい日本を再生できる子どもを育てることを目標に掲げた教科である。

大きな枠組みの社会科授業の中で，国語や算数，理科，図画工作，音楽などの他教科の内容も包括的に取り扱う実験的試みが行われた。それは一つの単元学習を30～50時間ほどの長期間にわたって行うことを可能としたのである。それによって，学習に対する子どもの主体的な態度を待つことも，学習効率が悪くとも対話や調査を通じて能動的に解決する時間を確保することも，まとめて発表するための時間的余裕も得ることができたのである。つまり，学習の流れに応じて授業計画を柔軟に変更できるようになったのである。

経験主義的な社会科学習の展開には，子どもの自発性や主体性，能動的動作による身体知，民主的な集団形成および協力的態度，教科横断的な内容と方法，調査解決型の一連の学習スタイル（課題の発見・調査・分析・考察・解決・まとめ・発表）が不可欠だった。そして，それらの要素を含む演劇がその学習方法として注目されたのは，自然のなりゆきだったといえよう。

当時の文部省は，演劇に関して，「本来児童の好むところであるということは，周知のことです。―（中略）―したがって，この興味を利用することは，社会科学習を生き生きとした自発的活動にするのに効果があります」[28]と述べている。また，「多様の学習活動がおのずから発展してきます。たとえば，『お店ごっこ』をするためには，お店作りをしなくてはなりません。そのためには，道具や商品や看板を作る活動が行われます。また，それらをどのように作ればよいかという問題につきあたって，店を見にいくようにもなります。店の商品，たとえば，やお屋で売る野菜やくだものが，早く売りきれてしまって児童が困惑することがあります。そこで『やお屋さんはどこから品物を仕入れてくるか』という問題がおこります」[29]と，構成活動（図画工作）や売り上げ計算（算数），野菜や果物の観察（理科）などの他教科の学習を展開できる側面に着目している。

(2)　小学校社会科における演劇の活用

当時の社会科において演劇は，「劇的活動」という名称で，グループ活動，話し合い活動，構成活動，地図やグラフの利用，資料の利用，見学調査活動とともに単元学習における「おもな学習活動」という方法論的な位置づけがなされていた。

この「劇的活動」は，当時アメリカで研究が進められていたドラマティック・プレイに由来する手法である。文部省は「低学年の児童が行う『お客ごっこ』『お店ごっこ』『乗物ごっこ』などや，比較的高学年の児童の行う模擬銀行・模擬議会・学校新聞などのような，おとなの生活を模倣して，それを小型に再現する活動や，中学年から高学年にかけて行う大昔の人々の生活や昔の旅のありさまや,外国の生活などを劇化する活動」[30]と説明していた。模倣，創造，模擬的再現という演劇におけるそれぞれの表現様式が，児童の発達段階に応じて変容するものとして捉えられ，「劇的活動」として総称されていたのである。

①単元「郵便」の展開

当時の「劇的活動」を生かした学習はどのように進められていたのか。現在では小学校2年生の生活科において郵便を扱う単元が扱われているが，もともと社会科との縁が深い。新設教科である「社会」の初めての授業は，郵便ごっこを活用したものであった。1947年1月16日に当時の櫻田国民学校教諭の日下部しげが，単元「郵便」の事例を取り扱った実験的な社会科授業の記録が残されている。そこに集った当時の文部省役人も含めた関係者に，社会科の授業のあり方を大々的に提示したものである[31]。ここではその同僚で後に同小学校長となった樋口澄雄が長期間にわたって行った郵便ごっこの事例を土台に，「劇的活動」を生かした学習の特徴を捉えたい。

当時の文部省は「社会科で行う劇的活動は，観客の前で行う児童劇と異なり，劇的表現の技巧を目ざすものではなく，むしろ，劇に表現するためにおとなの生活をよく見，よく研究するところにねらいがあります。劇的表現そのものよりもむしろ，それまでの過程に重要な意義があるのです」[32]と最終的な成果よりもそれに至る過程を重視していることを明文化している。

この実践もそれに合致している。郵便に対する学習意欲の喚起，郵便ごっこの展開，事後話し合い，郵便に対する調査，郵便局の実地見学，ごっこに使用する道具の製作，再び郵便ごっこの展開，最終的なまとめとしての成果発表という長時間の流れの中で，他教科の学習も間に挟みながら，劇的活動によって単元が貫かれていた。多様な学習活動を教科横断的につなぐ潤滑油のような役割が劇的活動によって可能となったのである。

授業の導入段階として，郵便局や手紙の流通の仕組みを学ぶため，子どもは互いに郵便に関する既知の知識を出し合い，より知りたい点やわからない疑問点を整理する。そのうえで図書館に行き，資料の収集，解消された疑問やさらに疑問が深まった点の発表を行う[33]。当時，単元活動の導入を円滑に行う教師の工夫として，教室の雰囲気を変化させるために，事前にポストを自作し教室の中央に備え付けたり，周囲の壁に郵便局の写真や切手，電報用紙，郵便の配達経路図，郵便局の内部図を張り付けたりすることも行われていた。

授業の発展的段階として，図書館での調査結果を生かした郵便ごっこをするにあたって，小道具や大道具（切手や葉書，制服や郵便ポスト，カウンターなど）の製作が行われた。そして郵便ごっこが行われた後，反省会が開かれ，そこでの気づきや疑問の整理が行われた。その疑問解消のため，実際の郵便局に見学に行くことが提案され，社会調査として，実際の現場に皆で赴いている[34]。

授業の最終的段階として，成果に基づいて，小道具や大道具の改良，局員役の動きの見直し，郵便配達システムの確立が反映された郵便ごっこが展開された。学習のまとめとしての成果発表が行われる段階になると，「自分たちの作ったもの，かいたものを父母にみせたい。そして同時に学芸会もしたい」[35]という郵便ごっこを保護者に見てもらいたいという子どもからの要望が上がった。そこで手紙を書くという活動も加えられ，学校に招待し郵便ごっこを見てもらうことになった[36]。

この実践の中で最も興味深いのは，子どもが郵便ごっこをして初めて，自分たちの想像していた配達システムと実際が違っていたことに気づく過程である。その中で「集配人はあつちの家に一枚，こつちの家に三枚と上から配達するので三人の集配人は教室をとびまわらねばならない。或る子供が云つた。『君うるさいね』と。集配人は答えた。『だつて仕方ないよ。あつちこつちにいるんだもの』『ぢあ，ほんとの郵便屋さんはどうするんだい』」[37] というやりとりがあった。郵便局員として忙しく働く仲間の様子を目の当たりにした子どもの中で，なぜそんなに大変なのか，本物の局員も同様に大変なのか，実際はどう配達しているのかという疑問が引き起こされたのである。こうした実践に対して文部省は「社会生活に関する児童の理解を深くし，確実なものにするのに役だちます。―（中略）―これまでぼんやりとしかわからなかったことを，はっきりさせることになります」[38] と擬似的な社会体験ながらも演劇体験の価値を説明している。自らで身体化することや，身体化された他者の様子を見ることを通して，自分は何がわからないかをはっきりとさせることができるというのである。

②日下部しげの虚の扱い

日下部が最初に行った実験的な社会科授業を見学した，新設社会科の学習指導要領の策定者の一人でもある重松鷹泰は「初めて社会科の授業らしい授業を見て嬉しかった」と嬉々としていた一方で，他の職員はポカンとしていたと樋口は述懐しているが[39]，日下部の授業は，戦前の教授的な授業のあり方からは想像できないほど自由で斬新な授業として受け止められたようである。

日下部はアメリカの「劇的活動」のモデル・プランを聞いたうえで，「低學年の未分科教育の行き方をそのまま櫻田の子供達に投げかけてみたのでした」[40] と前任校での合科的な学習実践を生かして展開したのである。

日下部が授業で果たした役割は大変興味深い。それは，学習を成立させる通常の教師や保母の役割と共に，虚を扱う指導者の役割が見受けられるからである。「『先生，ハガキ下さい，切手下さい，十円でオツリは，えーと』『先生，便セン下さい，私は百円札です』日下部先生はハイハイと応ずる。―（中略）―何回も役目を代えてくりかえす。『オバサン，また返事を書くからハガキ下さい』『オバサン，私には切手を下さい』オバサン，オバサン，『先生』がいつの間にかオバサンになっていた」[41]，「あて名がはっきりしなくて郵便やさんのおじさんが立ち往生している。うまく生まれてきた問題をとらえて，おばさんは先生に早がわりして，手紙の正しい書きかたを話しあったり」[42]させたという。

教師や保育士が活動の中でそれとは異なる存在となることに拒絶感があっても不思議はないが，彼女は子どもの自主性や熱意を保つことを第一に考え，「オバサン」として想像世界を共有していた。別の見方をすれば，大人が積極的にその世界に存在している様子を子どもに見せることで，子どもも安心してその世界の中で行動する気になるのであろう。彼女が「オバサン」役を受け入れたことで，教師や保育士という上位の立場から離れ，子どもと対等な立場となったことを子どもに暗に示せるのである。

特に，彼女が「オバサン」になったり，指導する者に戻ったりする切り替えを意識的に行っているところは大変興味深い。これは演劇的に見れば，虚の要素を俳優と演出家の二役で制御するテクニックである[43]。社会とは切り離された学校という場において，現実的な社会事象を学ぶためには，日下部のように虚をうまく取り扱うことがもっと注目されてもよいのではないだろうか。

(3)　演劇活用の課題

日下部らが先導した単元「郵便」のような社会科授業の開始から10年も立たないうちに，漢字の暗記や計算能力などの子どもの基礎学力が低下したという批判が起こり，学習指導要領も方向転換を余儀なくされた。小学校社会科を例に挙げれば，学習指導要領の中に登場する演劇に関する用語（演劇，劇，動作化，脚色，演出，脚本，戯曲，学芸会，ごっこ遊び，模倣遊びなど）が散見されるのは，1947年では42語，1951年で26語である。しかし，1955年の学習指導要領においては，たったの2語に激減している[44]。子どもが教室の中をアクティブに動き回り主体的に学習を進める経験主義は「はいまわる」と揶揄(やゆ)されもしたが，それは直接的に演劇に向けられたものではない。ただ，演劇は当時の授業を成立させるにあたって重要な役割を担っていたこともあり，これらの批判は演劇に向けられたと考えることもできる。基礎学力を重視する方向に戻されたのである。

①演劇に対する誤解

日下部の郵便の授業を参観した新聞記者は「これが授業ですか，記事になりませんね」と語ったという[45)]。「はいまわる」という揶揄を演劇的に考えれば，傍観的な観察者が目の前の出来事に同化できず，違和感を抱いたゆえに発せられた皮肉であろう。

郵便の授業は，ごっこと同様に観客に見せることを目的に行うわけでない。そもそも演劇は部外者には「はいまわって」見える性質なのである。自分たちが楽しむための演劇的な活動は，祭りのように虚の意識の中で同じ景色を見る者だけが楽しみを共有できる秘密のやりとりといえる。演劇は多様で，決して一面的ではなく観客に行動を見せる・共有する要素（シアター）もあるが，自分たちの中だけで通用する遊びの要素（プレイ）もある。新聞記者の言は，「はいまわる」という揶揄に象徴されるように，演劇に対する視野の狭さ，誤解が軽視の原因だったのではなかろうか。

誤解の一つは，表現の質的内容である。文部省は高学年になるに従って「不細工な道具で遊ぶことに満足しません」[46)]，「劇的活動は，形に現われた具体的な活動なので，このような評価が具体的に行われます」[47)]と述べ，表現に至る過程やそこでの交流が大事としながら表現された結果を重視していたのである。視聴覚教育の一つとして演劇を捉える見方もあるが[48)]，表現という観点から考えれば「はいまわる」という表に見える要素に注目するよりも，自由画と同じく，虚を支える内側にある気持ちや感情に焦点化して議論が進められるべきだったと考えられる。

二つに，社会科という教科に縛られた劇活動の性質で考えれば致し方ないが，虚に対する誤解もあったと思われる。「事実に即して正確に行おうとします」[49)]と文部省が述べているように，学年が上がることでその写実性・正確性が増すとはいえ「劇的活動」として，模倣的再現（ごっこ），創造的表現（劇化），現実的再現（シミュレーション）を同列的に位置づけ，その最高位の段階としてシミュレーションを捉えていたのである。演劇は，社会的事象に対して主観的かつ印象的な捉え方をし，それを象徴的に表現する虚の表現である。社会的事象の写実的かつ正確な客観的再現とは一線を画するものと考えると，子どもは実際に「はいまわり」，内面とチグハグで郵便システムの形を追って身体化した形骸的な活動となっていたのかもしれない。

さらに，三つに，演劇は民主的な人材の創出を掲げた社会科の目玉であったが，協同に対する誤解もあったのではないか。演劇は有機的な集団としての成果を挙げるために，協力する姿勢を求めて個々が自己調整しなければならない社会的，芸術的な要素もある。一方で，表現活動として個々の主観的な「らしさ」が発揮され，共振的関係が構築されている要素もある。

他者と演劇を創作したり，鑑賞したりすることを通して，主観的行動を後押ししたり，対話の促進をしたりする反面，特定の価値観への誘導，全体としての秩序の維持，道徳や法の遵守，理性の強化が期待される。しかし，教科の枠の中に位置づけたため，その限界を超えることはできなかったと思われる。

結局，演劇は統合的な教科学習単元を成立させるための潤滑油のような役割を果たすとして重宝されたものの，結果として演劇のアイデンティティが見失われたことになる。反省として挙げられたのは教化枠の中で演劇のアイデンティティを強くしすぎると，「子供が餘り自分自身に頼る様になり，書物に餘り頼らない，即ちその結果，彼等は書物に對して，非常に不注意になる」[50]ということや，「社會科等においてはむしろ『劇化』することが，現實の把握をにぶらせるような結果を來す場合もある」[51]ということである。

「劇的活動」が現実の側面も虚構の側面も併せもつものである以上，現実ではないと認識しながら虚の状況に自分が置かれたらどうするのかということに思いを巡らし，現実的なこと，本質的・普遍的なことをつかむのが肝要であろう。「はいまわる」とされたのは，子どものなかで行動を突き動かす内的エネルギーが欠如し，プレイの意識が共有されなかったことも要因であろうが，虚と実のバランスが維持されていなかったために起こった批判だったのかもしれない。

②子ども中心主義の限界

演劇を生かして学習を成立させるためには，遊びと学び，表現の内的イメージと外的な形，個と集団全体，主体性と義務感，制限と自由性，感性と理性といった両義の中庸を保つことが重要であろう。そう考えれば，演劇を教育に生かすうえで子どもを中心に捉えて，すべてを委ね主体的に行わせるという前提に問題があったのではないだろうか。

子どもの自由を重視し，子どもから出たアイディアだから良い，オリジナルだから，一生懸命考えたから素敵とすべてを受容すれば，子どもは自らを映す鏡を失う。調べたり考えたり模倣対象を観察したりする苦労や努力をしなくてもよいという学習はつまらない。自分の技能では絶対に失敗することのない，失敗して恥をかきプライドを傷つけられることがない安易な選択を推奨してしまうことにもつながる。特に，ごっこのような先が読めない活動は，虚に対応する勇気や冒険心が必要である。また，即興性や想像性も求められるため，難易度が高い。それを面白く感じるからこそ，自分から参加してくるのである。演劇を教育に取り込もうとするならば，子どもの主体性に任せ過ぎるのは，望ましい結果を生まないだろう。

文部省も「単なる児童の興味に流されないように気をつけなくてはなりません。―（中略）―教師は児童の活動からたえず目を放さないようにして，そこに起ってくるよい機会をのがさないようにしなくてはなりません」[52] と注意を喚起していたが，演劇による活動は，子どもの主体性を担保しつつ，その自由に対する何らかの制限を意図的に設けることが必要なのである。無制限の自由ではなく制限の範囲内での自由を担保することが，日下部のいうような虚と現実のバランスをうまく保つ指導法の秘訣だったと考えられる。虚という非現実的な状況をどう現実に生かすかという視点の大切さは今日も同じである。

③活動における教師・保育士の必要性

演じることは声と身体で行う原始的な遊びである。内的なイメージや願いを模倣的な行動という手段で実現しやすいものである。日常生活の延長ともいえ，特別な修練を必要としない。たとえ技術が未熟であっても，身体的なハンディキャップがあっても，個性（味）として演技は成立する。こういう素朴な表現構造をしているからこそ，行為者の弾力性が大きく関わってくる。専門的な指導を受けなくても，気軽に創造者になれる敷居の低さがその魅力といえる芸術である。ただ，教育の範疇で演劇が行われる場合には，そこには必ず教師・保育士の意図があるはずである。指導者として，子どもでは到達不可能な部分を埋める役割があるのである。

演劇の前提は，集う全員でイメージを共有していることであろう。もちろん，眼前にモデルとなる本物がある場合は，個々のイメージは膨らみやすいし，全体共有も比較的容易にできる。実施場所も教室でなく劇場であれば，照明や音響，写実的な舞台装置，衣装などの劇場機構を活用して，想像的な雰囲気を構築しやすい。また，教室の中にバーチャル・リアリティの世界をつくり出すことができれば，イメージを共有するという手間自体を省くこともできよう。ただ，教室にそのような環境は望めず，雑多なもので溢れていて，集中しづらい中で授業が行われるのが一般である。

つまり，演劇ではそこに集う子どもが無いものをあると捉えられる状態，そこで起こる出来事を自分事として実感できる情緒が安定している状態，不要な緊張の無いリラックスかつ集中の状態，漠然と“見る”のではなく“観る”状態，単に“聞く”のではなく“聴く”状態が維持できる空間が必要なのである。

イメージを司るのは精神の部門であったとしても，それを実際の表現として具現化するのは身体や声である。また，想像を具現化する場も現実的な空間を活用することになる。したがって，自分の身体やその場の空間に対する意識が低ければ，イメージを表現する活動は成立しづらくなる。

もちろん，その世界で遊ぶことへの抵抗感が無いことも大事である。イメージの世界を演劇的に遊ぶこと自体に魅力を感じなければ，そもそもその空間に立ち入ろうとは思わないからである。

このように演劇が成立するには，一人ひとりの心と身体の準備が必要となる。一緒に行うクラスメイトとイメージを共有するには想像の世界を共に信じること，そして相手のことを理解し，その人らしい表現を受け止め，お互いに受け入れ合う信頼関係がなければ共有的な状況は成立しない。個々の興味•関心は異なり，温度差も生じやすいが互いに個性を保ちつつ，多様な人々が集団として一つの方向を共に進むためには教師・保育士の適切な関わりが求められるのである。

戦後の教育改革は学校における演劇の活性化を促したと評価できる一方で，学校において演劇を特別なものに固定化したともいえる。学習指導要領が先行し，演劇活用の目標や方法，教材の研究は追いつかなかった。教師の演劇教育に対する資質・能力が授業を支える段階まで育たなかったのは，当時から今に続く課題である。

第３章

国際化とコミュニケーション能力

§１　ドラマというもう一つの演劇教育

１．演劇のアイデンティティを大事にしたドラマ教育

演劇教育のもう一つの方向性としてドラマ教育がある。ドラマという概念は，紀元前からあったシアターと比べて，18 世紀にフランスのディドロが近代市民劇の提唱のために打ち出した比較的新しいものである[1)]。シアター（見る）が成立するためには，ドラマ（行動）が先に無ければそれを見ることはできない。ドラマは，シアターの土台であり，その前提の概念といえよう[2)]。

(1)　日常生活のリハーサルとして

ドラマ教育は，シアター教育が観客を意識しすぎて，創作過程より結果優先主義に陥ったり，個を軽んじて全体優先主義になったりするという内省的批判から生まれている。ドラマ教育を一言でいえば，シアター教育の核である観客への舞台発表をなくし，総合的な要素からその独自性を抜き出して，

演技体験および演者間の交流に焦点を当てた演劇教育である。英国では20世紀に入り，コールドウェル・クックが，国語（英語）の中でシェイクスピアの戯曲や子どもが書き下ろした脚本を用いる演劇的な活動を行った。それは「国語（英語）教育でほとんど月並みな練習しか行われていなかった時代に，想像力を駆使した力強い自己表現と文学を素直に楽しむ心を多くの生徒から引きだした」[3]という評価がされている。

欧米諸国がドラマ教育を導入した理由の一つは国際化にあった。教育を自国の枠組みだけでなく，外国の文化や人々のものの見方・考え方，言葉の理解も含めて取り組まなければならない課題が山積し，その改革の一つとしてドラマ教育が導入されたのである[4]。

このドラマ教育を日本の中に溶け込ませようとする動きは1960年代から起こり始めた[5]。これまでの外国からの芸術教育の紹介は，音楽や美術，ダンスの分野が中心であったが，ピーター・スレイド，ブライアン・ウェイ，ギャビン・ボルトン，ドロシー・ヘスカット，ヴァイオラ・スポーリンらの演劇教育理論が紹介され，それらの論文や指導書が大学教育のテキストとして使用された[6]。そして，ドラマ教育の影響で，演劇教育全体も変化していった。

幼児におけるドラマ教育の理論は，アメリカにおける「クリエイティブ・ドラマティクス」などの名称で紹介された[7]。「全人的教育」や「子どもの創造性の開発」を促すことがドラマ教育の役割とされ，ウィニフレッド・ウォードやその弟子のジェラルディン・B・シックスらが中心となり研究を進めた[8]。

特別な発表の場で観客と共有できる内容を生みだすことよりも，小山内の提案した教育劇のように稽古と本番の区別はなく，常に本番であり稽古の要素を土台として新しい演劇教育へと変化させたものである。自分らしい表現をした時の仲間の反応をうかがったり，その際に湧き上がった自らの感情を冷静に振り返ったりする演劇体験に日常生活のリハーサルとしての価値を付与し，より自分に利のあるものへと重点を移している[9]。社会，集団の中で感じることになる喜びや違和感，負の感情をドラマの中で前もって抱かせることで，その向き合い方も含めた予備的準備学習という位置づけである。

(2)　スリムな演劇教育へ

発表がないということは，演劇を成立させるうえで不可欠な観客という要素も必要ないことを意味する。ドラマ教育のコンセプトは行動そのものに対する意識を強め，演者同士の主観的交流に焦点を当てることにある。しかし，観客をまったく必要としないわけではない。傍観的な観客を排除し，見せる対象が必要な場合には，仲間である参加者が観客の役割を果たすのである。そうすることで，客観的・批判的に物事を見る練習や，仲間を傷つけないように感じたことを伝える練習，そして，自分たちの主観的活動を自ら振り返る練習としたのである。つまり，実際に演技している時だけを行動・表現の機会と捉えたのではなく，仲間と演技プランを相談する際に自分の意見を述べたり，仲間の意見に耳を傾けたり，事後の振り返りの中でコメントしたりすることも，演技と同じく共振的表現が行われる重要な学習機会と捉えたのである[10)]。

シアター教育では演劇そのものを学習するという目的もあり，劇場を意識的に活用することにも重要な意義があった。一方，ドラマ教育では劇場という舞台空間にこだわる必要はない。専門的知識が必要となる音響や照明などの舞台機構の扱いをしなくてもよく，遊戯室でも，保育室や園庭，ホールの片隅でもいつでもどこでも，表現活動ができるように身軽になったのである[11)]。最も大きな変化は，シアター教育では大変な労力をかける舞台装置や衣装，お面の準備などから解放されたということであろう。むしろ，ドラマ教育では，具体物の存在よりも，参加者の想像的イメージの共有を求め，机や椅子，ブロックなどを別の何かに見立てたり，無いものをあると想定したり，足りないものは創意工夫で補ったりして場を成立させる知恵を求めたのである。

台本もドラマ教育ではあまり重視されない。台本はシアター教育の核であり，活動の方向を明確に指し示してくれる安心材料であった。その反面，暗記の困難や記憶違いなど参加者の不安を煽る材料でもあった。台本は参加者の想像を制限し，その自由な発想を阻害するものとして問題視されていたのである[12)]。ドラマ教育は，このようなシアター教育では不可欠な諸要素を無くし，総合的・統合的という大きな荷物を降ろしてスリムになり，観客のためではなく本人たちのために利をもたらす演劇教育として開発されたのである。

(3)　追体験から原体験へ

ドラマ教育の核となる部分は,参加者が俳優の役割を果たすことであろう。ただし，役となることを助けてくれる台本は用意されない。それはわれわれが日常生活を台本無しで過ごしている原理と同じである。たとえば，シェイクスピア作『ロミオとジュリエット』のロミオは，舞台の上で俳優が演じる登場人物であるが，ジュリエットに出会う前の劇中の彼は自らが悲劇的な結末を迎えるとは知る由もない。もちろん，ロミオを演じる俳優は事前に情報を得る。ロミオが絶望を胸に黄泉路に旅立つことを俳優は知っているが，ロミオのように常にこれから何が起こるかはわからない中で行動し続けていく。つまり，ドラマ教育は台本に頼らずに自らの主体的行動に主眼を置くため，即興演技（インプロヴィゼーション）を採用している。一人ひとりが結末のわからない未来に向かって挑戦し問題解決する立場になることに価値を見いだしたのである。その中で葛藤したり，身に危険がおよぶ感覚を味わったり，他者との協力がうまくいかないもどかしさを感じたりしながら，仲間と息を合わせて課題解決を図ろうとする。

例えば『三匹のやぎのがらがらどん』の物語を活用したドラマの中で，トロルに一本橋が占拠されて向こう岸に進めないという課題が生じたとする。その際に皆と対話を重ねて対応策を協議し，トロルをやっつけるか，通行税を払うのか，一本橋以外の道に変えるのか，折り合いをつける姿勢が求められるのである。

台本が無いため即興演技と呼ばれるが，行動の拠り所としての戯曲がないわけではない。演じる際の大まかな行動指針は定められている。ただ，その際の各自の台詞や行動は，いつ行われるかも含めてあらかじめ決まっているわけではないのである。だからこそ，常に相手の言動に注意し，それに対して臨機応変に反応したり，自分から他者に積極的な発信をしたりする姿勢が求められるのである。しかもその結末は無数であり，決まりきった唯一の正解があるわけでもない。ドラマ教育では，多数の選択肢の中から自分たちなりの正解とおぼしき合意を導き出す。そして，それと共に，自分たちが導き出した結論の意味を考えたり，その意味を客観的に考察したりすることになるのである[13)]。基本的には自分の有する既知の知識や経験，そしてその時の感情や身体感覚に頼って行動するしかない。他者の行動の追体験として予定調和の決まった道ではなく，悩みながらも自分たちで道を切り開く原体験としての行動に価値を置いたのである。

オーストラリアでは連邦政府が推奨するナショナル・カリキュラムの芸術教科の一分野としてドラマ教育およびシアター教育が導入されている。そこで理想とされる人間像は，自分とは異なる人種や文化，伝統，言葉そして価値観をもつ他者と協同的活動をする際に，相手を受け入れようと努力したり，自らの胸襟を開いたり，違和感をもったとしても柔軟に対応し，事を円滑に進めたりすることができる人間だという[14)]。

他者は気分でも左右され，シアター教育の台本に描かれる人物のように一貫性のある行動が常に期待できるわけもなく，他者とのコミュニケーションをマニュアル化することは難しいため，互いに納得のいく折衷案を見いだすには困難がある。そこで，ドラマ教育は，他者との調整に向かうのではなく，「身体や情緒の自制力」[15)]を身につけ，自分に近づくという発想の転換をした。個人の自由は，本人と他者との関係によって定まる[16)]。どんな相手でも，どんな社会でも，流されることのない自分，そして，自分で考え，自分で判断し，自分の責任において行動し，自分を見失うことなくしなやかに生きることのできる“みんなの中の自分”となる方向を目指したところにドラマ教育の特徴がある。

失敗するかもしれないが自分の足で自分らしく自立的に歩くことは社会人として求められる姿勢であるが，勇気をもって実行するには並大抵の胆力ではできない。自分の魅力や長所を武器に，自分の弱点も受け入れて，自分の本当の気持ちや考えを表現の土台として，一歩一歩であっても着実に前へ歩もうとする気概，そのためのエネルギー源としての自信を保つことが必要と考えられている。そして同時に自信を過信としないよう，冷静に俯瞰的に自分を見て，歩みの方向性をコントロールすることにドラマ教育は重点を置いている[17]。自らの力で進もうという熱意と場合によってはそれに冷静にブレーキをかける自律性，この対照的な二つの力をバランス良く合わせもち共存させることをドラマ教育の目的としたのである。つまり，人々の多様性が拡大しつつある現代社会の中では，他者理解に力を注ぐよりも，自分に意識を向けた方が，より演じる意味を見いだせると考えられているのである。

(4)　虚の活用

ドラマ教育の最大の面白さは，虚を学びに生かすということにつきよう。虚という本当と嘘の間にある曖昧な状況を観客のためではなく，参加者の利益のために転用させて，演技の難易度を下げるように工夫したのである。

①なりきりから自分のままで

“われわれの日常生活は即興的である”といっても，われわれが即興演技を得意と考えるのはあまりに短絡的過ぎるだろう。世界の演劇史からみても，即興演技の技術を有していたのはイタリアのコメディア・デラルテの俳優だけといわれる[18]。ドラマ教育で求めるのは，そのような特殊な専門的技能ではなく，先に述べた1968年発行の『幼稚園教育指導書・一般編』に記された演技のように，自分のままで演じることである。すなわち，ある状況下における他者を演じようとするのではなく，ある状況下に自分が置かれたとしたら，どう行動するかを想像し，それを実際に試みることとしたのである。これは，スタニスラフスキーの俳優養成術における「もしもの魔法」からの転用である[19]。ドラマ教育では他者になるのではなく，本人のままで役柄

(character-role) として行動できるようにしたのである[20)]。

役 (role) は，俳優が演ずる特定の個人を指すが，ここでいう役柄とは，警察官や運転手などの職業や父役・母役などの家庭内での役割，姫や家来など物語や伝説などの世界に登場する漠然とした普遍的な性格や役割の立場を指したものである。たとえば織田信長の役であれば，俳優は織田信長に自らを近づけるべく資料を紐解き，その身体つきや社会的地位なども含めて，信長らしさを緻密に探求することになる[21)]。

それに対して役柄は個人として特定のできない曖昧な存在である。たとえば警察官は正義感があり，強くてたくましいという大雑把なイメージは浮かぶとしても，それは特定の誰かではない。役の探求のように綿密にしたくても，明確なモデル•到達目標は見いだせず，探求しづらいのである。つまり，役柄に近づこうと調査するだけでは，役柄の演技に至ることは難しい。その補填のためには自らのこれまでの関連する経験を拠り所にするしか手段はないのである。つまり新たな知識を学ぶというよりは自分がすでに有している知識や経験，考えや感情を利用し生かすことに重点が置かれる。結果的にそれを行えるのは本人であり，役柄があることで本人の意識のままで演技することになるのである。これによって自分を捨てて憑依的に他者になりきらねばならないという脅迫観念からの解放を促したのである。

②自分であって自分ではない

また，役柄は本人であることを曖昧にする仮面の役割も果たす。役柄を果たしている時であっても，内実は自分で考え，自分で判断し，自分の責任において主観的に表現する。ドラマ教育は，多少危険が伴う何らかの問題の解決に自立的に挑戦することが可能であり，結果的にうまくできなくても，役柄のせいにして，本人の責任を回避できる。役柄が機能していれば，参加者は理性というブレーキを踏まずに虚という世界の中で，現実の世界では絶対しないことを試すことができるし，うまくいかない場合はもう一度やり直して取り組むこともできる[22)]。

別の見方をすれば，役柄という仮面によって，別の自分を現すこともできる。その仮面を違う色に塗ることで，意図的に優しく陽気にしてみたり，わざと意地悪で陰湿にしてみたりすることもできる。仮面があることで，本音をさらけだしたり，いつもとは違った実験的な自分として振る舞ったりすることもできるのである。

この仮面の機能として最も重要なのは，役柄として演じた自分と現実の自分を切り離して，自らの演技を冷静に振り返りやすくしたということだろう。本人と役柄を結び付けていた自分を，意図的に別の人格として切り離すのである。自分を冷静に分析することは難しいが，建前上は他者を演じることで自分を振り返りやすくしたのである。

ドラマの体験は実際の現実社会におけるものではないが，実感した気持ちや感情，気づき，充実感は虚構でない。本人にとっては現実的な価値をもつ内的変化をもたらすものである。そう考えると，その主眼は，演技体験よりも，役柄による体験を通して，役柄の自分，役柄から離れた自分として「何をどう感じたか」，「何を考えたか」を振り返ることにあるのであろう。さらに振り返りを一人ではなく他者と共に行うことで，自分の知らない感情を他者がもつことに気づいたり，自分とは違う感じ方をする人がいることや，自分とは違う考えをする人がいることに気づいたりすることにつながる。これは現実の世界で自分の感情や行動をコントロールする土台となり，他者への思いやりや気遣いを育むきっかけともなろう。

2．ドラマ教育における指導者の役割

演劇における指導者の重要な役割は，虚の維持である。特に，ドラマ教育は集うすべての人の中でその場の出来事は現実ではないという約束が共有されている必要がある。創作の最中や事後に虚の中の行動で批判を浴びることになったり，そのことで実生活での評判が下がったりしては，劇中で思い切った行動ができなくなる。ドラマ教育は，虚の世界であるという安全性が維持されていなければ，学習として成立しないのである。

また，虚を成立させるためには守るべきルールやマナーもあるうえ，何よりも集団としての秩序が保たれていることも不可欠である。虚は自由な性質をもつが，それに何らかの制限が加えられ，虚が自由と制限の間で均衡し，中庸性が保たれている必要があるからである。

もう一つ，ドラマも役柄も「嘘」という意識の中では，何も実感が湧かず，本気で真剣に取り組む意識もわかない。嘘の意識の中で行うかぎり，夢中になれず，白々しさに熱も冷めて価値が半減してしまう。さらに，それが現実だと錯覚しても困った事態が引き起こされる。叩くふりなのに本当に相手を傷つけてしまっては，虚で行う意味がなくなる。ドラマや役柄が虚の中であってこそ，演劇が成立して，虚の世界に生命を吹き込むことができる。虚の世界なのか現実の世界なのか演者自身が錯覚するほどに懸命に動くから，教育としての価値があるのである。

虚を現すために実際に活用するのは生身の肉体である。殴られて痛いと思うような振りが，虚の中に怒りや悲しみの真実を生みだすのである。つまり，虚は，現実と乖離しすぎても現実的過ぎても虚にならず，その均衡が維持されている必要がある。

このような虚実のバランス調整を，参加者だけで行うのは難しい。太宰久夫はドラマ教育の指導者には，山登りを熟知したシェルパのような役割があることを強調した[23]。シェルパは，山と登山者の状況を常に把握し，どの道を選べば，確実に登頂できるか，楽に登頂できるか，よい景色を見ながら登頂できるかなどの選択肢を提示するが，どの道を選ぶかの選択は，あくまでも登山者の意向に添う。

教育の枠組みの中で演劇を扱う限り，教師・保育士が子どもを強制的に活動に参加させ，“演出家”の思惑に子どもを近づけようとすることは可能である。また，子どもに任せて自分たちで進めるよう促すこともできるが，それでは完成しない可能性もあり，不満足に陥ることになろう。教師・保育士による強権的な，あるいは放任的な関わり方であっても，ドラマ教育がねらう子どもの自信や自律につながる活動になるとは限らないのである。

演劇には遊戯性があるとはいえ，自発的に演劇をしたいと思う子どもばかりではない。演劇の機会は大人が意図的につくらざるを得ないとしても，子どもが主体的にやりたい，やってもよいという内的状態となっている必要がある。そのために，教師・保育士は，誕生会などで劇を演じてみせたり，観劇の機会をつくって語り合ったり，ごっこの仲間入りをして言葉のやり取りをしたり，絵本のドラマを遊んだりして，興味や関心を高めていく。経験の土台を耕すとともにその気にさせるような働きかけをするのである。つまり，指導者として，今進む道の方向を提示し，難易度や起こりうることを整理したうえで，どう進みたいか選択肢を示し，子どもの自己決定を後押ししたり支えたりしながら同行する役割があるのである。

その道中は決して楽しいとは言い切れない重苦体験もある。うまくいかずに途中で中断したり，演目の見直しをしたり，役を交代したりすることも起こりうる。そのような場合でも決してそれまでの歩みを否定せず，共感的に受け止め，気落ちしていたら励まして，気持ちを安定させ，また次に挑戦させるよう気持ちを回復させる必要があるのである。

子どもは，目標が高すぎると達成できないと思ってしまうし，逆に低すぎても，取り組む気持ちが失せてしまう。常に子どもが挑戦したいと思う，少し背伸びした目標とテーマ，演目，虚の世界が必要なのである。

教師・保育士に求められるもう一つの役割として，子どもが歩みを止めざるを得ない状況を生みだす役割，妨害する役割がある。表現が惰性や習慣に流されないようにしたり，独りよがりでなく協力してことに当たらざるをえなくしたりするために，強大な敵対者を障壁として登場させたり難解な課題を提示したりするのである[24]。

さらに異化効果（ブレヒトの演劇論用語。日常見慣れたものを未知の異様なものに見せる効果。ドラマの中の出来事を観客が距離をもって批判的に見られるようにするための方法）をもたらす役割がある。子どもが本気で選択し表現したのか，自分のことだけでなく他者・集団のことを考えたうえで選択し表現したのかどうかを問うのである。

一見，子どもの主体性を損ねかねないこのような問いがあることで虚の世界に変化と楽しみをつくり出す。意外性は虚の経験を現実の世界で役立つようにするためにも必要である。自分たちだけでは改善点を振り返らないし，終わったという安堵感だけでは，次への工夫や新しい演目への挑戦にはつながらない。子どもがいつまでも虚の世界に留まり，役柄のままで居続けていたら教育とはかけ離れたものになる。そのためにも，現実の世界に意識を戻すディロール（de-role）が行われる必要がある。

このような点から，ドラマ教育ではシアター教育とは異なる指導者の専門性，専門的関与が前提となっている。

３．教師・保育士の専門性

花輪充も教師・保育士には，教授の発想だけでなく，「コーチング」の発想も合わせて求められると強調しているように[25]，指導者は，子どもの挑戦心に火を焚き付けたり，一方で現実でのリハーサルとなるように気持ちを鎮火させたりしながら，最愛のサポーター兼最大の妨害者となる必要があることは前述した。

幼稚園等で，教師・保育士がその役割を果たすためには，シアター教育，ドラマ教育など，演劇に対する専門的な知識や技能，経験があるに越したことはない。ただ，現実的には，演劇の経験をしていない者が多いという実情からその資質を早急に望むよりも，演劇を遊びの延長として捉え，「もしもの魔法」を駆使して子どもとのイメージの共有を楽しむことや，無であっても有を感じて限界芸術的に子どもと関わることができること，そして，その世界の一員として場に出入りできる同化的な想像力を耕すことが求められよう。

また，子どもと共に熱く遊べるだけでなく，場の状況を冷めた目で見つつ，子どもの内面が現れたつぶやきやささやきを冷静に聞き取り，それに応じて反応を返してみて子どもの世界を感じることなど，自らの情緒的安定が保たれていることが基本である[26]。子どもの反応が返ってくる結果として一人ひとりの無意識的なノンバーバルな表現や，その内面的な本音や欲求を感じられる瑞々しい感性を子どもは教師・保育士に期待している。

演劇の専門性を磨くためには，できるだけ多く，原体験となる生の舞台を見ること，仲間や家族と舞台の感想を語り合うこと，そして舞台批評や舞台制作の苦労談，失敗談などに目を通すことである。また，多様な見方，感じ方が交流する観劇後のコミュニケーションが演劇への理解を促進する。できれば背景的知識を蓄えてから再度観劇すると，最初は見えなかった，あるいは感じなかった味わいを得ることができる。そうした演劇への興味をもとに，失敗を恐れずに自らも表現者として演劇創作を含めてものをつくる活動に挑戦することがその道を究めていく入口となる。他者との関係における即興性が創作につながるドラマ教育は，教師・保育士の人柄，演技力が不可欠である。演劇への＜興味＞という素地ができてくると演劇の専門書を読みたくなり，劇作家のドラマツルギーの苦労，演出家の個性や大胆な挑戦，児童劇を取り扱う人々の子どもの特性の把握などを読破して，保育に生かす知恵と技能が向上していくだろう。小原のいうホンモノに近づくためには継続的な努力が求められる。

シアター教育の土台としてドラマ教育の学びを定義づけるとすれば，教師・保育士がリードしなくても，子どもたちが自主的に創作しながら，自律的に観客のような立場で自分たちを評価できる，自己と闘う集団づくりである。もちろん，縁の下の力持ちとしての教師・保育士の存在が必要不可欠であることは言うまでもない。

§2　演劇の本質を求めて

1．人間の表現と欲求

人間は原始時代より表現をすることによって歴史を創ってきた，といっても過言ではないだろう。その表現の原点とは，明日を生きるために大自然や天に願いをかけ，神に祈念を捧げる身体表現であった。それは今でいう芸能や芸術分野の音楽・舞踊・演劇のルーツでもある。

元々，神への祈願や奉納であった身体表現の行為がその後，長い歴史の変遷において芸能となり，さらに鋭意発展し，極まった技術や方法へと進化した結果が芸術である。つまり人間の身体表現行為は生きるために行われ続け，そしてそれらが後の芸術表現に至った。しかしながら，そもそも現代社会において，果たして人間は“生きるために”重要な要素として舞踊や演劇を捉えているのであろうか。さらに，子どもたちにとって舞踊や演劇の表現活動が本当に必要で大事な要素を有することとして周知されているだろうか。

(1)　生活の逆境直後の表現行為

永い人類史の中で天災地変や紛争・戦争などの逆境に遭遇しながらも途絶えることなく継承されてきた芸能・芸術行為は，特に逆境直後に自然発生的に行われている。それは，大変興味深い人間の表現行為の時期である。

甚大な災害や紛争・戦争の後に，人間はまず先天的欲求を満たすための環境の確保を行った。米国の心理学者アブラハム・マズローの人間の欲求5階層説[1)]に当てはめると，自己実現の欲求へ向かう最初の欲求である生理的欲求，そして次の層の安全の欲求である。次に社会的欲求である所属と愛の欲求，そして次に承認（尊重）の欲求へと進む（図表2-3-1)。

人間は災害や紛争直後の逆境の真っ只中にあって，生理的欲求が満たされないまでも最低限確保できると，次に生産性や経済的効果がすぐに見込めるとは考えにくい芸能・芸術活動を行ってきている。最低限の生活基盤確保の次に行われる行為が芸能・芸術活動である。この現象は地球上のあらゆる国や民族に共通して起こる現象である。なぜ，芸能・芸術活動がそのような状況下で行われるのであろうか。

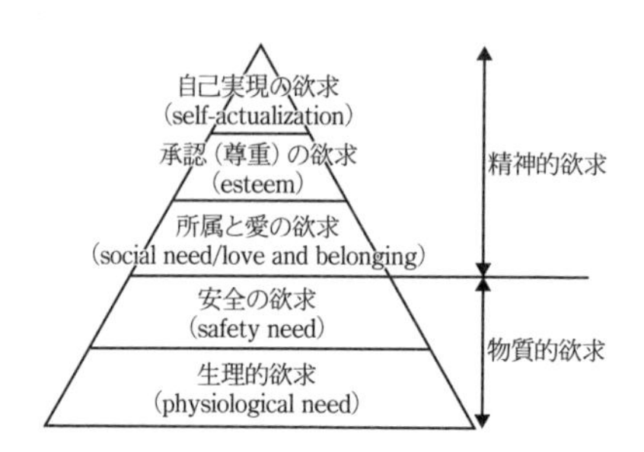

図表 2-3-1　基本的欲求のヒエラルキー（マズローの欲求５階層説による）
A.H. マズロー／小口忠彦訳『人間性の心理学―モチベーションとパーソナリティ―』産業能率大学出版部，1987，pp.57-58

元来，信仰の表れとして行われた身体表現行為は，人間の精神面に直結したものであり，文字や数字で説明できない要素が多く含まれている。五感を超えた超五感的なコンテンツ（第六感的な表現欲求）ともいえる。芸能・芸術活動を教育に取り入れる時の最大の難関が，その意味や価値，そして効果，さらにそれらを裏付ける確たるエビデンスである。芸能・芸術は表に現される最もわかりやすい事象でありながら，その表の奥に潜む，見えない，見えにくい根拠やプロセスがあり，それらは機械の設計図のように明確に説明しにくい。むしろ，そういった説明を芸能実演家や芸術家は敢えて避ける向きもある。したがって非日常的な行為とも受け止められがちである。確かに祭事における表現行為などは非日常的である。同様に災害や紛争直後は非日常そのものである。教育は日常的に行われることで，特殊なことではない。それゆえに教育に非日常的で特殊な行いが持ち込まれることに違和感をもつことは，一概に不自然ともいえないだろう。

(2)　生きる力と癒し

近年，アートセラピーが盛んに行われるようになり，そのタイプやアプローチは多岐にわたる。それらを深く考察すると共通点が見いだされる。それは人々の心と身体の“癒し”作用といえよう。世の中がより複雑になり多様な価値観が存在し，自分自身のアイデンティティを見失わないように生きることさえも難しくなっている昨今は，普通に生きていても見えないストレスに苛まれるケースが多発している。老若男女を問わず“癒し”の時代ともいわれ，各種アートセラピーのニーズは高まり，特殊なこととしてではなく社会に受け入れられている。

前述の天災地変や紛争などの後で，人々が自然発生的に行ってきたとされる芸能・芸術行為も紐解くと“癒し”を本能的に求めてのことであろう。そもそも原始時代の人々の信仰心による表現は，生きるための具体的な行為であり日常的に行われていたと考えられている。その後文明が起こり，文化が花開いてから日常的信仰の表れとしての芸能行為と,非日常的状況での芸能・芸術活動の両方が，様々な形態で展開され今に至っている。そのいずれも根底には人々の“癒し”を求めた欲求の表れが存在すると考えられる。

“癒し”は現代語で，語源は“癒す”からきている。“癒す”は病気，傷，飢え，苦しみ，悩みなど不健全な状態をなおす。治療する[2]という意味をもつように，前述の人々が逆境に苛まれた後に欲して行ってきた芸能・芸術活動は正しくは不健全を健全にするための欲求であり知恵であったといえる。

マズローの承認欲求に当てはめて考えると，自分自身が生きていることの証を体感するためには他者の存在は必要不可欠である。また，共にこれから生きていく仲間とのつながりを本能的に求め合う気持ちの表れとして，集団帰属と愛着・愛情の欲求が強く起こると解釈できる。その具体的行為として芸能・芸術活動が存在する。“生きていく”“生きていきたい”という計り知れない人間の生存欲求を全身体で表現する手段として音楽・舞踊・演劇が行われてきた。つまり芸能・芸術活動は“生きるための表現”そのものなのである。

2．演劇の誤解

2000年以後，わが国では演劇を教育に生かすことに関して，それまでにない活気を見せている。その分野の先人たちが永年に渡って演劇の教育的効用を説きながらも，一部の私立学校や熱心な指導者のいる公立学校以外では，なかなか教育現場に日常的に受け入れられず普及しなかったにも関わらず，特にここ数年は演劇の教育的アプローチが盛んに行われるようになってきた。それはシアター教育からドラマ教育まで多岐に渡りつつある。しかし，まだまだ芸術応用としての演劇教育は正しく理解されていない面も多々ある。

筆者自身，欧米での実践研究活動を通して，芸術応用としての演劇の教育的実践価値をわが国に普及させるにあたって，演劇という言葉を前面に出さず，表現とコミュニケーションという言葉を用いてきた経緯がある。

今でこそ，文部科学省主導でコミュニケーション支援学習を推奨するとともに，文化庁の「文化芸術推進基本計画（第1期）」に基づき，「文化芸術による子供育成総合事業」*（巡回公演事業，芸術家の派遣事業，子供夢・アート・アカデミー，コミュニケーション能力向上事業）などが演劇人や各種芸能実演家を講師として展開されている。

筆者も毎年，小学校・中学校そして特別支援学級に派遣されワークショップやレッスンなどを行っている。少し前までは，コミュニケーション＝英会話学習というように狭義で捉えられ難儀したものである。また，表現教育と

---

* 文部省は1950年以後，地方文化の振興施策として舞台芸術鑑賞機会を図ったが，地方での舞台芸術鑑賞の機会は著しく少なかった。それが1964年度に地方巡回公演として予算化され，1968年には文化庁が創設され飛躍的に拡大された。1970年には「移動芸術祭」と称し，歌舞伎，能楽，オペラ，オーケストラなどの最高水準の舞台芸術を地域に派遣するとともに，1967年度から「青少年芸術劇場」，1974年度から「こども芸術劇場」，1984年度から「中学校芸術鑑賞教室」がそれぞれ開始され，全国の児童，青少年の間に優れた舞台芸術に直接触れる機会を充実させてきた[3)]。

いう言葉もすでに古くから美術教育で用いられている分野と混同視されたり，国語教育の作文学習における表現方法の一単元であったりと誤解は付き物であった。そのため人間の根源的な表現行為ではなく教科教育法の一部として扱われ表現を捉える慣例とのギャップに悩まされ続けた。ましてや演劇なる言葉を使うと，未だに次に記すようなイメージで片付けられがちである。演劇とは，「正しく間違わずに決められたセリフを暗記して言う」「大きな声でわざとらしく台詞を正面に向かって言う」「何かの物真似の如くに台詞に合わせて所作仕草を行う」「装置や衣裳や照明そして効果音がある凝った活動」「出演者に平等に台詞をあてがわなくてはならない」等。これらのイメージは果たして演劇なのか。まったく持って否である。なぜそのようなことになってしまっているのか。学校演劇の弊害そのものとしかいいようがないとさえ感じてしまう。岡田陽は多くの優れた学校演劇の戯曲を創作し子どもたちに指導し，素晴らしい成果を上げたにも関わらず，見世物としての学校演劇を毛嫌いし真っ向から否定した。その後，子どものための劇作活動も著しく減少している。その契機となったのは1964年に玉川大学助教授になった岡田が同年，ロンドンで開催された国際児童演劇会議に日本代表として参加し，約7か月に渡ってイギリスを起点に欧米諸国を視察した[4]ことによる。

3．子どもの表現活動

子どもの上演活動と表現活動には非日常的と日常的の相違があるのではないだろうか。

(1)　岡田陽の逡巡から生まれた実践

問題を投げかけた岡田は，「上演目的のへたな演劇を子どもたちに強いるくらいならやらない方が良い。学校で行われる演劇上演活動は必要悪になっているのではないか」と苦言を呈した。彼の本意は，演劇の本質に迫らず上演結果の良し悪しを主目的として行われる発表や，子どもたちの内発的，自発的な創造活動ではなく，大人目線の観客に迎合した子どもたちにやらせる演劇表現についてである。

子どもの表現活動を行う環境について，岡田は常に以下の三項目を筆者に口伝し続けた。

一，表現は絶対に楽しい活動でなくてはならない。あそびがベースであること。

二，仲間と安心して表現を行える環境でなくてはならない。（特に幼児・低学年生は。見られている意識などから起こる緊張を強いるようなことをさせてはならない。後に人前で表現をする時のトラウマになりかねない。）

三，関わる大人は子どもの表現をリスペクトし共に想像的でなくてはならない。

これらの条件を満たす教育演劇活動が1960年代から欧米で積極的に取り組まれていたドラマ教育やムーブメント教育であった。岡田はわが国にクリエィティブ・ドラマ／クリエィティブ・ムーブメント／ドラマ・イン・エデュケーションを導入したパイオニアである。

英国の演劇教育家のブライアン・ウェイが1966年に“Development Through Drama”[5]を発刊し，その十年後の1976年に米国の演劇教育家のジェラルディン・B・シックスが“Drama With Children”[6]を発刊した。岡田は両書を続けて日本で翻訳出版した。岡田はシアター教育からドラマ教育への移行を訴え，彼の門下生であった筆者や花輪充，加藤陸男，山本茂雄，玉川まや子などに託し，それぞれの教育現場でこの両著の実践を積極的に取り組ませた。

子どもに真の生きる力を育み体得させるために，岡田陽は表現活動の根源にある“前向きに生きる気持ちを育む”ことを常々訴え大事にした。「あのようになったらいいな」「あんなことをしてみたい」「こうなりたい」など，次に“もしもの魔法”(what if ~?)「もしも，こうだったらどうするだろう」「もしもこうだったらどうなるかな」など，うわべだけでそれ風にアクション化するのではなく，いかに深く感じ考え本気で表現するか。そこに演劇教育の活路と価値を見いだしていた。実はこの活動を行っている時の子どもたちと指導者の状況はフィクションの世界に本気で生きてみるひと時であった。このアプローチそのものが演劇的手法の特質である非日常的行為の推進であったといえる。

2000年以後，教育現場でなぜ急激に演劇を導入しようとする動きが起こって来たか。それは岡田の深い逡巡過程やそこから創造される実践を見聴きし，教育における演劇を研究してきた仲間たちが大学や実践現場に散り，そこでドラマ教育を試みて活躍しだした流れも一つの要因であろう。また子どもを対象とした国の芸術振興策の成果も見られるようになってきたことも考えられる。

しかしそれだけではなく，紛れもなくICTの著しい発達や少子化・核家族化などによって日常生活において家庭内や地域での生のコミュニケーションが希薄になり対人関係がともすると不健全な状態になってきたことにも大きな要因がある。不健全を健全にしたい現場からの欲求が高まっている現状ともいえる。

“人間は生きがたい生き物である”といわれている。何が生きがたいのか。動物たちのように直感的・直観的＝いわゆる動物的感覚だけではなく，哲学的・論理的・道徳的・宗教的など，有史以来培って来た文明に裏付けされた文化価値をもっている。その価値に基づく古典学問から発展した各種知識情報に縛られた関係性をもつ生き物であるゆえに生きがたい。さらに人は人が直接関係しないと人として生きていけないばかりか人間にならない。マズローの承認（尊重）の欲求⇒自己実現の欲求をもっているために生きがたい。この欲求を満たすためには，人と人との生のコミュニケーションが必須でありその具体的方法として演劇の教育現場での体験学習が功をなすといえよう。

(2)　アートとスポーツ

人間の欲求を満たすための方策は種々ある。たとえばスポーツもその一つであろう。舞踊教育機関として世界的権威を誇る英国のラバンセンター創設者のマリオン・ノースとボニー・バードの二人を1990年代初頭に日本に招聘したことがある。その際に二人は大変興味深く示唆に富んだ話を筆者や筆者が紹介し視察した学校の教師たちに述べた。当時は（今でも一部の学校で）舞踊や身体表現が体育科の範疇にあった。その事実を目の当たりにして「健康体育の推進は不可欠です。しかしスポーツを文化芸術と一緒にすることは，ヨーロッパで大戦時ナチスが巧みに用いたトラウマがあるため，その後私たちは絶対に別物として扱っています」とその熱弁が行われた記憶が今でも筆者の脳裏に刻み込まれている。

「スポーツには勝敗が必ずつきまといます。どんなに参加することに意義があるといっても。勝敗の一瞬＝クライマックスに人々は興奮します。文化・芸術活動に勝敗はありません。しかしクライマックスに人々は感動します。興奮と感動を混同して欲しくないですね」その後かなりの時間をかけてこのアプローチについて意見交換をした。スポーツも文化芸術活動も共に承認（尊重）の欲求⇒自己実現の欲求を満たすものであると考えられる。しかし，そこに勝敗があるか否かが大事なポイントである，という突き詰めた考えである。

要は，勝ち負けによる評価がなされる価値観を文化芸術に求めてはならない。ましてや子どもの成長・発達のために行われる演劇・舞踊の学習体験に勝敗の価値観を持ち込むべきではないという確たる信念をもって取り組まないと，見世物としての発表重視の活動に留まり，本質を見失う危険性に満ちている。その結果，内面的にも外面的にも上質の深く魂に触れる活動にならない，ということである。

勝つために行われるコミュニケーションと仲間との内面を感じ合って行われる想像・創作上でのコミュニケーションには質の違いがある。勝つためのコミュニケーションは士気を鼓舞し合ったり，技術の優越について評価し合ったり，結果ありきでのコミュニケーションともいえる。それに対して想像・創作上でのコミュニケーションは当然勝敗が意識されないばかりか，そのこと自体の出口，結果さえ見えていない。人と人とが本当につながる時とは，そこに打算的な気持ちが介在しない場合であるのかもしれない。

(3)　鑑賞と表現

「人間生きていくためには，吸った息は吐かねばならず」とは先人たちが様々な状況の例えとして使ってきた名句である。ある時は，他者からの恩恵を蒙った時，感謝の念を何らかの形で表現する。つまり受けたことに対して何かを返す。逆の立場からすると，お礼を期待して他者に何かを行うのではないが，お礼が無いとなんとも空虚で残念な気持ちになる。また，ある時は学習・吸収したことを何らかの形で表現する，発表する。いくら学んでもそれを有効に生かす機会がない状態が続くとだんだん学習意欲が低下する。お稽古事はその良い例である。せっかく修練を積んでもその成果を発表する機会が無いことには充実感や達成感どころか，次へのさらなる研鑽意欲も失せてしまう。教えた方もやはりその成果を期待する。受け入れたことは，どこかで表に現すことが必要である。吸った息は吐かねば，健全ではないということにつながる。

舞台芸術鑑賞と表現活動をこの呼吸に置き換えてみると，吸うこと＝鑑賞すること＝受動的行為，吐くこと＝表現すること＝能動的行為となり，鑑賞活動を受動的行為と考え，それに対して表現活動は能動的行為とも考えられる。呼吸は人間にとっては生きるための無意識的で本能的な行為である。しかし，舞台芸術鑑賞と表現活動の関係性の例えとして考える時，それは無意識的ではなく意識的な行為である。さらにこの関係性をよく考察すると，受動的行為であるはずの“吸う”＝“鑑賞する”が能動的行為としても考えられる。そもそも，“吸う”＝“受け入れる”ということ自体が能動的行為であり，“吐く”ということも，これまた能動的行為である。

英語圏の教育現場では，鑑賞することと表現することに関して次のようなアプローチがある。see から look へ。“見る”“見える”から“観入る＝意識的に観る”。hear から listen へ。“聞く”“聞こえる”から“聴き入る＝意識的に聴く”。同じ“見る・聞く”でもそこに能動的で積極的な意識化がなされることによって，深い体験活動へと発展し，さらにその体験が必ず表現活動へとつながることである。

鑑賞活動を単なる受動的行為として，積み重ねの経験活動として捉えるにはあまりにももったいないことである。また，表現活動のみが能動的活動であるといった見方も何か偏っているように感じる。したがってこの両者は自転車の両輪の如く共存共栄してこそ真価が現れる。

舞台鑑賞活動も表現活動も“人間が豊かに生きるため”という大前提の下で様々な具体的な目的が網羅されている。特に表現教育活動（欧米のドラマ教育活動）においてはさらに明確化した目的として，感じる力，気づく力，共感し合う力，響き合う力，そして協調・調和する力などを実感し合うレッスン，エクササイズ，プログラムが数多く用意されている。これらの演劇的体験活動を経験した子どもが鑑賞活動を行う時に，同じ見るでも深く感じ観入ることができるようになり，同じ台詞を聞くでも，深く聴き入ることができるようになる。

人間の表現の源は，感覚的経験・体験の再現である。自転車の両輪＝鑑賞と表現の両者が常に良いコンディションでバランス良く行われることは，結果的に子どもたちにとってかけがいのない豊かな経験として高い価値をもつといえよう。

第3部

芸術の基礎的体験と創造的体験

表出から表現へ，そして表現から芸術的な陶冶へと忘我の境地を求める本能衝動とはなにか。また，本能衝動が他者に受け入れられるような表現様式とはなにか。

第1章では，胎児期から形成される直観に基づく色やにおいや音やリズム，動きといったかたち，表現せざるを得ないまとまりをもつテーマ，空間・道具・メディアなどの環境，そして表現の多様なわざの視点から，表現を動機づける深層を読み解く。

第2章では，他者と感染し合う遊び文化が芸術州として波紋を広げる“自由”に迫る。また，芸術州は受苦に遭いながらも伝承と創造を繰り返すことで人々がそれを希望に変えて生きることが可能になる。幼児教育にみるささやかな芸術州を3例取り上げて「芸術の基礎的体験と創造的体験は1日ではならず」まさに遊び文化の集積であることを確認している。

第１章

内面に形成されるかたちと感情

§１　就学前教育における表現研究の視座

１．基礎理論と実践スキルを見失った就学前教育

時代に即した知見から実践が試みられ，実践が法の下地になり，法が実践の方向性や質を規定するという関係の中に研究がある。

幼児期の自然発生的なわらべうたやごっこは，総合的な表現そのものであり，ごっこの中で遊びに使う物を作ったり，言葉のやりとりをしたり，音楽の場をつくったりして演じることを楽しむ。それは，やがて社会構造認知や社会的役割取得だけでなくドラマの創造，演劇的表現，スポーツ芸術へと発展していく。演劇的表現については第２部に詳細したので，本章では色と形，音とリズム，身体と言葉，動きの表現を中心に表現の基礎研究の現在を捉えていく。

かつて，筆者の行きつけの図書館で当たり前のことに仰天したことがある。分野別図書目録は，基本的に日本十進分類法[1]に基づいている。その図書館

でも，まず＜０総記〉に遊び論や１～９の分類に入らない内容があり，＜１哲学＞＜２歴史＞＜３社会科学＞＜４自然科学＞＜５技術＞＜６産業＞＜７芸術＞＜８言語＞＜９文学＞と続く。芸術は，＜７芸術＞という配列に位置づき，その小分類は，71 彫刻，72 絵画・書道，73 版画，74 写真・印刷，75 工芸，76 音楽・舞踊，77 演劇・映画，78 スポーツ・体育，79 諸芸・娯楽の９分野に区分されている。遊びから文化が生まれるのはホイジンガの説以来，当然のこととなっているが，太古の昔から遊びがすべての根源で，そこから学が発展していくという日本十進分類法の構造の面白さへの仰天である。この分類の覚え方を札幌市の図書館では次のように紹介している。

「人はまず考える〈「100」哲学〉，考える材料として過去の出来事が必要〈「200」歴史〉で，歴史の本を作る力があるのは国家（政治）〈「300」社会科学〉，社会の安定により研究が盛んになり〈「400」自然科学〉，研究によって世の中が便利になる〈「500」技術〉，技術の発達により産業が盛んになる〈「600」産業〉，産業の発展で豊かになり芸術に目を向ける〈「700」芸術〉，産業・芸術の発展で他国との交流が盛んになり言語が必要になる〈「800」言語〉，言語が盛んになるにつれ，娯楽としての読み物が出来る〈「900」文学〉」[2] というのである。

図書館は人類史の宝庫であり研究の累積であるとともに，人類の思考の大きな枠組みをつくって人々が時空を越えて自己発見する情報を提供している。森清考案の日本十進法の枠組みが戦後，多くの図書館で活用されており，その考え方は大学の学部や学科の枠組みも構成している。教育，保育が入る分野は社会科学である。そして芸術系大学は，＜70 芸術・美術＞の小９分野に建築，放送なども加えて独自の学部学科構成をして，純粋芸術，応用芸術の研究がなされている。

(1)　教師・保育士養成とリベラル・アーツ

戦前の師範学校が大学に昇格した際，米国のリベラル・アーツ・カレッジに倣って「学芸大学」・「学芸学部」と名乗っていた歴史を今日の名前に残す東京学芸大学は，教員養成を主目的としながらもリベラル・アーツの源流が見え隠れする。教員資格取得の総合教育系を中心としながら系の一つに芸術・スポーツ科学系を置き，音楽・演劇講座，美術・書道講座，健康・スポーツ科学講座，養護教育講座を配しているからである。また，芸術学部，リベラルアーツ学部をもつ玉川大学も，教員養成と組み合わせた表現の分野に力を入れている。

リベラル・アーツとは，古代ギリシアに遡り「人を自由にする学問」といわれるもので，プラトンが体育，ムーシケー（文芸や詩歌，古代ギリシアにおける音楽）と，哲学的問答を学ぶための基礎となる数学的諸学科の自由な学習（数論，算術，幾何学，天文学の4科目）を説いたことに始まる[3)]。本来，教員養成大学はこうした学芸を修める場であったが，教育学部に統一された（1966年）ころから，ムーシケーや数学的諸科学が失われ，高校も大学入試の手立てとして教養より受験技術に走ってきた。2000年の教育職員免許法・同施行規則改訂で教養科目が極端に減少した教員養成課程もあり，リベラル・アーツの基礎なくして専門科目が優先されるといった状況が生まれた。社会における労働体験・受苦体験が減少した中での教員養成は，リベラル・アーツの基礎を耕さないため教師を真面目さに向かわせ，人生を不自由な狭い範囲に限定していった一因と思われてならない。専門分野の枠を超えた，幅広い知識や教養，総合的な判断力，想像性や演技力，徳性といった人間性研鑽の場より，産業界の求める知識・技術が優先されたということであろうか。

中央教育審議会は，2002年に「新しい時代における教養教育の在り方について」答申し，変化の激しい時代にこそ，自らの立脚点を確認し，今後の目標を定め，その実現に向けて主体的に行動する力＝新しい時代の教養が必要であることを提言している。そして幼少年期における教養教育は，基礎的・基本的な知識や技能，自ら進んで学び考え，物事に挑戦していこうとする意欲や態度，論理的・科学的なものの見方や考え方，社会の一員としての規範意識や豊かな人間性を培うこと，だとしている。その具体的方策として

①家庭や地域で子どもたちの豊かな知恵を育てる
- 絵本や昔話の読み聞かせ，年中行事や地域行事への参加
- しつけの充実
- 美術館や博物館での体験プログラム，図書館の開放等

②確かな基礎学力を育てる
- 素読，暗唱，朗読，言葉のリズムや美しさ，読書等

③学ぶ意欲や態度を育てる
- 実験，物作り，各種の体験など知的好奇心の高揚等

④豊かな人間性の基盤を作る
- 人生経験豊かな社会人，道を究めた専門家参加の道徳教育，文学作品や映像作品の活用，自然体験や社会奉仕体験等
- 音楽や演劇などの文化芸術活動，スポーツ活動等による豊かな感性等

などを挙げ，⑤としてこれらに対応できる「教員の力量を高める」こととしている。リベラル・アーツはこうした知識・技能や意欲・態度，人間性の基礎となる力をいい，高校，大学などの青年期の教養教育から生涯学習につながるものである。学歴を尊重する社会から教養を尊重する知識社会への移行は，学校教育だけでなく家庭や地域，国内外での体験とつながりをもつものとなっている。

しかし，幼稚園教論，保育士の2資格を2年ないし4年で取得しようとする無理は，基礎となるリベラル・アーツどころではなく，知識としての必修科目をこなすことに向けられ，幅広い教養教育から離れている。ましてや村や町に人々が交わる演劇集団，絵画仲間，多様な職人の世界等があるわけではない。国分一太郎がいう総合芸術を経験していない教員に子どもの心と共感する力が弱いことから見ても，あるいは筆者が出会ってきた表現を苦手と語るロゴス優位の教師たちが子どもとの関係をつくることに苦労していることから見ても，遊びの面白さを知らない，つまり，人生を演戯することを知

らない，あるいは対話関係を結ぶ一般教養を知らない人々が量産されているといえよう。生活は芸術(アート)であるということを忘れると，芸術が生活から遊離して，ヘーゲルの美学に戻りやすいのである。

また，就学前教育が遊びを中心とすることは，生の衝動としての表現とその高まりを中心に生活や生きる環境と関連させて研究していこうとするわけだが，前述のように設定保育の一つとして表現の課題だけが教授される体質はいまだに残っている。子どもが出会う意味のある芸術の基礎を就学前教育関係者がどのように考え，生活に芸術(アート)を置くかである。教師の表現への好奇心が遊びを生みだし，行為によって園の独特な芸術(アート)＝生活空間を生みだし，生活全体にその雰囲気を醸しだしていくところにこそ，子どもや教師に表現する身体を洗練させ生々させる秘訣があると思うのである。

(2)　科学万能の時代の芸術

もう一度，就学前教育の芸術分野の研究の歴史を確認しておきたい。唱歌や談話，恩物から始まった明治期の教育内容研究は，大正デモクラシーの流れに乗って遊びの中に芸術感覚・美的感覚を置くことに位相が変わり，それが法を変えていった。欧米ではシュルレアリスムが台頭し，柳宗悦が日用に美のあることを謳ったころのことである。唱歌や談話の質が改良され，身振り手振りを模倣する遊戯から律動遊戯，リトミックなど子どもが生得的にもつリズム運動を目覚めさせることに，劇表現に，模写から自由画に，説教話から児童文学を聞き子ども自身が語る内容への研究の推移は，自然主義，児童中心主義の思想を強く反映したものである。

そして，第一次，第二次世界大戦を挟んで保育内容研究に新たな視点が生まれている。50年ほどの遊びの普及に限界がきて，遊びだけでは獲得しえない陶冶内容を，設定保育という意図的指導において実現するものである。それはプロジェクト活動を中心とした誘導保育と，唱歌・遊戯，談話，観察，手技の系統的な指導を謳う課程保育の内容として研究されることになる。プロジェクト活動は，季節の変化に応じ，幼児の興味と教師の願いを融合して行われる組織的なごっこであるが，課程保育は教師の指導性が強い内容をもっている。その中に，唱歌・リズム遊戯や自由画，粘土，製作も入ったので，特に芸術科目の教導といった位置づけが色濃くなった。それによって，第二期の芸術分野を中心とした新たな教材開発がなされ，表現する自信も培われ，人々の描く次代への期待を担って普及していった側面もあるが，子どもが新たな体験を吸収し遊び化していくことと結びつかなかった側面もある。それは，大正デモクラシーの流れがまだ残っていたとはいえ，戦禍の中では，市井に芸術活動を楽しむ人々の姿が見えなくなり，子どもたちの創造的な表現活動が衰退したことも関係しているであろう。

芸術・表現活動の研究は，第二次世界大戦後，再び遊びの中に位置づけられたが，研究は国家的なものから個人的なものになり，広く普及・定着することはなかった。なぜなら，教育内容を「6領域」とした時代は，課程保育で浮上した視点から領域別の教材研究がなされるようになり，その新しさが希望をもたらしたが，センス・オブ・ワンダーの基礎となる体験・経験と離れ，教師の主題活動として系統的に展開される応用芸術となって，全体性・遊び性と遊離したためである。そして，遊びの重要性が叫ばれると，教師の教養や幼児の表現のための陶冶媒体の研究，それを扱う教師の技術や専門性への意識，子どもが身体技能を磨く喜びは薄れ，実践は多様化・分散化していった。

1989年の幼稚園教育要領改訂は，乳幼児の保育・教育について，遊びを中心とした総合的な指導を掲げ，音楽リズムと絵画製作を領域「表現」として一つにして表出から表現までのすべてを包含した。そのため，教師に求められる芸術分野の環境や陶冶材研究などの領域の専門性は薄くなり，生活の創造に向かうより，あるがままの幼児理解に留まる実践研究に偏向している。

ある程度，教育課程基準の改訂内容が成熟してくると，国は法整備と参考となる指導資料を刊行するだけで，民間活力によって質の向上を図っていく。しかしそれは就学前教育の多様性をもたらす良き一面と，目指すべき指標を失って慢性化する悪しき一面があり，幼稚園等の質的な格差を広げている。

指導書から解説書に代わり，民間が出す指導に関する書籍は膨大になったが現場ではあまり読まれないところに，まだまだ上意下達を待つ教師・保育士の受動性があることもその一因であろう。今日に至っても「6領域」時代の設定保育に閉じ込められた芸術活動の指導観をもっている人々が多く見られる。

もちろん，表現活動は内的生命の表れであり遊びであるはずだが，設定保育の時間に閉じ込められた表現は，子どもが内面に向き合い創造することを遊びにするところまではいかない。都市部において幼児教育・保育実践現場のこの欠を補ったのが市井の習い事や塾である。幼稚園等の集団施設教育に保護者が期待することは仲間と遊ぶことで，歌や楽器等の音楽活動，絵画造形，バレエや舞踊，あるいは運動や言葉といった応用芸術の分野も，英語や算数などのリテラシーの分野も塾等に行って専門家に習うといった現象が生まれて，ますます芸術内容に対する現場での研究の必要性が薄らいだ。実践現場は過去の経験主義に取り込まれ，芸術の積極性を失い，結果として生命性の発露としての遊びをも衰退させていくのである。

それは就学前教育の場に発生した現象だけではなく，教育界全体が教養まで手が回らず，余裕を失って真面目に固くなった現象に見舞われたためでもあろう。福田恆存は，呪術の無効力を承知のうえで嘘を楽しんでいた原始人は，「だまされることを意識してだまされた。が，われわれはだまされまいとして，いや，だまされていないと安心していて，その結果，けっこうだまされている」[4]として，演戯を忘れた時代の危機に警鐘を鳴らす。人は生き甲斐を感じるために生きる。芸術は人間の欲望の表れで人間の美しさを純粋に意識することを目指したはずなのに，中世は演戯の精神を忘れ，現代は科学の僕となっている。「芸術における主体というのは，所詮，だます主体のことにほかならず，だまされるところに主体性はありえません」[5]とする彼の研ぎ澄まされた目は，教育界が芸術性を失っていることを思い起こさせる。福田は，次のようにいう。

> 実証科学における主要な操作は，まず第一に，現実を観察すること，第二に，実験と検証とをおこなうこと，第三に，現実を説明し組織化すること，この三つであります。そして，この現実に対処する方法の確立のために，近代人は未来と欲望とを抛棄してしまいました。なぜなら，観察し実験し検証し説明し組織化しうるものは，つねに過去であるからにほかならず，この過去から経験主義的に帰納しえた方法によってのみ未来をとらえようとするからです[6)]。

生の芸術，遊びの芸術としての研究が，過去の検証になっているという指摘は，教育に実証科学が取り入れられてから保育・教育界の研究方法を支配していることは確かである。実証科学に陥った実践現場は，自然の本性としたアリストテレスの思想に戻ることはできにくく，ヘーゲルの美術館になっていることすら忘れている日常かもしれない。

２．直観が磨かれる環境との相互作用

混沌から神は天地を創造し，自然を造形して，自然界の生命の循環が生みだされた。そうした意味で美的環境の最たるものは，自然である。木々の個性，四季を彩る草花の色，吹き渡る風，時には雷鳴をとどろかせ豪雨をもたらす天空の舞い，その天地の間に生きる生物，海や湖沼に生きる生物の生態＝物語などは，人間の生命を支えるだけでなく美醜を伴った感覚を刺激する環境として私たちのまわりにある。その宇宙との共振，自然環境へのアプローチについては，本シリーズ第２巻『教育臨床への挑戦』，第８巻『遊びのフォ―クロア』等でも取り上げており，また第17巻には『領域研究の現在〈環境〉』[7)]の知が集積されているので，それらに譲りたい。

子どもの表現を重視している園は，体験・経験の基礎として幼児が自然に向き合う環境を用意しているところが多い。小林宗作は「散歩の好きな先生になれ」とよく言い，朝から多摩川に舟を浮かべて子どもと遊んだ。国の基

準も日本の幼稚園創設時から今日に至るまで，東基吉がいう「天地は真の保育室なり」として園庭に自然を配することを謳ってきた。それはなぜかというと，取り巻く外界の自然的・社会的環境にある情報が，乳幼児の衝動・欲求・興味という心の動きによって五感を通して取り込まれ，“あるもの”の輪郭や枠組みを構成し，心象風景に刻印され，それがその人の美的感覚の基礎となっていくからである。

(1)　西田幾多郎にみる形からかたちへ

表現は無からは生まれない。心象にあるかたちが立ち上げられて表現衝動が行為となっていく。西田幾多郎のいう意識野に映る“形”が，絶対無の場所で自分の直観として，かたちを構成するというかたちである。表現が，生命の表れとしてあるのは，意識野にある知覚としての形ではなく，西田幾多郎の言葉を借りれば，表現（構成的思惟・思惟我）に対して「直接に与へられた客観的或物として立つものは，思惟によって構成せられた知覚の如きものではなく，主客合一の芸術的直観の如きものでなければならぬ」[8]ということになろう。知覚として意識野に映った形ではなく，主客合一の芸術的直観として絶対無の場所に構成し表現欲求を立ち上げるかたちが，表現衝動として人間が生得的にもつ活力を動かすのである。また，中村雄二郎が「かたちとは，これまで永い間哲学が問題にしてきたエイドス（イデアとしてのかたち，あるいは形相）を越えるのはもちろん，視覚的な形態だけではなく，体性感覚（運動感覚や筋肉感覚を含む）の捉えるものの姿でもある。そして聴覚的および体性感覚的なリズムを含み，さらに，見落とされやすいが，色（色彩）という重要な分身をもっている」[9]というかたちである。

そのかたちは，生命の誕生とともに母親の心臓の鼓動や脈動，声の音色や言葉の抑揚，リズム，肌の感触，乳のにおい，抱かれた身体感覚などを通して母親のかたちをつくっていくように，芸術家のみるごとき直観に依っている。母親という全身像が視覚だけによって認識されているのではない。五感から得た情報をつなげて抱かれた人が母親か否かの感性をかたちつくっていくのである。こうした，生得的にもつ乳児の発達特性に応じて，大人たちはよりよいと思われる生活環境を用意する。たとえば，赤ちゃんの居場所としての家具調度品，親の笑顔や音声などの環境，あるいは外気浴を兼ねて静寂な公園や林に散歩に出かけ，風や鳥の声や虫の音，四季の彩りや空気の違いを感じる環境，そうしたすべての環境が，視覚，聴覚，触覚，嗅覚，味覚を通して脳内にかたちと質感を形成し，そのネットワークが心象風景となって記憶されていくのである。

(2)　脳科学研究の視点から見たかたちの形成

今日の脳科学研究は,胎児期から乳児期の可能性の大きさを証明している。赤ちゃんは出生後の早い時期からシナプスを形成し始め，シナプス密度は急激に増加する。そして，次のように，かたちが形成されるメカニズムを解明している。

- 母親の顔は生後数日で分かる。
- 男女の声，母語と外国語の聞き分けは生後２日で，母親の声は生後３日で分かる。
- 言葉の処理のメカニズムは生後３か月で働き始め，音の区別の敏感さは12か月までの環境で決まる。それ以降は音(おん)の違いを聞き分ける能力は失われていく。
- 6か月まではあらゆる種類の顔を見分け9か月まで微調整されて，以後人間の顔中心になる（日常よく見るものに)。母語の発話，音声の違いを聞き分ける能力も6か月以降微調整される。
- マザリーズが言語の構造や音を学習しやすくしている（胎児期から母親の言葉を聞いて母語の構造を学習している）[10]。

また，生後たった数日で２個と３個を区別でき，５か月で１＋１＝２を理解しているが，数える意味を理解するのは４歳頃とされるように，数や文字といった記号の形も認識しているのである。外界の環境要因はニューロンの活動によって処理（シナプスの情報処理）され，脳内で組織化された活動，つまりかたちやイメージとなるのである。視覚刺激は生後2～3か月頃に急増し，8～10か月頃にピークになり，生後2～3年は発達し続けるが，その後減少して10歳頃に安定する（使わない脳細胞は刈込みが行われる[11]が，芽生えた能力は刈込み後も発達し続ける）からこそ，敏感期に自己組織化（細胞選択もシナプス選択も自己組織的なメカニズム）する環境＝かたちを形成する環境が大切になるといえよう。環境の中で経験を積む（学習する）脳は，感覚刺激が豊富で，挑戦や冒険のチャンスに恵まれ，積極的に身体を動かせ，神経間の結合がよく血液も十分提供される，直観力が育つ（ゲージのネズミではなく野生のネズミの環境の方が，感覚刺激が豊富）恵まれた環境で発達するといわれる所以である。

また，内臓をコントロールし，内臓の変化を脳中枢にフィードバックしている自律神経系（運動神経）の働きが情動をもたらし，かたちに付随していく。自己の統合感覚は，外受容感覚（外の刺激に対する感覚＝五感），内受容感覚（内臓感覚），自己受容感覚（筋・関節角度の変化などの運動感覚と身体の移動回転などの平衡感覚）で身体状況を把握し，内分泌系と協調しながらホメオスタシス（恒常性）とアロスタシス（環境変化に対応する機能）を維持している。自己を動かす情動は，自律神経反応を脳が理解することと，その予測誤差を推論する学習経験を把握する二つの要因によって感情が決定される。つまり，情動系のプロセスがメタ認知（自分の行動・考え方・性格など別の立場から見て認識）を通して感情として把握されるのである。

このように，かたちは生活の中にある環境との無意識的・意識的な作用によって“絶対無の場所”に質感を伴ってかたちづくられる。親が働く工場の音，家の近くを通る電車の音響も安定したリズムを伴っていれば質感として保持される。戦禍に見舞われた地域で見る灰色の風景を，子どもたちは生活圏の色やにおいや音の原風景のかたちとしてもつ。アフリカの灼熱の大地で生きる人々は赤土の感覚に郷土を感じ，赤や黄色といった原色を身に纏う感覚をかたちとしてもつ。四季の変化があり紅葉の綺麗な日本の秋の美感覚と，紅葉のない北欧の秋の美感覚とは異なるように，環境が心象というかたちを構成し自分にとっての美感，民族にとっての共通する美的感覚をつくり出しているのである。

(3)　芸術の基礎・基本となる５つの視点

自由を感じて表現するためには，日々の生活を通してかたちづくられる基礎的な体験・経験がある。乳幼児期にそうした感覚がかたちづくられるからこそ，この時期の教育・保育は環境を通して行うことを基本とする。本章ではかたちづくられる基礎となる子どもの生と取り巻く環境に視点を当てている。不易としての人間の生に関する基礎的研究は，時に忘れられ，時に復活して命をつないでいる。芸術の時空を創り上げる乳幼児期の基礎となる体験とは何か，それを踏まえた環境とは何かを，次の５視点から考えたい。

○形態共振してつくられるかたち
○題材から立ち上がる主題，主題から立ち上がる題材
○空間・道具・メディア環境と表現
○表現の技術・わざと体験
○感じる心の表現とその物語の感染

これら５つの視点を統合する主体は，述語的自我であり，主体は混沌とした生活の中で，かたちを形成し，主題を立ち上げ，身のまわりの道具を使用して身体をも道具化して生きるわざを洗練させていく。その生活の場所に，他者と感染し合う渦が巻いて，表現する喜びや苦悩を確認し，それが生きる実感とつながっていくといえよう。

本来，これらは一体となって幼児の表現世界をつくっているので，切り離して論じると，再び表現が分断された理解を呼び起こす危険がある。また，生活の総合として語る王道をいくと，あまりにも総合しすぎてしまい，実践

を省察し工夫する視点が見いだしにくい。そこで，ミューズの神々のごとく，これらが総合されてこそ表現の自由な場が生まれるという前提で，５つの視点と，その受け手のいる生活の場所を捉えたい。

§２　芸術の時空を彩る乳幼児期の直観

１．形態共振してつくられるかたち

心象の輪郭や枠組みを構成し，血となり肉となって表現衝動を突き動かす情報は，五感を通して身体にもたらされる。その情報はまた，宇宙との形態共振によって絶対無の場所にその人ならではの直観・直感，あるいは現象としての自由といったかたちを形成する。本節では，音，リズムと言葉，色や形，味やにおいなどについて形成されるかたちを捉えている。

(1)　胎児期から始まる音のかたち

生活の中には，木々を渡る風の音や小川のせせらぎ，鳥の声などの自然音と，物がぶつかり合う摩擦音，車や機械の発するエンジン音など，さまざまな音があり，また環境音楽がある。その音空間が騒音なのか，快適なのか，あるいは単に鳴っているだけで無関心な空間なのかで，耳が音を聞き分ける感覚のかたちがある。音の強弱，高低，長短，音量を聞き分ける私たちは，その音源ではなく空間に生じる音響事象に身体が共振し内的現象を生起しているからである。

音環境が，乳幼児の音のかたちにどのような影響を及ぼすのか。『子どもと音楽』の中で梅本尭夫は，パーンカットの音楽行動の基礎にある胎児期の条件づけを取り上げている。「胎児期の音環境というのは，具体的には母親

の消化活動や循環系と結びついた音，そして音声や歩行にともなう音である。これらの音環境よりくる音に反復して接しているうちに，それらの固有の音のパターンの特徴にたいする生後の感受性が増大する」[1]。つまり，胎児期から，音が聞こえるだけではなく，記憶，学習されていて，その後の感受性に影響するということである。それは，すでに音刺激に対する馴化・脱馴化法によって証明されている。乳児を対象に視覚刺激だけでなく聴覚刺激で試み，音系列の一定パターンに馴化した後，その音をランダムに並び変えた刺激に対しては脱馴化が見られたというメルソンとマッコールの研究[2]も，音楽的な感情状態が胎児期から始まり，その後の音楽創造のモチベーションを形成するとしたものである。

音は，固体・液体・気体を媒体として伝わる振動（疎密波＝空気の疎密の繰り返し変化）であり，ある繰り返しのパターンをもつといわれる。一般的には，人間の可聴域の周波数（振動回数）の振動をいい，この空気が耳に届いたとき“疎の空気（振動回数が少ない）”は低く聞こえ，“密の空気（振動回数が多い）”は高く聞こえる。この外部の振動と身体内部の振動のリズムが音の輪郭をつくる原点である。

胎児期から幼児期にかけて形成される音の輪郭やリズム，旋律，ハーモニーへの快感が，音楽創造の基礎になっているということは，人生の早期に音環境が心象に音や音楽のかたちをつくっているということになる。梅本は，乳児にとって「旋律の絶対音高ではなく輪郭が，また特定のテンポではなくリズムの布置がもっとも注意をひきやすい」という特徴があり，それは音楽知覚だけでなく言語音声の知覚においても輪郭やリズムの布置が重要であるとする。そして，「音程知覚の重要さは音声にはなく，音楽知覚独自のものである」[3]という。

その原因は音楽で用いる音と法則が限定されているためだが，その法則自体，自然の法則の側面もあれば文化的要因によってつくられた側面もある。いずれにしろ旋律の輪郭，リズムの布置，音程知覚は，民族のもつ音と言葉や音楽と深く関係するだけに，日常の音環境の良否が問われる。

有馬大五郎は，「教育音楽は西洋音楽を中心とするものである」[4]が，「日本人はむしろ素朴に，自身の喋る言葉に帰り言葉の抑揚（sprachmelodie）の中に日本人の音楽理論の根拠を発見し，改めて洋楽との提携，融合，妥協等，なんでもよい実感にしたがって興味のある仕事をなすべき」[5]とした。日本人の間・呼吸を生かし，自然音楽を芸術音楽に併せて味わうところの習性を生かすことを強調する。幼い頃から音と言葉と自然とを融合して，自然音楽を芸術化してきた日本人の感性を生かすこと，それが音のかたちをつくる過程で大切にする基礎・基本，つまり民族の共振の源だといえよう。私たちは寺社に行けば，内裏の荘厳さだけでなく鳥居から広がる庭の自然の風景が織りなす音や色に畏敬と安らぎを感じる。このように音やリズム，言葉と，色や形，香りは空間を支配し，人に作用する。それは幼い頃から共振によって絶対無の場所に置かれた音のかたちである。しかし今日の子どもたちの生活は，有馬の時代からさらに変化して自然音楽との融合というより，人間がつくる人工的な音環境に囲まれている。それも西洋音楽が中心になるに従い，日本語の抑揚や間合いが洋楽とのリズム振動によって融合し，古来の音感覚とは違う拍やリズムが主流になりつつある。さらに環境音楽も，職場で，デパートで，コンビニで，あるいは喫茶店で，とあらゆるところで使われている。牛の飼育や酒の醸造，温室栽培の野菜等にも使われて，その効果が計られており，日常はすっかり西洋音楽に占められている。

保育の場では，作業効率や疲労回復，動植物の生長を促進するような目的で使われることはない。園庭に木々が茂り梢を風がわたり，草花が香り，川のせせらぎの音があり，小鳥や蛙の声が聞こえ，カリヨンの音色が給食時間を知らせるような環境の工夫はあっても，人工的な音や香りを演出はしない。それは子どもの耳を耕し，遊びへの集中度を増し，没頭する条件をつくり出し，自然と融合する音感覚のかたちをつくり出したいという教育的意図があるからである。その中で，保育において意識的に流される鑑賞曲がある。国産のレコードが発売され鑑賞曲が急増したのは大正時代からだが，第二次世界大戦後，クラシック音楽が環境音楽として子どもたちの生活に入ってきた

(『保育要領』ではトルコ行進曲，白鳥，郭公(かっこう)など36曲例示されている)。食事中に流されるとか，表現活動のBGMとして流される，あるいは運動会などで士気を高めたり興奮を呼び起こしたりして感染し合う効果や行動の合図を狙って使われることが多い。また儀式の入退場等で荘厳な空気をつくり出す効果としても使われる。しかし，こうした環境音楽に日本の音が使われることはほとんどなくなっている。

本来，環境音楽は，子どもの関心がなければ騒音になるだけなので相当に精選されて活用されるはずである。しかし，音楽は集団を動かすうえで便利なため，音楽活動としてではなく集合や片付けや登降園の際に環境音楽で支配する園もある。それが余りにも日常的になると気にならない場合もあるが，入園当初の幼児が両耳を手でふさいで泣くほどに，騒音域になっている場合も多い。そして日常の騒音は，やがて子どもがその数値の高さに馴れてしまう怖さがある。

WHOの室内環境基準「室内で話されている言葉を聴き取り，理解するためには室内の『暗騒音』(＝常時ある音)は等価騒音レベル(LAeq)で35dB以下に留めるべきである」とする根拠を越えている場合もある。一般的に教室での騒音レベルは38〜48dB(病院やホテル,居間とほぼ同じ)といわれる[6)]。しかし，活動的な子どもが生活する園空間は騒々しく，音源となる音だけでなく反響音，残響音もあり，音楽活動や運動，ゲームなどでは隣の教室と音が重なって高い騒音を発生しているところもある。教師が活動による配慮をしていればこうした事態にはならないはずだが，日本にはまだ環境音に対する無防備さがある。志村洋子らの調査では，朝から夕方までの活動時間帯の平均値は70〜90dB(騒々しい街頭から地下鉄の車内)で最大値は90〜100dB(地下鉄の車内から電車のガード下)[7)]という高いレベルを示しているとする。また教師自身が騒音の発生源となっている場合もある。新開らの調査「保育現場の音環境に関する意識の構成要素と関連要因」[8)]では，教師は子どもの音へのかかわりや音楽活動に対する意識は高いが，音環境の構成，環境音に対する意識はあまり高くないとするデータを示している。

よりよい音環境をつくるためには，建築の段階で町の地勢や住民の音への敏感さ，室空間の大きさと天井の高さ，吸音板等の有無を斟酌（しんしゃく）し，自然音が入ってくる程度に抑えていくことが必要であろう。それと同時に日常，教師は園内や園庭で発する音に子どもの声が重なって発生する音が，どんな音の心象をつくるかに配慮していくことが，音のかたちを耕す環境になるといえよう。

(2)　リズムと言葉という生命の源

有馬は，日本人の音楽の仕方は呼吸法にあること，人々の音楽行動の結果としての産出物に認められる規則性，すなわち旋律型，リズム型，音色等によって説明するだけでなく，人々の音楽行動の内部にある秩序について，日常の話す行為から歌う行為に至るまで，ヴァイゼが認められる[9]とする。藤田芙美子は，その音楽行動の深層性に興味をもち，0歳児から6歳までの幼稚園児の言葉を歌う実態を研究し，有馬同様，原点に民族のもつ言葉と音楽性の関係があるとする。そして，日本の子どもの音楽的行為の構造の特徴を次のようにまとめている[10]。

1. 「音楽的表現の形式」の基礎的な単位は，一呼吸周期で発話される日本語のフレーズ，語，音節によって作り出される。その音響構造は，その行動が起こったときの子どもの表現意欲の強さ，呼吸の長さ，日本語の音構造を変数として決定される。
2. 日本語の話し言葉と伝承的なわらべうたの音響構造の間には密接な関連性が認められる。
3. 音楽的表現の形式は，子どもたちのパフォーマンスに一貫して認められる。その基本的なルールは，話す行為，歌う行為，楽器を演奏する行為，踊る行為といった異なったあり方の創造的行為に共通するものであり，これらが創造的行為を結びつけ関連させているものの実体である。

そして，それを図表3-1-1のように図示している。この図式は藤田がブラッキングの音楽の表層構造と深層構造に依ったものだが，「日本の子どもたちの話す行為，ゲーム場面での応答唱，伝承的な歌や芸能を歌ったり，演じたりする行為はすべて深層構造，すなわち，日常生活の中での音楽以外の要因と深いつながりをもつ」[11] として，その文化の下で培われた基礎が，西洋音楽を歌ったり演じたりする音楽的表現法，行為に転用されるとする。つまり，日本語の話す聞くの基礎があり，遊びでの応答があり，わらべうたで歌う行為が基礎となって西洋音楽という表層構造への転用が見られるのである。

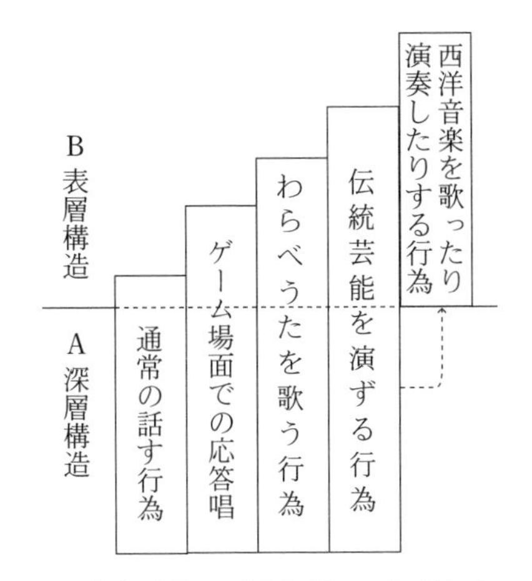

A 音楽以外の要因と深いつながりをもつ音楽的行為
B それ自体独立して存在し得る音響的構造規則に従った音楽的行為

図表 3-1-1　日本の子どもの音楽的行為の構造

藤田芙美子『音楽研究大学院年報第10輯』国立音楽大学, p. 66

幼児の通常の話す行為と，ゲーム場面での応答唱，西洋音楽を歌う行為が深層構造に位置していく変化によって，子どもだけでなく日本人はますます日本の伝統芸能や日本の音楽から遠ざかるに違いない。世界の音楽コンクールで上位を占める若者の出現が深層構造の変化を物語っているのではなかろうか。しかし，母語は基本で，目より耳の言葉が重要とする外山滋比古は，乳児期から幼児期の耳の言葉の重要性を説き，「日本人は，耳よりも目のことばを上位においてきたために，欧米人（おうべいじん）などとくらべると，聴覚的理解力が劣っていると考えられます」[12] として，生後から始まる母親の言葉（マザリーズ），そして幼児期から始まる抽象的な離乳語（ウソをつくことも含め）が想像力を広げ，頭の働きをよくする作用だという。

マザリーズは，次のような特徴をもつ。

①普通より少(すこ)し高い調子の声で話す
②抑揚(よくよう)を大きくする
③くりかえし言う
④おだやかに，できれば，ほほえみを浮かべて話す[13)]

その言葉は，藤田がいう日常話す行為や応答唱からわらべうたの段階，伝統芸能を演ずる声の出し方，リズムや拍子，間，押さえた動きなどの深層構造をかたちつくっているものといえよう。

民族のもつ言葉はそれぞれ違っても，母語を獲得し話す行為がどんな音楽にも転用されるのはなぜか。クラーゲスは，物の事象変化ではなく現象が現象として体験される周期的反復運動（現象）には，リズムと拍子があるとし，無意識的自然運動をリズムと呼び，意識的人為的反復運動を拍子と呼んだ。そして，「リズムと拍子が，本質的に異なる発生源をもつにもかかわらず，人間の中でたがいに融通しうることが明らかになった。―（中略）―すでに存在するリズムでさえも，事情によっては拍子づけによりわれわれへの作用効果を強める」[14)] としてリズムの本質を追究した。そしてリズムだけでなく拍子にも生命内実があることを発見し「未開人は，拍子をいわば恣意的な戯れと混同していても，そのために拍子を失うことがない。それを可能にしているものはかれらの内面的リズムの豊富さ」[15)] で，内面的リズムが弱いときは拍子を保持しているとする。リズム的音響はリズム的運動を引き起こし，リズム的運動はリズム的音響を引き起こすから，人は踊りたくなり歌いたくなるというように，音響のリズムは，時間現象だけでなく空間現象をも分節するのである。これは1922年当時の民族の言葉とリズムと拍子に関する不易の研究であり，就学前教育の表現の基礎を再確認するものである。中村雄二郎は，これをホログラフィ（3次元情報の記録・再生）の論理から，《おのおのの生体は，ある方式で宇宙の写像となっており，また宇宙のおのおのの部分は，ある方式でその内にある生体のそれぞれの写像となっている》[16]として，〈相補性，共時性，対称性，二重性〉といったリズム的振動にかかわる全体，形態共振においている。だからこそ，われわれが文化と呼ぶものはすべてリズムに根ざしているという世界観，リズムがすべての創造の源泉だというオクタビオ・パスに行き着く。

クラーゲスはさらに，「『抵抗にたいする生命の優勢の度合いに応じて，事象や形態をリズム化するものの正体は生命そのものである。』リズムのなかで振動することは，それゆえ，生命の脈動のなかで振動することを意味し，—（中略）—精神をして生命の脈動を狭めせしめている抑制から一時的に解放されることを意味する」[17]とする。私たちは生命の脈動，動きのリズムによって解放され安定を得ているから生きられる。未開人であれ，文化人であれ母語をもつこと，母語を話すことは，リズムと一呼吸周期による多拍子とが支え合う土壌を耕す。そのリズムの振動・響存的世界が生命をかたちつくっていくのである。鈴木亨は「響存的世界とは自己と他者が各々脱自的に自己否定を通して，すなわち超越空を媒介として人間的一体感に目覚める世界」[18]をいい「人格とは人と人との響き合い，Echo から成立するのである。響き合うということが，人間をして真に人間たらしめるのである」「我が汝に働きかけ，汝が我に働きかける，我と汝の相互の働きが超越無の場所において自己矛盾的に行われることをいうのであって，このとき我と汝とは超越空を反響し合う—（中略）—響存的世界も一つの統一・法則にしたがって展開するものといいうる。ただその統一は音響においては音楽的法則となり，科学においては科学的法則となるにすぎない」[19]とする。すべての芸術の基礎をリズムに置いたのは，小林宗作のところで述べたとおりであるが，それを鈴木流に言えば，響存的世界を生きているということになる。特に乳幼児期の生命そのものであるリズムと言葉を話す行為との関係は，マザリーズに始まり保育の中の子どもとのやりとりがこだまし合い，人間的一体感に目覚める世界となってくるのである。

(3)　色のかたちと生物の共生

リズムと音は，色や形，においや味とも切り離せない。風やせせらぎの音にも色を感じるように，日々，目にする色の風景は，子どもの色彩感覚の輪郭をかたちづくっていく。自然の色は自らその調和をつくり出すように，人間も音だけでなく，色やにおいや味なども含めて自らの中にリズム・調和をつくり出す。人工物は人間が色を載せるが，そこには民族がもつ色感が現れる。ギリシャのサントリーニ島の建物の青と白は，空や海の青に溶け込んで一つの風景，民族の色となっている。トルコのカッパドキア，イタリアのアルベロベッロにあるトゥルッリの家々，飛騨の合掌造りの町，木曽の馬籠宿を行き交う人々など，色と形がつくり出す風景には，そこに生きる人々の感性の源がある。園も町並との調和，園舎や園庭の自然，室内の調度品，子どものもつ色や教職員のもつ色との調和の総体として雰囲気をつくり出す。美しさや華やかさを感じさせる，あるいは落ち着きなどを感じさせる色調とリズムなどが，子どもの色彩感覚のかたちの基礎となっていく。

色は色相・明度・彩度の三大要素の組み合わせでつくり出され，明るいとか暗いといった色のトーンが直観的な印象をつくっていく。色の印象は，光源と物体と目とによって知覚される現象であり，光の性質によって色も変わる。ゲーテは，闇と光の中間で作用し合う中で色彩は成立するとして，「色彩というものは光のはたらき，その能動的な作用と受動的な作用によって生じたもの」[20] としてその関係を捉える。光が行為として生きているのは，人間の眼と自然の光との共同作業によって可動的に生々するという意味で，科学では語り得ない主観的なものということである。

幼児期の色に対する基礎経験とは何か，それは昼と夜，太陽光のある時と闇の時空間を知ることから始まる。色のない時間，昼行性の動物は宇宙と共振するリズムに従って寝る。その光と闇と自分の内に起きる現象を感じる身体が，色を感じる基礎にある。ゲーテは，「色彩と光は相互にきわめて厳密な関係を保っているのであるが，しかし両者はともに自然の全体に属していると考えられなければならない。なぜなら，それらを通して自己を眼という感覚にとりわけ啓示しようとしているのは，自然全体にほかならないからである」[21] とする。眼が存在するのは光のおかげで，「眼は光にもとづいて光のために形成される。それは内なる光が外なる光に向かって現われ出るためである」[22] とする。そして，次のように３区分する。

①眼に属し，眼の作用と反作用（視覚の内部と外部に対する活発な交互作用）にもとづく色彩を生理的色彩
②無色の媒体にもとづき，あるいはその助けを借りて知覚する色彩を物理的色彩
③対象そのものに属している色彩を科学的色彩

生理的色彩は，色彩感覚の基盤をなしているもので，健康な眼であれば，私たちは光と闇の関係，黒と白の関係，灰色の面と像，まばゆい無色の像，そして有色の像や陰影，弱い光，ろうそくのまわりに見る色の暈(かさ)などを日常的に感受している。闇の中でろうそくが灯されると，光を感じ，灯のまわりは明るく周辺は暗い灰色に感じ，これが太陽光ならば，まばゆく無色に，あるいは眼を転ずれば有色に感じる。暈の感受も，光の強さと関係し，周辺に様々な色を感じるといったものである。眼に痛みがあり閃光が走ったり黒い斑点がちらついたりしたときは，風景だけでなく色の見え方も異なる。

物理的色彩は，光が媒体の表面から反射する場合（光線反射），縁から照射されて起こる場合（光線回折），半透明・透明な物体を通過する場合（光線屈折），物体の無色の表面に種々異なった条件で見られる場合（薄膜干渉）がある。太陽光は，気象条件によって様々な色を私たちに見せてくれる。朝焼け，夕焼け，虹や雪山の青みがかった色も，反射，屈折などによる物理的色彩であり，私たちの体内現象によって直観に対して啓示される。これらの法則は科学的に言葉によって説明されるのではない。この直観による啓示をゲーテは，現象界の中でこれより上位にあるものは何もないとして“根源現象”[23] と名付けた。光線の屈折が空気や気体，液体，固体といった媒体によっ

て屈折する事象を日常経験の中で感性によって受け止め洞察する体験が物理的色彩への接近である。

科学的色彩は，ある物体に内在する性質と持続を特徴とする。水が結晶すると雪に，塩の結晶は粉末に，また珪土は結晶して輝き伯珪を現す。材木は燃えると灰色から黒い炭になり，鉄は酸化すると赤茶けた色に変化するといった，自然および人為的な操作によって起きる色彩現象がある。物体的現象は，このように可動的ではあるが固定もされる。鉱物は固有の色をもち，岩絵具として使われる。植物の搾り汁は染色や子どもの色水遊びなどに使われる。蠕虫（ぜんちゅう）・昆虫・魚類・鳥類もそれぞれ個性的な色をもつ。もちろん，動物も人間も色をもっているわけで，肌の色が民族差別を生む場合もある。さらにレンズやプリズムのような光線屈折による科学的作用によっても色をつくり出すことができる。そして生理的色彩，物理的色彩，科学的色彩いずれも混合作用を現す。

こうした色に対する感受性，つまり，色は放射光がなければ生まれないこと，私たちが感じる色や形は包囲光の範囲であること，太陽光線はいろいろな波長をもった光の集まりで，赤・橙・黄・緑・青・藍・紫の順に波長が短くなること，さらに物体，動植物等の生物は生息環境に適応する色をもつことなど，その不思議に子どもたちが興味や関心を寄せることが，色に対する基礎的な知識の経験の一つとなる。しかし，中村によると，ゲーテの色彩環の伝えるものは，放射光と包囲光の関係で色を感じるのではなく，「色というものが私たちの生活にあまりに近く，微妙かつ移ろいやすくて，そのあるがままの姿を捉えるのが難しい。色彩の問題は客観性のなかに主観性が深く入り込んでいて，というより，主観性とか客観性とかいう分け方そのものが問われる」[24]とする視点である。ゲーテがニュートンに対抗して，〈形態学と色彩論〉を一つとして，光としてではなく像として現れたとき光は屈折に際して色彩を現出させるという論理に万物相環の考え方をみたのである。かたちと色の相互作用に自然科学ではない，芸術的，感覚論的なかたちのオディッセイ（冒険の旅）をみるのである。

人間はこうした色を生活に取り入れて，自然と共存し，色に意味を付与するとともに主観的色彩のかたちを構成して生活を豊かにしてきた。シュタイナーが自らの人智学を校舎という形や色にして語るのにゲーテの色彩環を用いるのも，日本の庭園が四季の色を案配して植生をつくるのも，主観的色彩のもつ生きた側面だったといえよう。色相環も今日では，アルバート・H・マンセルの立体表示に拠り，色は電磁波の刺激を眼球の網膜上にある錐体細胞を通し，脳が色というイメージに置き換えて認識しているという科学的知見に依るが，色や形に対する主体の感覚も乳幼児期からかたちづくられていることには相違ない。

磯部錦司は，雪が降った日の子どもの情景を「真っ白な地面に足跡をつけて走りまわり，雪を素手でさわり，なめて雪の冷たさや味を確かめる者もいる。自分のつけた足跡をふと立ち止まり見つめて，また意識して足跡をつけて歩き出す子どもが現れる。―（中略）―感じたことから行為を生みだし，その行為から生み出た形を感じ，その形からまた感じて新たな行為を生みだし，『感じてあらわす』という絶え間ない連続した繰り返し」[25]と表現している。彼は，そんな生活をする環境を重視する園から生まれた表現を『自然・子ども・アート』としてまとめているが，子どもの表現における現象としての自由があるところには自然があり，直観的に刷り込まれる美的な音や音楽環境，色やにおいといった日常の風景があることを感じさせる。ここには質感のネットワークが主観的体験を耕している姿を見ることができる。生理的色彩に対する子どもの感受性，物理的色彩に対する興味・関心，科学的色彩に対する生物や鉱物との共生感覚が基盤となっているのである。基礎体験は，人工的に作られたクレヨンや絵の具の色の名前を覚えるところから始まるのではない。花やクワの実などの色を発見したり，岩や土や砂，昆虫や魚などのもつかたちと色を自分の感覚で捉えたりすることから始まるのである。色の混色や線や形を学習する以前に，自然界のもつ色や形と自分の身体との関係を学習することが，かたちと色を感じる芸術の基礎なのである。

自然豊かな庭に春夏秋冬の訪れがあり，その風景が日本画のような美しさを添える環境に暮らす場合と，雑然とした人工物が山のように積まれ不調和な色がそれらを囲み，視界も遮られる場合では，育まれる質感のネットワークも異なる。日本人の感じる赤は緋色か茜色で西洋のそれとは違うように，あるいは和服の色の組み合わせは自然と合わせた粋を良しとして色や形が場所や内容の室礼（しつらい）を示し，その色合いに日本を感じるように，かたちに刻み込まれた歴史的身体がもつ美観が培われる。

(4)　味やにおいのかたち

味覚と嗅覚は切っても切り離せないうえ，質感を捉えるセンサーとして私たちの生活に深く関係している。人の味覚の感知は，舌の上面の舌乳頭と口腔内にある味蕾である。味蕾を通して味物質が作用すると味覚神経を介して脳にシグナルが送られ，大脳皮質味覚野で甘味，塩味，酸味，苦味，うま味が識別される。また，人の嗅覚の受容は，鼻腔の天蓋部の嗅覚器で行われる。嗅細胞の表面にある微絨毛（びじゅうもう）が鼻腔内部に向かって出ていて，嗅覚受容体と呼ばれる膜タンパク質が存在しており，におい物質が結合すると嗅細胞が活性化する。嗅細胞は，脳から突出した嗅球に連結して，嗅神経に信号を伝え，それが嗅覚中枢に到達することで，においを感じるという仕組みである[26)]。味覚も嗅覚も嗜好性があり，好きなにおいや味に対しては快を，嫌いなにおいや味に対しては不快を感じて避ける。生物が産出した物質や人工的な揮発性の物質などにおい物質は，10万種類とも40万種類ともいわれるが，空気中のにおい物質から感じる場合と，飲食物からにおい物質を感じる場合がある。におい感覚と，味情報，口触りといった触覚情報から，全体としての風味が形づくられる。

嗅覚と味覚は，五感の中で，特に個人差が大きく，感受性も異なる。この個人差は，遺伝子レベルの相違と，生後の体験や学習などの後天的な要因，体調といった生理的要因も関係する。新生児，幼児の研究からも嗜好が体験によって決まることが証明され，後天的な影響が大きい。また，においや味に対する慣れがあり，特に「嗅覚疲労」はストレスから身を守る反面，有毒ガスなどに対する嗅覚疲労によって身を危険に晒す可能性もある。

味覚や嗅覚のかたちが形成されるのは，母乳（ミルク）から離乳食期にかけてで，初めに甘味・塩味・うま味とにおいである。離乳食期になって，いろいろな味に接し，苦味・酸味も経験していき，5歳頃までにほぼかたちができあがるといわれる[27]。

教育は自然か，人間か，事物によって与えられるとしたルソーは，自然に反した習慣を否定し，自然が子どもに与える試練によって体質を鍛え成長するとした。水浴の習慣，手足を自由に動かせる衣服，運動による空間や時間の感得，言語の獲得，探索だけでなく，味覚や嗅覚なども，自らを拡大していく子どもの自然を大切にすることを謳う。「子どもが最初に感じる感覚は，純粋に感情的なものだ。子どもは快，不快をみとめるにすぎない。―（中略）―長い時間をかけて，すこしずつ，かれら自身の外にある物体を示してくれる表象的感覚を形つくる」[28]とする。フレーベルも，「子どもの食事は，子どもの生命状態におうじてできるだけ単純なものであるがいい」[29]ことを強調する。「子どもが内面的なものを自発的に外的に表現しはじめる感覚器官の活動，身体の活動，及び四肢の活動の発達をもって，人間発達の乳児の段階（die Säuglingsstufe）は終りをつげ，幼児の段階（die Stufe des Kindes）がはじまる」[30]とする。生まれてきたばかりの成長していく人間にとって，〈身体の使用，感覚器官の使用，四肢の使用〉[31]とその応用，練習が内面的な表現の始まりだからである。その始まりを快にするために，感覚器官の活動を活発にさせるよう，素材そのものの味を感じるように薄味で強い刺激臭を避け，自然界のにおいをかぎ分ける環境を用意するのである。こうしたルソー，フレーベルらの自然の中で直観を磨く思想，日本における貝原益軒の『和俗童子訓』や『養生訓』[32]の思想は，今日の母子手帳や育児書に書かれた内容と重なってくる。

しかし，命とも直結するだけに，乳幼児期にこれら諸感覚のかたちがどう形成されるかが，個々人を決定する重要な要因となる。嗜好性の個人差は当然とはいえ，体験が乏しいために強い偏食をもたらし，それを矯正するという自然に逆らう方法ではなく，味覚や嗅覚の発達特性を踏まえた環境の調整が必要になる。

味覚や嗅覚は，視覚とも深く関連し，やがて味覚芸術，嗅覚芸術としてその道の表現文化を創造する。日々の味噌汁から漬け物に至るまで，家庭の味が記憶に残るのも，あるいは次の世代に伝承されるのも，料理人として，ソムリエや唎き酒の名手として職業と直結するのも，幼い頃にかたちづくられた味覚・嗅覚と視覚・触覚・聴覚が作用しているからである。

２．かたちのもつ質感

私たちは，毎日着る洋服の素材が綿か化繊か絹かウールか，あるいは魚や野菜の鮮度はどうか，また，生もの，金属やプラスチック，ガラス，布や皮などを瞬時に見分け区分する。区分が難しい場合は，においを嗅ぎ，手や皮膚で触りその感触で確認する。真冬の鉄棒の冷たさ，季節による水の温度，食物の鮮度，雨や雪に濡れた道路など，状態の変化も瞬時に判断する。この事物の質感を感知する力は生命にとって不可欠で，その情報が物体を認識したり，危険を予知して運動を制御したり，情動を生成・制御したりする。自分にとっての価値判断が生活を豊かにする場合もあれば，無機質にする場合もあるからである。質感の情報は，視覚，聴覚，触覚，嗅覚，味覚などの感覚とそれらを統合する共通感覚（クロスモーダル現象）によって判断される。

茂木健一郎は，「『私』とは，『私』の心の中に生まれては消えるクオリアの塊（かたまり）のことであると言ってもいいくらい」[33] だとして，脳のニューロン活動が心を生みだし，主観的体験を生みだすとする。主観的体験は，クオリア（質感）に満ちていて，味やにおいの違い，形の違い，赤を赤と感じるクオリアが『私』を立ち上げるのである。しかし，茂木は，「主観的に体験できる心的状態は，全てクオリア」だとするディビット・チャーマーズのこの見解を，赤を赤と感じる感覚的クオリアと，外的な状況の解釈としてきれいとかわくわくするなど見えなくても見えるように立ち現れる志向的クオリアに二分する。そして,「感覚的クオリア,志向的クオリアの区別が,自己の『内』と『外』,過去,現在,未来という空間的,及び時間的な位相構造を支えている」[34] とする。「『私』の構造は,志向性や志向的クオリアを生み出す前頭葉を中心とするニューロンのネットワークと,感覚的クオリアを生み出す後頭葉を中心とするニューロンのネットワークの間に存在する根本的な非対称性を反映している」[35] から,私が感じるすべての表象は,私が私の志向性の働きによって選び出し,私の前に置いたものだとする。これを西田流に換言すれば,私が視覚野で捉えた形の再現ではなく,“芸術的直観をもって立ち上がるかたち”,三木清の言葉でいえば“ロゴスとパトスの統一を目指した構想力”,中村雄二郎の言葉でいえば“諸感覚の協働としての共通感覚・諸感覚の主語的統合”というかたちである。

そうした意味で,脳は表象を再現（脳外のあるもの,ある種の概念を脳内で再現）するものではなく,脳内のニューロン活動によって自律的につくり出し自らの前に置くものなのである。こうして環境の中にある色や形の質感は,脳の感覚的クオリアと志向的クオリアのネットワークの中に組み込まれて主観的体験を耕していると思うと,置かれた環境の中で立ち上がる私は,表象を自律的に創造している私ということになる。表象される色や形も,主観的体験によってつくり出されることを考えると,日常の生活空間にある色彩や形,空間の調和・不調和は,子どもの心象を左右する。

昔から多くの芸術家が芸術的直観で捉えたかたちと質感の表現に挑戦してきた。温かさ,冷たさ,重厚さ,暗さ,明るさ,あるいはわび,さびと形容されるような質感を絵で,造形で,言葉で,音とリズム・音楽で,身体で表現することが本能を満たしたからであり,質感は生活と切り離せない豊かさにつながるからである。五感がしっくりいく感覚＝共通感覚が捉える質感ではあるが,特に触る,嗅ぐ,味わうといった感覚は,物体の内実に迫るものである。感触の違い,味の違い,においの違いと表現するのも,質感を感じ取る感覚の代表だからであろう。石材や木材,布などの原料の質だけではない。酒造りの杜氏やワインのソムリエなど,アルコールの質をかぎ分ける人や，料理の味，香りの質を評価する人など，質感を感じ取る特殊な感覚が専門家と呼ばれる一つの条件である。

乳幼児期は，その物体の質感への探索が遊びであり生きることだといっていいほどに生命と直結している。乳児がべろべろ玩具をなめるのも，幼児が物を投げたり叩いたりして壊すのも，質感を志向的クオリアとしてもつ過程への挑戦である。それが周囲を困惑させるが，子どもは叱責を受けたとしても知りたいという本能が勝るのは，表現衝動のなせる作用である。表現はかたちと質感の表れであり，そこに量や形や線，動きや言葉，音やリズムが伴う。幼児だけでなく人間が質感を獲得するためには，生活の中で様々な物に出合い，五感を通して身体に質情報を累積していくことを本能が訴えるからである。そして言葉の誕生の前後から，物体がカテゴライズされて質感の共通項もネットワークを張るようになり，質感は固定するとともに可動的になる。こうした感覚的，志向的クオリアなくして，表現はできないといえよう。

従来の２次元の写真等の記録では，物体の振幅（明暗情報）しか記録されなかったが，ホログラフィ（ある物体の３次元情報を記録し再生する技術）では振幅や位相も記録され再生されるだけでなく，小さな断片から元の像が，つまり全体像が得られる。中村は，脳科学の発展について，「複雑な科学システムや生物システムの形態は，既知の物理法則によってのみ形成されるのではなく，物理法則の許容する一定範囲の可能性のなかから，形成要因が選択を行う」[36] 論理にたどり着いたとして，これを形態共振（形態共鳴）と概念規定した。自然と自己との同化，共鳴装置化は，異化作用を含む主体的な行為であり，従来いわれてきた直観・直感という人間の能力は，形態共振に潜んでいると考えるのである。

ここまで，かたちの形成として五感覚を取り上げてきたが，直観・直感が形態共振，空海の言葉でいえば五大にみな響ありという宇宙とのリズム共振にあること，形態共振は形成要因が選択を行う主体的な行為であること，そしてそのかたちが表現衝動に作用して，アルタミラやラスコーの洞窟壁画の昔から，ヒトを表現者として形成してきた根源があることを捉えてきた。

自由な表現が生まれる原点は，地域全体の生活に限界芸術が花開き，幼児が本物に囲まれて生きる生活にある。また，幼稚園等が表現が可能な場所として認識され，常に新しさを生成する刺激がもたらされる外的環境と，形態共振によって生まれる主体の直観のかたちが累積され，他児，他者との相互作用によって生じる現象としての自由があるということであろう。

§3　題材から立ち上がる主題，主題から立ち上がる題材

1．現象における自由

生活体験を通して生起する題材から心象を呼び起こし，自らの主題が生まれ表現する，あるいは主題が提供されることで表現する。表現は気ままで，題材・主題の関係が反発しても寄り添いすぎても集中につながらない。それは，現象における自由が表現する我を突き動かす原動力であり，それが疎外されたり怠惰を生んだりするからである。

(1)　題材と主題の関係

2020年の歌会始のお題は「望」と定められた。毎年「光」「語」「野」「人」「本」「静」「立」「岸」「葉」「光」などとお題が定められることで，人々はそこに自分の生活から生まれる主題を見いだし，歌を詠む。題材をもつことは，自分に向き合う契機となり，深く内省して表現する自分の抱いている世界観を主題として浮かび上がらせる。題材とは，画題，モチーフ，テーマ，楽想といった芸術作品の制作や研究論文，弁論などのテーマとなる材料であり主題でもある。主題が自分の表現の物語なら，題材はそれを刺激する題，材料で主題と切り離せない関係にある。題材が主題を生みだし，主題が題材を生

みだし，題材と主題が支え合うという関係である。

音とリズム，言葉，身体，線と色などいずれの表現においても，題材と主題の関係は常に生起し，事象や現象への直観から偶発的に主題が湧き上がってくる場合と，表現欲求を刺激する題材から主題が湧き上がってくる場合がある。つまり感覚的クオリアからのネットワークで立ち上がる主題もあれば，志向的クオリアからのネットワークで立ち上がる主題もある。しかし，題材も主題も湧かない中で表現を求められるほど苦しいことはない。もちろん，純粋芸術を仕事とすれば，題材を求める表現者の放浪過程，あるいは与えられた題材から主題を見いだす過程も，それを表現していく過程も苦悩と喜悦の連続であろう。そう考えると，子どもであれ，芸術家であれ，誰でもありのままに表現したい自分の衝動が心象を立ち上げること，現象における自由が感じられることで創造が始まるといえよう。

(2)　生命の現れとしての絵画表現

ここでは，題材と主題の関係について絵画を例に考えてみたい。水彩ペンの赤色で塗りつぶしたその絵は，『生活のうたを描く』の内表紙として使われている。鈴木五郎は，その姿を次のように書いている。

> 四歳の子どもが赤いサインペンでB4判の画用紙に小さな克明なタッチで埋め始めている。赤いサインペンで埋め始めた画面がまぶしく目にしみる。もう一時間も手を動かしている。そして，二時間，その手の動きが止まらない。ペンを持つ手が痛くなってときどき手を振って休める。少し休んでまたはじめる。四歳の子どもとは思えないほど緊張と集中を持続させている。その傍らで子どもたちがゲームをしたりして遊んでいる。誰かが声をかけてもそれに応じるでもなく描き続けている。教師たちはその子どもにときどき目をやりながら声をかけたりはしない。集中の邪魔をしないようにそっとしておく。子どもは他人に命令されたのではなく，自分の意志でひたすら手を動かし，手の動きによって白い画用

紙の空間を赤いペンで埋めることの楽しさを味わっているようである。ようやく塗り終わったところを見計らって「これは何を描いたの」と教師が声をかける。子どもは「夕焼け」と答えている[1)]。

保育園に保護者が迎えに来るまでの時間を遊ぶ子どもたちの中で，描き続けるその厳粛な空間は,誰にも侵害できないその子の世界であり時間である。周囲の騒音にもかかわらず2時間以上集中する4歳児の活力には生命の強さがある。まわりの人々へ感染する厳粛さは，この生命力に対する共感であって絵が上手とか下手といったことではない。

画用紙一面の夕焼けは,この子が直観した空いっぱいに広がる世界である。直観を表したいように描くことに没頭する世界である。福光えみ子は神谷保育園の生活づくりについて「描く，語る，綴る，歌う，どの方法でもよい。自らを解き放ち，表現する力を育てたい。人と人の暮らしの中で，互いに自己表現し合う。それによって個の存在は確かめられ，共に育ち合える」[2)]と自らの確信を語る。実践者鈴木は，生活の中に美的な環境を構成し，「ときには，子どもの登園前に机を出し，用具を広げて目につきやすくしたり，私自身が朝から絵を描いて，子どもの意欲をかきたてることもある」[3)]という動的で新鮮な環境も用意する。描きたいときは，夕方だったり動物園に行く前だったり昼食を摂りつつ描いたり，続きにすると言って1か月ほどイーゼルに置いて気が向いたときに描いたりと時間は自由である。また描く場所も,「床に寝転んで描いたり，積み木の上や跳び箱の上，庭や玄関などいろいろである。いつも調理室のドアの前で描く子どもがいて,理由をたずねたら『スキマカラ，イイニオイガスルカラ』という答えに大笑いした」[4)]という自発的な表現の場が保障される。かつて福光は筆者にこんなことを語っていた。いずれ町工場を継ぐであろう子どもたちである。幼児期に町を生活の場として暮らし，身体にそのにおい，風景をしみ込ませていきたいと。

そして表現が生まれる過程を大事にする。公園に行く途中で咲いた民家の花のにおいを毎日だっこしてもらって嗅いだ3歳児が，時がたって「オハナカイタ」と描いた絵を持ってくるように, 日々の体験が深いところでつながって熟成され表現になるからである。

ねむの木学園の設立者で女優の宮城まり子が,『生活のうたを描く』にこんなコメントを寄せている。「子どもの絵は先生の心, たしかな目, たしかな線, そして心の中の色, そしてその中に教師の見守る目をみます」[5] と。近代児童画史上, 奇跡の出来事と谷内六郎もいうように, ねむの木学園の子どもの画集『ねむの木の詩』[6] は, 神の領域を感じさせる。算数ができなくても表現はできる, そこに本来の表現の意味を見いだすからである。

(3)　主題を立ち上げる述語的主体

神谷保育園の子どもの表現はすべて自由画かというと, そうではない。“描くことが好きになるような指導が必要”で, それがないと概念的にパターンの繰り返しに陥り, 表現が嫌いな子を生んでしまうと考えている。そこで, 子どもたちに題材を提示し主題を生みだす自由を呼び起こすとともに, 新しい表現方法を獲得させることもする。その題材は, 雪に閉じ込められて外に出られない日に雪を, 給食のみかんのおかわりで盛り上がった日にみかんを, 秋雨が続く日に画用紙にたっぷり水を吸わせて画板に貼って色がにじむのを楽しんだり, あるいは長いロール紙に横線を入れたものを提示したりする。絵を描くのは子どもの主体的な活動である以上,「私が働きかけるのは筆を持つまでと考えている。描きはじめたら子どもにゆだねるしかない。課題を提示したあとは画用紙を取りにくるまで待っている。描くことを決めた子どもの話をていねいに聞き, 画用紙を渡す。なかなかこない場合も, じっと待つ。“描こう”と決めるのは, 子ども自身なのだ」[7]。そして描き終わると子どもの話に耳を傾ける。描くペースは様々で一律ではないからこそ, 時間や空間, 画材に配慮し, 時には題材を提示するのである。

表現における題材についてデューイはブラットレーを引用して,「『題材』それ自身には, 大きな創意がある。それはラベル以上のものではない。それは作品を生む機会でもあろう。または, 生の素材として芸術家の経験のなかに入り，そこで変形を見いだす主題でもあろう」[8] という。外にある題材が創作の契機となって表現者の経験の中に入り主題を生むということである。また，作品によって「呼び起こされたものは一つの実体であり，それは，そのように形づくられているので，他者の経験のなかに入っていけるものであり，また，彼ら自身の経験をより強烈で，より充実したものにさせることのできるものなのである。これが形態をもつということである。形態をもつということは，最初の創造者より才能の劣っている人たちの側において，経験された内容が，適切な経験構成のための最も容易で，有効な素材になり得るように，その経験された内容を心に描き，感じ，表現する仕方を示すことである。それ故，形式と実体の間を区別することは，内省における以外にはできないのである」[9] とする。

自然界の最初の創造者である神より劣っている人間は，題材をもつ，あるいは形態をもつことで，経験した内容を想起し表現する。ねむの木学園の子どもたちは最愛のまり子さんや学園での生活が題材であり，神谷保育園の子どもたちには日々の生活から生まれる題材があり，その題材によって呼び起こされた自分の心を見て自らの主題を創造する。表出は本能衝動のおもむくままに生まれても，俳句・短歌，絵画や造形，身体の動きなど，表現として表そうとするときは，題材が実体を呼び起こし，かたちを表象に向ける原動力となる。福光が，課題（題材につながる課題）を提供したあとは，子どもの心が動くのを待つのみとするのも，実体は主体の側の内省によるからである。

これは，プラトンとゴルギアス，あるいはアリストテレスやシラー，そして山本鼎の自由画運動とその欠落を指摘した岸田劉生や岡本太郎の芸術論争を思い起こさせる。表現という詩的狂気（本能的な創造衝動）は，外界にある題材を内省によって創造に向け表現する。その内省が快楽の方へ，観客を喜ばせる方に向かえばゴルギアスの視点になり，その内省が自然美に向かえばプラトンやアリストテレス，シラーの側の論になる。カントが悟性と理性の間に判断力をおいて“美感的判断は快・不快の感情に関して構成的原理となる”とした美感的判断，つまり内省によって働く構成的原理に作為が働くか自然美かの違いともいえよう。経験された内容を心に描き，感じ，表現する仕方を示すことはできても，形式と実体の間を区別することは，内省による以外にはできないのである。

山本鼎の自由画も，児童の作品を見る限り主題があっての自由画であり，“児童の見る働きを尊重する”つまり内省の表れを尊重することだったと思われる。山本の自由画運動は，賢治の農民芸術運動につながる内省という心象世界である。山本が“教育が師範的技巧を教授する鑑賞教育”に陥っているとしたのは，教師に提示された題材を，児童自身が経験内容を想起し内省によって形式と実体を区別し内的世界を自由に表現するのではなく，形式を指導した臨画や罫画への批判，あるいは内省の実体までを指導したことへの批判によるのではなかろうか。それは今日の絵画指導にもよく見られる現象で，生活による素材・事象への出合いも対象と親しくなりかかわる経験もないままに突然，題材が与えられ，描き方が事前に指導され，さらに描いている最中に教師・保育士がもっと大きくとか，色を塗るようにといった実体への指導が加わる保育に出合うことがある。馬など見たことも触ったこともない子どもにある日，馬を描くという題材が与えられたらどうなるか。『スーホの白い馬』『白い馬』[10] などの絵本や物語から得た想像画ならともかく，馬を経験画として描かせようとしても経験画にはならない。山本は子どもの生活から離れた経験画にならない題材ではなく，児童の日常生活で得た経験を題材にして主題を立ち上げる自由を提唱したのではなかろうか。この題材と主題との関係は，各園の自由画帳や自由画の指導においても同様に検討する意味がある提案である。

また，年齢が低いほど，題材や主題が先にあるのではない。自動記述したシュルレアリスムのごとく，描きたいように描いていたら，動きたいように動いていたら主題が湧き上がってくる。ここにシュルレアリスムが無限の可能性を開き，アウトサイダーに眼を向けさせ，バタイユらによってさらに進化し続けている意味がある。

2．表現の自由とは何か

放任に流れるとして山本の自由画を批判した岸田の教授プランは，教育における造形的な創造活動には，自由画法（写生，想像，記憶画）だけでなく，見学法（鑑賞と臨画），手法の教授（画材との出合いや技術との出合い）と装飾法（造形）が必要だとした。今日の教科「図画工作」の内容は，この論争の賜であり，児童が，感性を働かせながら，つくりだす喜びを味わうようにするとともに，造形的な創造活動の基礎的な能力を育成することを重視し，造形への関心や意欲，態度，発想や構想の能力，創造的な技能，鑑賞の能力などの資質や能力を培うとしている。

就学前教育は，自由な遊び，自由画や自由な創作表現を特徴とする。しかし，自由は習慣に過ぎない側面をもち，描かないという自由な習慣も発生する。また描く形も習慣としての自由によって概念化する傾向をもつ。習慣としての自由を超越するのは，福光が“描くことが好きになる指導”という習慣を超越する自由を子どもたちにもたらすことが必要なのである。

その超越した自由こそ，シラーのいう“現象における自由”である。フェミニストであり美術史家の若桑みどりは，神谷保育園の指導に保育者の作為を感じてはいない。「最近わたしは芸術というものがすっかりいやになっています。展覧会や美術館や高価な絵画の話題が多くなりすぎたせいかも知れません。―（中略）―絵を描くという権利を，自分たちの日常行為として，美術館や画廊から取りもどさなければなりません。空の色，木の色，雨の色，雪の色，大地や世界がわたしたちのものだと感じられたあのはじめのころの澄み切った目，―（中略）―からだのなかから，こころのなかから，うたうように，踊るように，描くあの自由を」[11] という。幼年期が真の人生に一番近いとしたブルトンが，「幼年時代をすぎてしまうと，人間は自分の通行証のほかに，せいぜい幾枚かの優待券をしか自由に使えなくなる」[12] という感覚に近いのであろう。ここに習慣を超越する子どもの自由をみているのである。幼児の自由画は対象を写し取る自由ではなく，単なる習慣としての自由でもなく，大地や世界に自分を感じる感覚と，描かざるを得ない衝動を感性に映して表象する自由である。

心象が色や形に表現されるだけでなく，音やリズム，音楽表現においても，あるいは言葉や身体での表現においても，題材と主題の関係は同じであろう。またそれが型をもつことも同様である。デューイは，芸術が型をもつことについて，次のようにいう。

表現者自体の「経験は，型と構造をもつ。というのも，経験は，単に交互に行なわれる能動と受動ではなく，両者の関係性の中で成り立つもの」[13]であり「呼び起こされたものは一つの実体であり，それは，そのように形づくられているので，他者の経験の中に入っていけるものであり，また，彼ら自身の経験をより強烈で，より充実したものにさせることのできるものなのである。これが形態をもつということである」[14]と。

音やリズムの型，言葉のリズムや抑揚，動きの振りや空間構成など，すべてが可塑性に富んだかたちをもつクオリアとしてあり，それは他者の経験との共通性をもって感染し合えるものである。この型と構造をもつ過程にはリズム振動があり情動が伴う。それらは，クラーゲスがいうように，リズムと拍子の対立，換言すれば生命と精神の対立によって強められるといえよう。訳者杉浦實が，「すぐれた精神は自己を抑制し，生命を解放し，解放された生命はまた精神を触発し，触発された精神はさらにまた生命を刺激し，たがいに作用しつづけ，両者は一ならずして一なる，高次の調和の状態を保つ」「この交互反応の場がリズムであり，リズム価が高まれば高まるほど，生命の充実したより深い感動が生まれる」[15]というように，また，デューイが「統合的経験は，そのなかで活動的なエネルギーがその適切な仕事をしたときにのみ，終止するからである。闘争と対立は，苦しいことであるが，それが経験を発展させる手段として経験されるときは，それはそれ自体享受されるものである」[16]とするように，より大きな意味で堪え忍ぶ，受苦するという要素が，すべての経験の中にあり，新しい諸関係を結ぶ美的経験の中にもある。芸術を語る際の楽しさは受苦も含むのである。彼は，「興奮なくして，騒動なくして，表現はない。—（中略）—表現することは，踏み止まることであり，発展のなかで前進することであり，完成にいたるまで仕上げることである」[17] と，その自我の対立を前進の条件とする。

助長する条件と疎外する条件との均衡をどう保つのか。形態共振によって現象としての自由が増すほどに，助長するだけでは真の表現の喜びは得られない。情動を揺さぶられる感情，それを表現したい衝動，完成に至るまでの受苦，それらが，生命と精神の対立によって強められるところに，生きる原点があり，題材と主題の関係も横たわっていると思われる。

§４　空間・道具・メディア環境と表現

１．日常にある造形・音楽・演戯空間

表現する空間をどうつくるか。小学校では音楽室，図工室，体育館といった活動に適した空間や写生大会といった屋外空間を用意し，そこでの基礎的体験の陶冶と応用する場としての広がりをつくっているが，幼稚園・保育所等は生活を基本とするので，生活の場に用意された画材や楽器等を持ち込んで，そこを表現の空間としている。全身を使った表現は，幼稚園では遊戯室で行うが，遊戯室がない認定こども園や保育所では一つの保育室で遊び・設定活動・食事・睡眠・集会など多目的に使うため，場所を片付けて広くするなどの工夫をしなければならない。空間が不便なために表現活動が疎遠になり，年１回の発表会や展覧会の時だけ練習したり展示したりするといったところもある。もちろん，表現はどこでもできるのでそれだけが理由ではあるまいが，空間的な不便さがあきらめを生んでいる。

そうした意味では，やりたい時に自由に使える空間や材料があり，継続性が保障される時間的な条件も必要になる。表現活動は，空間と時間の継続性が保障されない限り，完成に至る受苦に子どもは向かわないからである。福光は，2階の床が抜けるような古い園舎でも子どもたちが自分を表現するために最良の空間と時間，材料を用意したいとして研究を積み重ねた。箱庭程度しかない園庭のため野外が表現の舞台になる。そこで考えたのが，絵の具，クレパス，水性ペン，4B鉛筆，木炭，割り箸ペンといった持ち運び可能な様々な個人持ちの画材である。それらを10年来使い回している筆入れに入れて，いつでも描きたい画材で描きたいものを表現できるようにした。むしろ描きたい主題や空間は野外に多くあり，個人持ちの画材さえ持てばどこでも表現できる空間と時間がある。また，子どもにとってのアトリエは野外とともに室内の階段であったり床であったりと自在である。そこなら時間を気にすることなく自分が納得いくまで没頭できる。絵画造形も屋外で活動するのであれば，地面が画布に，棒が筆に，木の実や葉や枝，石や砂，土，芋蔓などが材料になって造形の場をつくる。

健伸幼稚園（千葉県船橋市）の柴田炤夫は，自ら庭で，廊下で，ウッドデッキで絵を描き，子どもたちのアトリエにも表現したい画材や素材を用意する。年長児は銀座や浅草など，その年の子どもの興味や関心に基づいて行き先を決め，そこに出かけて描いてくる。そして表現したい衝動は遊び込む中から生まれるとして，土や山の起伏や水場のある遊びの場をダイナミックに整えている。また，山林にも子どもの生活や遊び空間があり，本物に出会う機会が多く表現したいテーマは事欠かない。子どもたちの威光模倣の対象は柴田で，子どもは園内外がギャラリーとなっている美的空間に，彼の創作過程を実際にのぞき見た作品を鑑賞することができる[1)]。かぐのみ幼稚園（神奈川県逗子市）の石井稔江も，海から流木を集め，山から自然物を集めて子どもたちと一緒に庭にオブジェを作り遊ぶ。広い裏山は秘密基地だけでなくタケノコや木の実も収穫できる。娘はるかが音楽活動をするドームハウスも保護者の表現活動の場であり，植物愛好会によるいろいろな草花が植えられている[2)]。こうした屋外で展開される表現舞台にこそ,“生活から生まれる新しさ”がある。それは，かつて野にあった表現舞台を再創造し，子どもの直観と解放感を取り戻し，質感を浮かび上がらせる試みといえよう。

身体表現，音楽表現は，音を発生させるだけでなく広い空間が必要になる。表現舞台を庭にしているところは，山や樹木や草むらなどを舞台とするだけでなく，外にウッドデッキの舞台を構成して，パフォーマンスできるようにしている。ドイツの森の幼稚園では，森自体が表現の場で，素話もブナの木の根元で木の実や棒や葉を主人公に見立てて話をしたり，教師が縦笛でメロディを吹いて子どもが歌ったり，枝を組み合わせて家を造り，ごっこや演戯を行ったりしている。ピアノの前に集めて音楽活動をしているのは日本の保育の特徴で,海外ではほとんど見ない風景である。リズム（律動）とメロディ（旋律），ハーモニー（和声）をもつ音楽の特性を様々な方法で表現したり，聴いたり，想像したり，踊ったりして楽しむことが“音楽すること”だからである。

身体という楽器をもっていれば，どこでも音楽の場をつくり上げることができる。こどもの森幼稚園（長野県長野市）の内田明子も自然物を生かしたオブジェを作るだけでなく，劇活動は屋外の起伏や樹木や自然物を使って演戯し，誰でも観客になれる開放的な空間を大事にする。室内で人工的な草や木などを造形してから身体で，音楽で，言葉で表現を生みだすより，自然の場が舞台だけに，木も草も花も起伏も生かし即興でいつでも興に乗って演じることができるからである。また風の音，小鳥の声，山びこも，雪の風景，花の風景なども表現に興を添える[3)]。

昔，遊んだわらべうたは，野を舞台に物語の役を演じて興じるものであった。わらべうたの衰退も，こうした遊びや表現舞台を室内に変えていったことが原因の一つになっていると思われる。近年になって全国で盛んに薪能が復活しており,能の奥義は外を舞台としていることを肌で感じさせてくれる。佐渡には，能舞台が30余り残っている。かつては200以上もあったといわれるが，山や林，水辺，鳥居などを舞台借景にし，橋掛かりには既存の松などを配し，三方が開かれた能舞台は，村人の手による鎮守の祭りの場としてあった。明治時代になって屋内に舞台が設置されるようになったとはいえ，野外に設置される形が本来の姿である。

能舞台が室内に置かれるにつれて，高い見学料が必要になったように，学校・幼稚園等においても表現の舞台が室内になるにつれて，幼児の作品も演劇も表現も，見せたい，見てほしいという子どもの気持ちからではなく“見せ物”としての性格をもつようになっているといえよう。表現舞台となる空間・時間には，演戯者も観客も一体となり感染し合う風の渦が必要だからである。

２．マテリアルとトラベイル

ブルトンとバタイユの対立論争は，物体をどこに置くかである。ブルトンは，精神が根源的で物質は精神の働きから派生するというイデアリズムを，バタイユは，物質をイデア的な渇望の外部に置くことこそ観念化を避けるとした唯物論（マテリアリズム）を唱えた。バタイユは，観念や精神，心などの根底には物質があると考えるから，「≪造形芸術の根底にあるのは，手の下にあるものを破壊することである》」「《芸術は…連続的な破壊から生まれる》。描くというのは類似を求めることではない。それは破壊することだ」[4]とする。破壊の中にあるものは，物質を触知（ものに触れその存在を感知・認知）することで，創造という破壊の根底に物質の運動をみている。ここでいう物質とは質料（形式をもたない材料）のことで，人間という物質である。シュルレアリスムは低いものの価値（無意識，性欲，卑猥な言語など）に人々の眼を向けさせたが，それを高みにあるイデアに結びつけて卓越的な性格を与えた。この高みへの志向は，倒錯と頽廃の危険をはらむ。それゆえにバタイユは，低いもの，大地は大地であり「大地は低次のものであり，この世はこの世であり，人間の攪乱は少なくとも卑俗で，その上たぶん告白しがたいものだ」[5]とする。そして狂気のライオンではなく，老練で醜悪なもぐらのごとくイデアリズムを掘り崩すところに芸術を置いた。人間を精神という高みに置くことによって見えなくなる物質としての本質に注目したのである。

マテリアリストであるバタイユがいうように表現は物質の触知から始まる。レッジョ・エミリア・アプローチでは，ありとあらゆる材料が用意されていて，自らの感覚も触知しいつでも誰でも自由に表現する空間としてのアトリエもあり，アトリエリスタが常駐する。欧米では，子どもはマテリアル（material，1物質，材料，原料。2生地，素材。3用具，器具と，自分自身の身体）を使用して活動を生みだし自己陶冶すると考える。また，フランスではこれらマテリアルを使った活動をトラベイル（travail）と称して活動に必要なマテリアルと時間・空間を用意する。フレネ学校[6]では次のように子どもが選択し遊べる内容を計画した環境を用意して遊びや学習が生みだされることを促進している。

plan de travail [7]
1絵画，2デッサン，3粘土，4大工仕事，5手作業，6切り抜き遊び，7本を読む，8運動・水泳，9散歩，10音楽・ダンス，11文字練習，12計算，13手紙，14読むこと，15印刷，16変装・仮装，17人形遊び，18積み木，19砂遊び，20ままごと，21水遊び

トラベイルというフランス語は，労苦だけなく苦痛，陣痛といった産みの苦しみ，芸術的な労作をいう言葉としても使われる。遊びや学びはまさに芸術的な労作であるとともに生命誕生の苦しみを伴うほどの創造的な活動として位置づけられている考え方は面白い。筆者が訪問した際も，フレネ学校の室内に用意されたトラベイルは，3歳児から5歳児が共に生活する空間で①表現活動，ごっこ，を主軸に，②文字の読み書き，③手作業・運動，に大きく区分できるが，屋外にはオリーブの繁る森と樹木や材木，砂や石，洞窟などもあり，これらの空間に即したトラベイルが行われていた。これに生活共同組合のミーティングや学校を維持管理する飼育栽培や自然環境整備の労

作が加わった生活である。トラベイルが自由に行われる環境自体が幼稚園・学校空間を意味していて，学びの主体は子どもであることをうかがわせる。

(1)　活動媒体の自由な使用と新鮮さの維持

表現を生みだし活動を誘発する材料は，西田のいう「芸術の理念の如きものに至っては，材料を離れてあるものではない。色や形を離れて画家の理念はなく，音を離れて音楽の理念はない。芸術的理念は形式と材料との統一でなければならぬ」[8] というかたちと，実存する材料としての具体物を媒介とする。形式についてはかたちで述べているので，ここでは材料について考える。

フレーベル教育を掲げる園では20恩物を中心に屋外に自然や遊具を配し，モンテッソーリ教育を掲げる園では体操器具，園芸道具，陶工用具と感覚教育（触覚，温度感覚，圧覚，味覚，嗅覚，視覚，色彩感覚，音感覚・音楽教育など）[9] の教具環境を中心にマテリアルが用意される。一般的な園では，これらが混じり合っていたり，マテリアルの位置づけがあいまいなまま雑居していたりする。こうした素材がもつ特性を触知する自分を触知し，破壊し，創造する過程に内側から表現の主題が立ち現れるといえよう。

①活動媒体の使用制限

日本では砂場以外，フレネ学校の子どもが選択する絵画，デッサン，粘土，大工仕事，手作業，音楽・ダンス，変装・仮装などのマテリアルは，教師が見えない場に保管していて自由に使えない園が多い。せいぜいクレヨンと自由画帳，油粘土，はさみ，ままごとの衣装が自由に使える程度である。そして表現のための空間も保育室内で行われ，音の出る物は廊下の一角でなされるといった状態である。日本の保育で，著しく活動媒体が使用制限され，全体活動の時にしか使えない理由は輻湊している。

一つに，今日でも芸術の場としての集団教育施設を求める保護者は少なく，学校はリテラシー獲得の場としてあるという学校観が教師だけでなく保護者にも根強いため芸術が重視されない。

二つに，芸術教育の歴史でみたように，表現活動が教授される歴史が長く，材料は子どもの陶冶財ではなく，教授する教師に属している。そして材料を媒介に，高みに向かう指導が良しとされる。

三つに，保育料無償になったとはいえ，先進国と違い経営的な困難があり，マテリアルに関する教材費・教材研究費・環境整備費として担任・子ども裁量で使えるお金がない。園によっては教材費がまったくなく，担任がその欠を補うために私費で購入しているか廃物で代用しているところもある。

四つに，環境を通して行うことを基本としながら，子どものアフォーダンスの媒体である素材や空間・時間的な諸条件の研究より教師・保育士の教授方法に依存している。

五つに，教師・保育士が学校教育で経験した芸術科目や表現に苦手意識をもっていて，楽しさが生みだせない。そして，消費社会を反映して教材業者のカタログに依存し，教師自身が媒体となる環境を子どもの姿から発見せず，惰性化しがちである。

つまり，生活という教育形態は，幼児だけでなく教師にも歴史的身体にしみ込んだものがあり，判断停止をしないかぎり，日常が普遍となってしまう。そこには習慣としての自由が人を束縛するという状況に遭遇する危険性がある。バタイユが危惧したのは，触知する本質を忘れた高み（イデア）への志向は倒錯と頽廃の危険をはらみ，真実を見失うということであろう。つまり自分という物質と触知する物質によって自己を知り習慣としての自由を破壊するところに芸術をみたということである。

②助長する条件と疎外する条件

本来，マテリアルやトラベイルが制限される理由は別のところにあるはずである。人間は一つのものに馴れると鈍感になるという馴化の性質がある。脱馴化のためには素材なり物体（人間の質料）が鮮度を保つという教師の見通しが必要になる。廃材の牛乳パックも常時あると鮮度が落ちる。しかし，縦または横半分にカットされていると，子どもは舟に，バケツに，家に，車にと新たな見立てを誘われる。絵の具も常時，同色のポスターカラーが出ていると馴化した際には飽きがくる。混色して自分がほしい色をつくったり，粉絵の具でぼかしを入れたりする技術の新鮮さが表現の世界を広げる。歌もダンス曲も同様，歌い踊り馴れてしまえば，幼児は脱馴化のために新しい曲や振り付けを求める。幼児は大人より吸収力が早いので，熟知し使いこなせるようになると飽きて次の新鮮さを求めるという活力に満ちた存在なのである。活動を表現行動に変えるのは，前述した“助長する条件と疎外する条件”との均衡が，“大地は大地であるという”物体の原点に還る本質的な関係をもつことである。

デューイはそれを，「過去の経験を背景とした意味と同化することを通じての，エネルギーの思慮ある行動への変容」という。「新しいものと古いものとの結合は―（中略）―単なる諸力の合成ではなく，再創造であり」「現在の衝動性は形態と実質を獲得する一方，古い『貯えられた』素材は，新しい状況に遭遇することを通じて，新しい生命と魂を与えられ，文字通り蘇生するのである」として，環境の中の事物が手段になり媒体になるとともに，「同時に，慣例から陳腐なものになり，或いは，使用されないため惰性的なものになるような，過去の経験から維持されている諸事物が，新しい冒険の共同作業者になり，新しい意味の衣装をまとうのである」[10] とする。

制限があるということは，疎外する条件があることになる。しかし，制限が解除されて使える自由がもたらされたときには媒体が子どもに新鮮さをもたらし，新たな興味や主題を立ち上げるきっかけになり，過去の経験に新しい意味の衣装を纏う可能性がある。意識は回想能力であり，判断能力とすると，判断があるかぎり生命がある。クラーゲスも，「生命事象は体験事象，もっと端的に言うと，体験【そのもの】であり，さもなければ、生命事象は決して存在しない」[11] とする。そして，個々の細胞は自らの体験を通じて肉体の体験に参加し，逆に，肉体の体験は肉体を構成する個々の細胞の体験に参加するとして，そこに感情が生まれるのだとする。体験事象は，繰り返されることにより馴化という慣れを生む。常時出ている物は新奇性を失い，使いこなした物は馴化をもたらし，馴化されれば鮮度を失い，惰性化するのが肉体の体験なのである。小泉英明も惰性化する肉体を支配する「人間の脳は，使わないとあっという間に休んでしまう。そして，環境に非常によく適応するので，使わなければ要らないと思って，サッと廃用性の退行が起こってしまいます」[12] という。退行ではなく使うほどに活性化する原理を老人のリハビリや乳幼児期の脳育てとして捉え，鮮度のいい出会いの重要性を説く。

脱馴化のためには様々な工夫が必要で，題材の提供も一つの脱馴化の方法であるならば，こうした表現媒体の疎外条件としての制限という方法も脱馴化のための一つの手法に違いない。すべての媒体が自由に使える環境にある園で，表現活動に子どもが没頭しているとは限らないことからしても，馴化，脱馴化の課題を，子どもの姿に照らして乗り越えることが必要であろう。斎藤公子が安易に絵を描かせず，3か月ほど水と土で思い切り遊ばせた後，描く環境を提供した絵はまったく表現が違った[13] というのも，馴化と脱馴化，つまり子どもの生命現象を読むからであろう。

(2)　道具とメディア（マテリアル）研究

マテリアル（物質•材料•原料，生地•素材，用具•器具）は，子どもがアフォーダンスを探索しそこから表現の主題を生みだし，かたちを形として創造する媒体である。これらを教師・保育士が管理している場合は，許可を得るか，一斉に活動する際に用意された時だけ使うという不自由さがある。そこに教師・保育士の生命現象を洞察する深さがある場合は，不自由は自由への道につながるが，それが欠落した場合，マテリアルの不自由さがあると活動の継続性が保障されない。心象が主題を生みだして表現したくてもその空間・時間だけでなくマテリアルがなければ表現衝動は消えるか，表現に限界が生じてしまうのである。

そこで，表現のための材料や道具は，馴化・脱馴化を踏まえつつ幼児が自己の責任において自由に使えることを条件とする。レッジョ・エミリア・アプローチが豊かな媒体を用意し，表現空間を整備しているのもそこにある。筆者らは，この“媒体と空間環境と時間条件，そこでの幼児の取り組み予想”

を教材研究＝陶冶財研究としてきた。それは未来に向かう子どもの芸術活動を予想する楽しい時間であった。国が指導書を出さなくなってから久しい。民間にその活力が生まれて国は媒体となるマテリアルの研究から手を引いたというより，多様化した文化の中で現場や民間の研究機関にそれを期待したのかもしれない。民間に委ねてから，『子どもと音楽』『保育実践講座』『望ましい経験や活動シリーズ』[14] などを初め，優れた多くの指導書，教員養成課程用のテキストが出され，前述のような活動媒体の新鮮さの喪失から脱却する道は開かれた。

しかし，学習媒体はあっても，学生や現場の教師たちの活字離れ現象に見舞われて，今日ではマテリアルの研究はほとんどなされていない。ねらいと内容を示して告示する幼・小・中一貫した教育課程基準である幼稚園教育要領，保育所保育指針等は，小•中学校のように具体的な教材をもたないので，抽象的な文言理解に留まり，具体的な活動の媒体となるマテリアルの研究がされなくなったのかも知れない。媒体を研究しない現場は，日々の暮らしの中で子どもの夢や願いを忘れ，新鮮さを失ってしまう。

ここでは，国が出した最初の幼児教育の手引きである『保育要領』に，叡智を集めた先駆者の原点を読み取り，遡って媒体研究の足跡をみたい。

①音楽媒体研究のバイブル『保育要領』

筆者たちが音楽表現のマテリアル研究の参考としたのは，1948年刊行の『保育要領』である。音楽表現の媒体に対する研究も，造形媒体と同様，『保育要領』にまで遡るか研究のイニシアチヴをもつ教材会社のカタログに依存することになる。専門領域の分業は，社会の成熟を意味するものとはいえ，子どもと教師が，共に汗してつくり出す生活の意味を失っていきやすい。

『保育要領』で挙げられている音楽表現の媒体は，ピアノまたはオルガン，蓄音機，ラジオ，太鼓，打楽器，鳴り物の玩具である。今日ではアコーディオンやギター，ハモニカや笛なども加えられるだろう。楽器は，子ども用太鼓，小太鼓，シンバル，タンバリン，鈴，トライアングル，笛，和音笛，カスタネット，シロホンで，設備できない場合には，箱で太鼓を，空き缶でシンバルを，火箸でトライアングルを，竹箸や積み木でリズムをとる拍子木などを作ることが提案されている[15]。筆者らは，箱や竹，木片，缶や鍋や皿・コップと水，箱と豆，草笛や葉っぱといった音が出る物，出せる物ならなんでも使った世代である。楽器として店に売っている物ではないので，音の原点を探り，その音にあったリズムを見つけ出す面白さがあった。『幼稚園のための指導書：音楽リズム』（1953年）[16]には，木魚，貝殻，四つ竹，竹筒なども載っていて，リズムの強弱のどこに使うと効果的かといった説明もなされている。楽器は，その性能を考え，音色の配合に注意し，音量のバランスを考えて提示する。その環境を用意することで，子どもたちが自発的に音楽の場をつくるとして，楽譜等の具体的なマテリアルも含めて掲載されている。

②絵画造形媒体の研究書としての『保育要領』

『保育要領』で掲出された造形の媒体は，＜いろいろな絵（芸術的価値のある絵，子どもの絵，大人の絵），プリズム（光を分散させて色を発見する），磁石，画架，筆（墨絵，水絵のための筆も），すずり，色材（粉絵の具，絵の具（不透明，透明），色の多いクレヨン・チョーク・墨・鉛筆），粘土（古紙で作る紙粘土），粘土板，紙（絵画用には大小画用紙，らしゃ紙，ざら紙，印刷紙や広告紙，新聞紙，わら半紙，色紙，製作用の厚紙や模造紙，包装紙，空き箱など），はさみ，封筒，のりつぼ，毛糸，糸（白，黒，赤），針，自然物（葉，葉柄，花，実，小石，貝殻，地域の自然物）＞などであり，大工道具としては本物の金槌，のこぎり，釘，木ぎれ，釘抜き，頑丈な台・机などが挙げられている。そして，「材料をできるだけ豊富に与えて，幼児が自由に選択し，十分表現して満足するようにさせたい。物を作る興味，自分自身で創作する機会を与えることが何よりたいせつなことである」[17]としている。

今日では，鑑賞する絵，太陽光の色を発見するプリズム，磁石，画架，墨絵や水絵の筆，すずり，粉絵の具，チョーク，土粘土，糸針，自然物，大工道具などを保育室に見いだすことが少なくなった。また『幼稚園教育指導書：絵画製作編』V章[18]にあるような素材・材料の特質も語られることがなくなっている。例えば，油脂と蜜蝋クレヨンの材質の違い，混色に適したパス類，指絵の具と不透明絵の具の特性，墨汁と絵の具併用の場合の描き方，個人持ちの墨つぼと筆の効用，鉛筆（黒鉛筆，色鉛筆，コンテ），インク（筆記用，速乾性インク，謄写用インク）の違いと使い分け方，その他紙類についてうんちくを語る者もいなくなった。絵画に使われる用具も様変わりし，画板（ボール紙，ベニヤ板で作る)，画架（1人用，2人用)，絵の具容器（空き缶や空き瓶)，筆（15号，16号を中心とした丸筆と平筆）の使い分け方，筆立（筆置き)，筆洗（バケツや空き瓶，空き缶)，黒板（固定，移動）も目にすることが少なくなっている。

もちろん，木材，竹，きびがらなどが手に入りにくいこともあろう。しかし，パック類の人工物だけがあふれ，モール，紙テープ，布切れ，糸，毛糸くず，卵の殻，竹ひご，針金等やそれらを接着する材料，釘，彩色する塗料など必要ないほどに，5歳児になっても箱を接着テープで貼り付けただけの魂のこもらない刹那的なものしか作り出せず，すぐに棄てられていく。切り出し小刀，鋸，金槌，錐，三角定規・コンパス・曲尺など，教師すら使った経験がない時代に突入している。画板も画架もないということは，保育室の床か机で一斉に描かせることを前提としている。大工道具も，道具を使いこなすモデルもいない園の造形活動は，紙を基本としている。そうした状況に表現が位置づけられると，何の疑問ももたない慢性化した日常が流れていく。

自由画の世界を開発し，自由を標榜した画帳ですら，かつて山本鼎が，「図画教育の使命を明かに芸術教育（美術といふも同じ）と認る処から発生した。それ故観察，鑑賞，創作，描写一切の生長を各人の智慧と技工の自由に基かしめ，彼れらの生涯を一貫する発達を希ひ願つたのであつた。臨本，範画といふやうな仲介を排斥して，各人の眼を心を直ちに万象へ導き，其処に自然を知り，其美を知り，其美術を知り，其趣味の深淵を会得する事を勧めたのである」[19]とした趣旨から外れ，画帳が子どもの喜びにつながっていないということである。自由画帳は，紙の大きさが規定され画一的なうえ，過去の作品が題材を固定化しやすいといった特徴をもつのと，課業の合間の余った時間の遊びとして描いたり，画帳を与えはしたものの画材や技法との出合いもなく主題を立ち上げる受苦（体験）もなく，描かない自由を習慣化したりして，その特性を生かせないということもあろう。

現代のジャンク・アートは，廃棄物で構成される。前衛芸術が広がりを見せた1960年代以降,幼稚園等の造形活動は廃棄物が主流を占めるようになっている。恩物にみた廃棄物は木片や貝殻などの自然物が多かったが，ジャンク・アートにみる廃棄物は，牛乳パックやポット，空き箱，栓，針金といった人工的なもので，はるかに素材が多様化している。その素材の多様性と可塑性がオブジェ，アセンブラー，モンタージュ，それらを貼り合わせるフロッタージュと，従来の造形表現活動を拡大し活性化している一方で，廃材が山のように積まれ雑に扱われて美観を失っていたり，精神の集中を欠いていたりする場合もある。

音とリズムは色や形以上に人間の感情を揺さぶる。小林宗作は，揺籃（ようらん）時代（乳児）は，母親の子守歌でリズムを感じ，リズミカルな音楽を聴くと全身を躍動させて音とリズムに反応し，単語時代（2，3歳）にはメロディが萌芽し言葉の発達が即興曲を奏で，リズム的躍動は行進へと展開するとする。そして，模唱時代前期（4，5歳）には，唱いたくてたまらないから唱うので，呼吸量と肺の力に合い，注意力，記憶力を考慮して短い素朴な曲を環境として用意し，リズム運動を活発化させることとした。そして，後期（6，7歳）には，肉体的にも精神的にもエネルギーが連合する時代で，物体の数量，形体，事物の特性等に興味をもつ知的創造が芽生えるので，単なる模倣ではなく想像力と創意と表現力が伸びるような音楽の場を経験することを提唱した[20]。

言葉を獲得し始めた幼児は，動くときにも描くときにも言葉が歌われ歌になる。それは,歌うように,踊るように感じる自由な表現である。題材によってもたらされる言葉の抑揚とリズムが動きを促進し，内的な経験を呼び起こす。呼び起こす身体内のリズムの共振が，感情を揺さぶり表現活動につながる関係にある。デューイはこの感情と表現の関係を次のようにいう。

> 感情は磁石のように，適切な素材を自らに引きつけるように作用する。ここで適切なというのは，すでに動いている精神の状態にとって，この素材が経験上の感情的類似性をもっているからである。素材の選択と組織化は，経験された感情の性質の機能であると同時に検証である。劇を観て，絵画を鑑賞して，小説を読んで，われわれは，部分が互いに関連し合っていないと感ずることがある。それは，作者が感情的に彩られた経験をもたなかったか，最初は抱かれた感情があったが，それが持続せず，関連しない諸感情の継承が作品を書き取らせたかのどちらかである[21]。

感情的に彩られた経験がない，つまり，通常いわれる体験と結びついた感情がない場合は，表現に心・魂が入らないため，ちぐはぐさが生まれる。また初めに感情があった場合でも，それが集中して持続せず，ばらばらになっている場合は，なんとか最後まで仕上げたとしても表現にはならない。表現活動の継続性をもたらすものが，抱いた感情の集中という習慣なのである。その感情は素材の秩序と配置・調和を指示する力をもつからこそ，活動に継続性が生まれる。

しかし，4，5歳の幼児が題材に向き合い，描画に取りかかり始めて3，4分すると「終わった」とけりをつけたり，どなって歌った後，すぐ歌から遠ざかったりする場合がある。それは没頭して描いた世界への満足や陶酔して歌った音とリズムが身体に残っておらず，表現させられたという受動の場合や，感情の集中が伴わない場合に見られる現象だが，それが読み取れるかどうかが表現媒体の適否と教師の感性にかかっている。

デューイはこの感情の伴わない表現について，「感情は，表現されるものではない。感情なしには，熟練はあるだろうが，芸術はない。感情はそこに存在し，強烈であるかも知れない。しかし，感情が直接に表示されるとすれば，その結果はまた，芸術ではない」[22] とする。感情の集中による継続性を保ち，感情が指示した素材の秩序や配置，形体が，作品として，表現として，人々に感染するだけの内容をもつとき，そこに芸術があるということである。

表現媒体は，アフォーダンスを探索させ，題材から主題・主題から題材を生みだし，空間は子どもを表現に没頭させる一つの要因となっているはずである。しかし，媒体と空間に新しさが生まれないところに感動はなく，表現の主題は湧き上がらない。東山魁夷が海外を巡ったのも，平山郁夫がシルクロードを旅したのも，芭蕉が全国を行脚したのも，あるいは今日，市民画家や俳諧を学ぶ者が山野や旅に出かけるのも，表現空間と表現媒体からくる主題の新しさを求めての情動を揺さぶる旅なのである。

芸術は自然ではなく，媒体によって自然である人間が新たな感情を興す関係だからこそ，俳優によって，脚本によって，題材や主題によって新鮮さを保つ。絵画だけでなく，演劇，舞踊でも同じ演目が繰り返し公演されるのは，媒体と空間の新しさが諸関係の中に入ってくるからであろう。

§5　表現の技術・わざと体験

1．身体の歴史性，社会性とわざ

第1部でみたように，“技術は自然を模倣する”としたアリストテレスからカント，シラーに至るまで，技術の論争は人間と芸術を語る一つの視点である。表現するための媒体が主題と深く関係するとともに，媒体を使いこなしていく身体の動きの洗練も，表現者の満足や充実感と関係する。

矢野智司は，「身体の歴史性と社会性とを，より具体的に示しているのは，道具の使用という行為においてである。人間は，道具を介して自然に働きかけることを通して，自然を自らの意図に沿わせてコントロールすることにとどまらず，狩猟民・遊牧民・農民・大工・石工・鍛冶職人，呪術師・宗教者・

芸能者，技術者・科学者・芸術家……，それぞれがそれぞれに特有の道具（メディア）を通して自然との多様な交わり方を生み出してきた」[1]という。道具の発明によって人間が自らの身体をつくり直し，身体技法を改善し，身体統御の幅を拡大し，深化させたのは，同時に身体の道具化だったとする。この道具と身体を結合するものが技術で，ルネサンス期の芸術家はみな職人だと思っていたところに行き着く。上田閑照が取り上げた西田の「我々は我々の生物的身体から出立して物を道具として有ち，物を技術的に自己の身体となす。そこに技術的身体が構成せられる」そして「我々の身体が話す身体にまで深くなる」[2]という言からみても，矢野のいう技術―身体―道具のつらなりがメディアを構成することがわかる。

このわざの世界は，職住が一体となっている場合には子どもの頃から日常的に見聞きし模倣もなされるが，職住が分離した社会では次世代にわざを伝えることは難しい。そうした意味では遊び・表現の衰退は子どもの身体技能の伝承の構造の衰退を意味する。心を統一する身体全体のわざではなく，パソコン機器の操作やボタン操作技術という手先の技に変化してきたのである。今日も，日本の職人の優れた知，伝統芸能や伝統的な物作りの道にはその道のわざが伝授されてはいるが，後継者難に遭遇するほどにわざの世界は寂しいものになりつつある。

生田久美子は，わざ習得の過程に西洋と日本の文化の違いを見る。「西欧の芸術においては，一つの『わざ』の体系はいくつかの技術の要素に分解され，それぞれを単元としたカリキュラムが組まれ，学習の易しいものから難しいものへという順に配列されている」[3]が日本の場合は，「易から難へと段階を追って進むのではなく，むしろ難を入門者に経験させたり，あえて段階を設定しないで，学習者自らがその段階や目標を作り出すように促したりする」[4]という。学校の教育内容も易から難へとカリキュラムが組まれたものだが，子どもの遊びや表現の世界はまず初めに巧みなわざをもつ者の難があって，そこに憧れた学習者自身が模倣しながら自分の段階や目標を決めていく過程が生まれる。

２．モースの威光模倣

<模倣，非段階性，非透明の評価>というわざの習得は，形を模倣し型が身に付いて初めて自分のものになる。型とはマルセル・モースのいうハビトスが日本語に訳されたものだが，形の模倣を越えた先にあるものである。モースは，ハビトスは，「『精神』『心』『真髄』といった極めて感性的なレベル」[5]での内容を含んでおり，「人間が生きる上での基本であり，しかもそれは単なる反復練習によって獲得されるものではなく，社会的，文化的な状況の力に影響される」[6]とする。

そして，子どもは難を自らの身体に取り込むために威光模倣（信頼し自分に対して権威をもつ人が成功するのを目の当たりに見た行為を模倣する）がなされる。モースは，「個々の模倣者に対して秩序立ち，権威のある，証明された行為をなす者の威光ということの概念の中にこそ，まさしく一切の社会的要素なるものが存在する。それに引き続いてなされる模倣行為の中にはすべての心理学的要素と生物学的要素なるものが見出される」[7]とする。形を模倣する主体的な動機は，わざをもつ者の権威，今様に言えば職人の専門性への憧憬である。身体が型を学習する際，形の模倣に始まり，形の意味を発見し身体が自得する。そこにわざが高まって型になる過程が生まれる。学習者は何らかのわざの手がかりをもとに，全体的な動作を熟成させていくのである。

教育の場でも当然，威光模倣によって鉛筆の持ち方，食事時の箸の使い方，着替えの技能だけでなく，本の読み方，計算の仕方，話し方など，技能は知識と切り離されることなく伝承されていくはずである。しかし，生田は相撲の世界でも歌舞伎の世界でも「『技(わざ)』の世界での『型』の伝承は現代では誤って『形』の伝承と捉えられている場合が往々にしてある」[8]という。つまり，学びの構造が大きく転換してしまったということであろう。それは，そのわざの習得は「形」や「言語」のみに焦点を当てた教授観・認知構造をもってなされているからである。生田のいう，その認知構造の過程はおおよそ次のようである[9]。

①学習者がある「わざ」の世界に入門して自らが善いものとして同意する。
②その権威を認める師匠の後についてその外面的な「形」を模倣し，繰り返し没頭していく。
③「わざ」の世界と日常的な関わりを持ち続け，生活のリズムと「わざ」の世界におけるリズムをエントレインさせていく。
④自らの動きを師匠の第一人称的な視点から眺め，「形」を必然，偶然の部分にわけて捉えることができる。
⑤「形」のハビトス化（「有主風」「似せぬ位」）に到達する。
⑥「間」を体得する。

このハビトスという認知構造の過程は，遊びの伝承を支える身体わざの習得過程でもある。例えば，コマ回しを，このわざの学習過程に当てはめると，

①コマを回して遊ぶ世界を善いものとして同意し，仲間入りする。
②権威を認める教師や仲間の後について，繰り返し模倣し没頭する。
③日常的な生活リズムとコマの世界におけるリズムを行き来し感応的に把握する。
④偶然回せた，必然として回せたという自分を客観的に捉える。
⑤形のハビトス化に到達する。
⑥自分の無心の間・呼吸を体得し，自分のあるべき姿に出会う。

という学習過程になる。こうした遊びのわざの学習過程を，本能衝動としての表現にも当てはめると，次のような学習過程になろうか。

①描いている，造形している，弾いている，踊っている等，表現・演戯している世界を善いものとして同意し，仲間入りする。
②権威を認める教師や仲間の模倣をして，繰り返し没頭する。
③日常的な生活リズムと表現世界のリズムを行き来し感応的に把握する。
④偶然できたことと必然としてできたことを客観視する。
⑤表現の形からハビトス化（絵画・造形の様々な表現の型，音とリズムで構成する音楽の型，全身を動かす身体の型）に到達する。
⑥自分の色，形，音やリズム，身体のもつ呼吸を体得し，自分の表現したい世界に出会う。

ここに，自由画を批判した岡本太郎の“自然主義の申し子で，芸術的な自信をもたせる教育法ではない”といったわざの抜けた部分，岸田劉生の分類でいえば「観察法」や「手法教授」の伝承をどうするかという課題と関連するわざの模倣か伝承かが隠されている。わざの世界に導くには，威光模倣の対象があって，それを善いものとして同意し，仲間入りすることが表現を極める楽しみにつながる一つの視点である。幼児の威光模倣の対象は，教師であり年長児であり仲間である。幼児が憧れて模倣し仲間入りしたいだけのわざがあるのか，そこに教師の存在する意味がある。子どもが威光模倣する教師のわざとは，土粘土を糸でみごとに切り分け，量感を生かしてひねりだす，絵の具の色を自分の色になるよう混色する，斬新なデザインで構成して立体造形にも魂を込める。あるいは，声とリズム音と身体の伸びやかな動きで音楽を創造する，学級の子どもの姿と合わせながらシナリオを書いたり，紙芝居を作ったり演奏したりする。そんな無心に表現する教師のわざに幼児が憧れて模倣したいと感じる対象になれるかどうかである。

教師のもつ表現のわざ，遊びのわざは，場に緊張の渦を発生させ，まわりをも集中させる。わざは，形ではなく型を習得する過程で磨かれるもので，ナイフを研ぐのには刃や砥石に対する知識とともにナイフをもって砥石に向かう型がある。刃と指先が一体となって指紋がなくなるほどに砥石に磨かれてはじめて刃先が鋭利になるような型の習得ができる。

表現においては，身体技術が練習によって洗練され，それが表現者としての満足をつくっていく力になっている。子どもは，鉄棒や縄跳び，サッカーのボール回しといった遊びのわざも威光模倣によって様々な型を体得していくが，特に表現は，感じ表すものだけに，他者の評価が伴う技術ではなく身体によるわざと表現が本能衝動を満足させ，自らの内にハビトス化されて自分のあるべき姿に出会うことであり，他者とそれが伝染し合うかどうかにかかっている。歌心がある教師が音程も正確で愛に満ちて子どもと歌う空間は，子どもの声を生かし子ども自身が他者の声と重なる快感を得られるような洗練された音楽の場を創り出す。それは，日常リズムミカルに言葉をやりとりする快に満ちた対話が下地となっている。その日常との連続性があって雰囲気までを含めた威光模倣がなされ，快が伝染し合うからである。

ピアノという道具も同様で，独演の技術がどんなに高くても威光模倣の対象にも，音楽の快にもつながらない場合がある。メロディを奏でる媒体を子どもの声やリズムを生かすために使いこなすわざが乏しいからである。日本の幼児教育者養成課程の多くは，ピアノ演奏法が義務づけられ，多くの学生がこの技術を習得しない限り卒業できないといった負荷がかけられている。どんなにギターやアコーディオン，マリンバが弾けても，笛やハモニカが吹けても，それは単位としては認められない。ピアノなのである。身体から発生する声や身体で発するリズムが最大の楽器で，それを使いこなす高いわざがあればこだわることではないが，これはある意味，日本の教育音楽文化を象徴する現象である。明治以来の欧米文化摂取のカリキュラムが今日まで続いているため演奏技術に偏り，逆に西洋のリズム，メロディ，ハーモニーを楽しむような，あるいは日本の和太鼓の音とリズムと合いの手の重なりや言葉を楽しむような真の音楽性の場が失われているのではないかと思うのである。

一方，美術で求められるわざの一つは，素材の特性の多くを知り，それらを主題に生かして使い，描いたり立体的に構成したりする自分，色や形や線にしていく自分に向き合い，それを表現するわざである。自分の色や線，面や立体感をもつ，追い求める主題をもっている，その姿に威光模倣が生まれる。子どもは作品の結果から威光模倣はしない。友だち同士で形の真似をすることはあっても，真似も再創造の過程で，やがて自分の主題に沿った線や色やかたちを表現するようになる。それは表現者としての教師や親や人々の取り組む過程を模倣しているからである。園庭にイーゼルを立て，筆を動かしている教職員がいる，様々な材料を使いこなして造形する教職員がいる，つまり専門性の高い職人が一緒に生活している環境がわざを伝承していくのである。木工や竹，蔓（つる）などの製品は，特に道具を使う技術や立体構成するわざが求められる。また多様な素材経験をもとに材料の特質を理解し，材料を生かすわざも必要になる。

このように，美術だけではなく音楽表現も身体表現，言葉や演戯・演劇表現においても，わざが心情を奮い起こし，心情がわざを磨く主体を動かすから，そこに魂を打ち込む面白さが生まれる。遊びや表現を中心とする就学前教育はわざを教える教育ではなく，述語的主体である子どもが威光者のわざを本能や身体機能に沿いながら習い覚える，つまり，威光模倣し，没頭し，習得することでわざが創造される教育である。そこで，わざが洗練される過程を渦まく現象として流行らせる場所をつくることが，表現者の満足の質にかかわってくる。

第２章

遊び文化が伝承される芸術州

§１　感じる心の表現とその物語の感染

１．感染する芸術

子どもが自分の表現した世界を物語るのは，見聞きしてくれる受け手がいて美に感染してくれるからである。自分の表現に感染してくれない教師や仲間に子どもは自分の物語を語ることはない。

教育の場における芸術は，精神的に一つになる心持ちの中にある。トルストイが初等教育に芸術を取り込んだのも，文字の読み書きと一緒に音楽と絵画を習うことで限界芸術の裾野が広がり，やがて民衆全体の中から天分のある人がでて，本当の芸術を民衆全体に伝染させ，国民としての共感性を醸成すると考えたからである。そうなれば，いずれ初等教育に音楽や絵画という教科目がなくてすむようになるほどに，本当の芸術家が民衆全体の芸術意識を高め，民衆も高まっていくと考えたからである。彼が，限界芸術が営まれる実生活という場所で，心持ちを伝える未来の芸術が生まれるとした預言は，今日，音楽の場では広がりを見せてきた。単に聞く人ではなく歌う人，演奏する人，演ずる人が生活の場に根を下ろし，多様な音楽の場を創り出しているからである。一度は廃れた木遣り歌や労作歌がその伝承を復活させていることも強い味方であろう。音楽仲間の集うシェアハウスやライブ演奏の場も拡大し，共有する物語を楽しむところに芸術がある。また，ヘーゲルに例えられた美術館や博物館も，地域との共生，教育や福祉，医療との連携など新しい試みにチャレンジし始めている。

(1)　自由という受苦の深さ

絵本『おとうさんのちず』[1] は，食料もない戦乱の日々，父親が買ってきた世界地図が想像の世界を広げ，ひもじさを乗り越えた絵本作家の幼年期の生活から生まれたものである。表現に一番大きく影響するのは，子どもの想像する世界に豊かな作用をする力，表現に対する受け手の愛の眼差しであろうか。

また，ピーター・レイノルズの絵本『てん』[2] には，こんな場面がある。

お絵かきの時間が終わっても，画用紙がまっ白な主人公ワシテは，椅子に張り付いている。先生が何も描いてない紙をのぞき込んで，
　「あら！　ふぶきの　なかの　ほっきょくぐまね」と言う。
　「やめてよ！」とワシテ。「かけないだけ」
先生はその時，紙に印をつけてみて，どうなるかみてみようと言う。
ワシテは，紙にペンをぎゅっと押しつけると，一つの点ができる。
すると先生は，「サインして」と言い，
ワシテは，サインくらいできるとサインする。
　「つぎの　しゅう，―（中略）―ワシテはびっくり。
　それは　ちっぽけな　てん。
　ワシテが　かいた……ワシテの　てん！
　りっぱな　きんいろの　がくぶちに　はいってる！」

中学１年生のときの数学の先生は，私に「じぶんのしるし」をつける勇気をくれたとするレイノルズの話に，真の先生の威光を感じた思春期の子どもが映る。子どもが憧れる教師の威光，愛とは，このように息長く人生の節目を支えるもので，子どもの欲求をくみ取る感性，絵画造形・音楽・舞踊・詩歌等への知識や情動の快活さだけではなく，人々を感化する心のわざといえよう。

受け手としての教師のあり方だけでなく，教科のジャンルの捉え方について一般的な教科書を否定した佐藤忠良も，自ら同志と作成した教科書で少年たちに，「自分のすることの意味―なぜ美術を学ぶのかという意味を，きっと知りたがっているだろう」と呼びかけた。義務教育でなぜ芸術を学ぶのか，表現者の側から意志を立ち上げる芸術の考え方がここにある。

「美術を学ぶ人へ」

私が考えてほしいというのは，科学と芸術の違いとその関係についてです。―（中略）―これらの科学をもとに発達した科学技術が私たちの日常生活の環境を変えていきます。ただ，私たちの生活は，事実を知るだけでは成り立ちません。好きだとかきらいだとか，楽しいとかみにくいとか，ものに対して感ずる心があります。

これは，だれもが同じに感ずるものではありません。しかし，こういった感ずるこころは，人間が生きていくのにとても大切なものです。だれもが認める知識と同じに，どうしても必要なものです。詩や音楽や美術や演劇―芸術はこうした心が生み出したものだといえましょう。この芸術というものは，科学技術とちがって環境を変えることはできないものです，しかし，その環境に対する心を変えることはできるのです。詩や絵に感動した心は，環境にふりまわされるのではなく，自主的に環境に対面できるようになるのです。 ものを変えることのできないものなど，役に立たないむだなものだと思っている人もいるでしょう。ところが，この直接に役に立たないものが，心のビタミンのようなもので，しらずしらずのうちに，私たちの心の中で蓄積されて，感ずる心を育てるのです。人間が生きるためには，知ることが大切です，同じように感じることが大事です。私は，みなさんの一人一人に，ほんとうの喜び，悲しみ，怒りがどんなものかがわかる人間になってもらいたいのです[3]。

感じる心を育てる大切さ，そこに表現・芸術に対する意味があるといえよう。カントは，思考的存在としての私も感官的存在としての私も同一主体であり，内的・経験的直観の客体として時間における感覚の中で「私が私に現象するように私を認識する」[4] とした。その感性は，道具（人間の身体も含む）を媒介として身体技術を磨いていくことで，私を触知し，さらに研ぎ澄まされていくといえよう。“科学は意味を叙述し，芸術は意味を表現する”[5] というデューイの言葉は，意味を表現する過程に伝染・伝承があること，現象としての自由の奥深さがあることを考えさせてくれる。

(2)　表現を手がかりに学ぶ

遊びや描画を子どもの世界の表現としてみる津守真は，「おとなは，その表現を手がかりにして，子どもの世界を理解する。子どもは自分自身の心の願いを，自分でも十分に理解していない。おとなが理解することによって，子どもは次の段階へと心的発展をする」という。そして，「理解するとは，子どもの表現を自らの表現の可能性として受け取り，そこで理解された意味を，自分と他人に共通のことば，あるいは伝達可能な行為に移すこと」[6] として，様々な描画を通して子どもの世界に迫っている。受け手の行為による表現が子どもとの関係に意味をもつことが追求されていく視点である。

シラーが，表象しなければ内から規定されていること（規定根拠）は見えないし伝わらない，なかったと同じことである，としたように，教師は子どもの表現を通して子どもを理解する。その受け手としての教師の目が曇っていたのでは子どもの可能性も欲求も，子どもが内的に規定している根拠も捉えられない。それはトルストイのいう感染を，子どもとの関係の中で具体的に構築できるかどうかにかかわっている。トルストイが，表現する者とそれに感染する見手・聴き手・読み手との関係の中に芸術があるとして「本当の芸術を偽の芸術と区別する疑のない特徴が一つある。それは芸術の感染性だ。人が自分の方からは一向にはたらきかけることも，自分の立場を少しも変えることもしないで，―（中略）―作者と一つになるばかりでなく，自分と同じようにその芸術作品を味わう人たちとも一つになるような心持ちになる場合に，そういう心持ちを起させた物は芸術品だ」「芸術作品を味わう他の人たち（聴手（ききて）や見手（みて））と精神的に一つになる心持ちを起させなければ，芸術作品ではない」[7] としたように。

津守真も，「子どもが，自分で満足がゆくほどに遊び，また描くとき，そこには子ども自身が深くかかわっているから，それぞれの子どもに本質的で個性的な心の傾向が表現される。個人の自己実現は，ひとりだけが他から切り離されるのではなく，他の子どもとの共同の場でなされる」[8] として，表現を読み解くことから保育が始まることを示唆する。関係の中で生まれた表現を通して子どもの内的世界が少し理解できて応答できるのである。出来上がった作品だけではなくその過程の心を見るのである。福光も，子どもが描き終わったとき語る言葉に耳を傾けることを大切にしていたように，形として残る絵画造形などの作品で過程を振り返ることができる。

しかし，音やリズム，身体表現は，映像化していかないと消えていく。映像技術の発達した今日では，こうした様々な子どもの表現が語る世界を理解しようと，音声を録音したり映像化したりして，子どもの世界を研究する方法も見いだされている[9]。記念に園児に配る文集やDVDなどに，各園が表現を親子で語り合う媒体とする考え方が見られる。それも関係をつくる技術ということもできるが，見守り，耳を傾け，そこに子どもにとっての意味を見つけ出すのは熟練のいる作業である。津守は，「子どもの行為を表現として見るとき，子どもと同じような行動空間，環境，立場，能力の範囲に置かれたならば，自分も同様の表現をする可能性があることを想像することができる」[10] として，どんな場合も共通理解の可能な自分と同じ人間同士として関係を結ぶことだとする。それは異質な人間が共同生活をする大前提である。子どもが表現する過程，表現したものの中にこそ心が表れる。教師の恣意的な記録以上に，真正の資料として学ぶ内容が含まれている。欧米，オセアニアなど多くの国々が，ポートフォリオ評価法を採用するのも，あるいはレッジョ・エミリア・アプローチが子どもの百の言葉に耳を傾けるのも，互いに学び合う物語として，生の現象を捉えようとするからである。

２．芸術州としての場所（トポス）へのアプローチ

幼児の生活を表現の場として捉えている園は，ほとんどがこうした自然と調和する家具調度に始まり，音や色や形，におい，多様な素材との出合いなどに配慮した環境の中に幼児を置いている。神谷保育園の鈴木寿子は「部屋や階段に以前担任した子どもたちの作品や，ねむの木学園の作品をはじめ内外の子どもの絵，ミロ，カンディンスキー，ルソー，ピカソ，ワイエスほか画家の複製画を飾り，目や心が開くようにと願っている」[11] として，園内がギャラリーとしての役割を果たしているからこそ，子どもの鑑賞眼がつくられると考えている。マテリアルや空間，時間を豊かに提供している柴田炤夫や石井俊江だけでなく，松村容子は，表現の場としての園環境に自然とともに，彫刻や名画，オブジェなどを置き，小さくても箱根の彫刻の森美術館や札幌の森美術館のような空気を生みだしている。また，中瀬幼稚園の井口佳子[12] は自然の草花を配した園庭に虫の音色，風が渡る竹林などの色と音が一つのハーモニーを生みだす環境を保全するとともに，素材経験が豊富にできる廃材の大工小屋を置いて，自然素材との出合い体験を豊かにしている。

芸術的空気を醸し出そうとする園は，環境に鑑賞する芸術を配し，教師・保育士の立ち居振る舞いの美しさ，言葉の抑揚やリズム，自然な声で語り歌い表現する生き生きしさを生みだすことを重視している。美感は，こうした風景とともに子どもの五感が形態共振によって直観から心象にかたちを形成していく生活から生まれる。本物と出会うこと，本物を極めようとする人々

の表現に触れることが，感じる心と外界とをつなぐ共振をもたらすに違いない。それを物語としたのがゲーテの『教育州』である。

(1)　ゲーテの『教育州』

音やリズム，色や形，味やにおい，それらの質感といった総合された芸術（アート）空間，日常の生活環境に芸術（アート）を見る思想は，ゲーテの『教育州』を目指すということである。

『教育州』の物語は，巡礼の親子が紹介状をもって教育州を訪れ，そこの教育を目の当たりにする。歌が教育の第一歩で，子どもは歌を通して活気づけられ印象づけられて，音や歌詞を記号で書き，測定や計算術も覚え，労作し，どんな教えも習得していく。初めは他者の迷惑にならないように1人で研鑽を積み，あるレベルになれば仲間の中に入っていく。案内者は「自然はすべての子供たちに，生涯必要なものを与えてくれていますが，それを発展させるのが私たちの責任です」[13] と目的を語り，そして最終的には子ども自身が“畏敬”に至ることを目指す教育である。息子はそこが気にいって留まる。1年後，再訪した親は，真の教育をそこに発見するのである。

八ヶ岳の「清春芸術村」（武者小路実篤，志賀直哉など『白樺』同人が夢見た“幻の美術館”を，画商吉井長三が実現したもの[14]）は，芸術家の創造・交流の場としてつくられた地域一体型の芸術村で，美術館やレストランなどが森に散在し，多くの芸術家が住んでいる。また，秋田県仙北市に展開する劇団わらび劇場を中心とした「たざわこ芸術村」（民族芸術研究所は，劇団わらび座の創造活動の中から生みだされ，1974年財団法人認可を受けて設立。民族芸術に関する専門の研究機関[15]）も，人と文化の出会いと交流の場として，芸術・芸能・森林工芸・ホテル・温泉・地ビールや郷土料理に浸れる空間を用意している。ここにはデジタルアートファクトリー，民族芸術研究所，エコニコ農園などもあり，修学旅行先にもなっている芸術村である。また，黒田人形座，今田人形座，竹田人形座を有する長野県飯田市は，人形劇の町として，「交流と協働」「創造」を核に，①「ヨソモノ」「外の力」の活用，②アーティスト

≒人形劇人による創造活動の展開，③学校教育を通じた子どもたちの創造性の育み，④アーティストと子どもたちとの交流・協働，の4点を掲げて世代をつなぐ「場所」づくりを行っている[16)]。

日本全国,他にも大自然の中に芸術村を展開している町村が多々ある。ゲーテの『教育州』が，ある空間・時間という場所に人々が醸し出す空気の渦であったように，そこは町の人々の思想，交流，文化の伝承が限界芸術に支えられて純粋芸術の粋を高め，純粋芸術が人々の限界芸術を高めるという関係にある。

人間が己を形成する形態共振が，渦や螺旋（らせん）と深く関係する不思議に注目した中村は,「星雲をはじめとする大宇宙の旋回運動から，地球物理的規模の台風や海流の生み出す渦巻き，人体的規模での旋回する舞踏や迷宮，植物の蔓の螺旋成長や巻き貝のかたち，そして電子の螺旋軌道やDNAの二重螺旋など，極大から極小に至るまで，また無生物から生物に至るまで，ほとんどあらゆるところに見出される」[17)] 驚きを探究する。この渦や螺旋が宇宙の原初的な渦動と同調し共振するところに生を感じる仕組みがあるように，遊びや表現がエクスタシーとして人間形成する渦は，教育州，芸術村，あるいは遊びやファッションの流行を生む場所を必要とするといえよう。

(2)　レッジョ・エミリア・アプローチ

ゲーテの『教育州』幼稚園版とでもいおうか，イタリアのレッジョ・エミリア市の幼稚園では，アトリエに美術専門のスタッフを入れて，幼稚園を表現の場と位置づけている。このレッジョ・エミリア・アプローチは「象徴的な表現に体系的な焦点をあてることによって子どもの知性的な発達を促している」[18)] もので,「言葉，身体運動，描画，絵画，造形，彫刻，影遊び，コラージュ，劇遊び，音楽などの適用可能な『表現的で会話的で認知的な言葉』のすべてをほとんど名づけないまま使って，自分たちの環境を探究し自分自身を表現することを励まされている」[19)] という総合的なものである。それは,

・保護者，教師，子どもの関わりとパートナーシップを明確に認識する

・教室空間は学びに対する高度の協同的な問題解決アプローチを支援する
・プロジェクト活動における小集団の活用，教師と子どもの関係の継続性
・地域を基礎とする運営の共同体
・思索し討論するトピックを共に開く子どもと大人の合同の研究によって文化を共有する

という5つをコンセプトに，構成主義に基づいた論理で展開する。参加民主主義と市民共同体の自覚が市民に根付いている町だからこそ誕生したアプローチということもできる。

デューイの思想を汲み，学校や幼稚園は表現の場であるとするマラグッツィの思想は，子どもはよりよい環境を生きる権利をもつことを謳って，教職員配置や物理的空間のあり方を従来の教室空間から解放している。子どもが第1，教師が第2なら，環境は子どもを教育する第3の教育者であり，環境がそれを使う者によって読まれ，その価値や意味が取り入れられ，認知機能を構成するという考えには，生得的にもつアフォーダンスと自己組織化への接近も捉えられる。「空間にはものごとを組織し，さまざまな年齢の人々の間に気持ちよい関係をつくり，魅力的な環境を生み出し，変化をもたらし，選択や活動を進める力がある」[20)]，つまり，空間が，社会的，感情的，認知的な学びに火をつける可能性，そこに生きる安心感や価値，姿勢を培うと考えるからである。75人規模の園に，教育の価値や目標，有能な子どものイメージを共有することで保護者と学校のシステムをまとまりのある全体へとつなぐペダゴジスタ（教育コディネーター）の他，多様なメディア（媒体）と学びと表現とコミュニケーションの回路を活用し深めるための教師相互の支援を行うアトリエリスタを置き，6人の教師と1人のコック，補助スタッフを4人配するという人的環境である。週36時間の労働時間のうち，30時間が子どもと過ごす時間にあてられる他，4.5時間のミーティング等による現職教育，1.5時間のドキュメンテーションとその分析に使うという計画性が，質を方向づけていく。

日本の表現・芸術研究が，表現的で会話的で認知的なレッジョ・エミリア・

アプローチと異なるのは，人的環境や空間的構成の考え方であろうか。ディアーナ幼稚園では，中央の広場の周辺に大きなアトリエと，３歳から５歳の部屋を配置し，各部屋はミニアトリエ，記録保管・収蔵室，図書館と細分されている。マラグッツィは，アトリエの作業は，全体的な教育アプローチに統合され結びついたもので言葉や無意味な決まりごとから解放される場であるという。道具・素材・技術に対する試行や，子どもが探究しようと選ぶ創造的で論理的な筋道のサポート，手と頭を使って探究する視覚芸術の実践が目に映るものを洗練させるプロジェクトを通して「趣味や美的感受性を洗練させる可能性をひらき，なぐりがきから始まって進んでゆく子どもを観察して，理論を見出す」[21] という空間である。教育プロジェクトと仕事の組織や建築の機能の設定とを統合した空間は，ガラスの壁，キッチンや着替え部屋，適した調度品や家具もしつらえられ，アトリエリスタがいることによって継続的な環境の維持と活動を支える“新鮮さ”が保たれている。自然界が母樹の葉，母獣の模像ではなく，たえず新しいものを生みだしているように，である。

もちろん，屋外を大キャンバスとして造形的な物語を紡ぐプロジェクトもあり，また対象と親しくなること（題材の形式を視覚だけでなく触覚，聴覚，嗅覚，味覚といった身体全体で探究する過程，美感的感受性を呼び起こす過程）が内面を構成する認知内容にも深く関係すると考え，町のピアッザ（広場・週１回開かれる市場）や公園，本物に出会える場に出かけていく。市民が暮らす町は，レジスタンスの歴史をもち，子どもを一市民として共有する意識も結びつけられているので，学習の場としての広がりも大きい。

ここにレッジョ・エミリアの表現教育が，生活に生まれる限界芸術でありながら，それを超越するものとなっている要因がある。佐藤学はこれを「狭義の芸術教育ではない。アートの教育であることは確かであるが，そのアートは人間の知性と感性と想像力の全体にわたるアートであり，日々の生活を創造的に生きる技法としてのアート，モノや人との関わりを豊かにし幸福にするアート，社会や世界を創造し変革する一人ひとりのヴィジョンを形（かたち）つくるアートである」[22]とする。真の意味で“生活は芸術（アート）である”とするのは，心象・輪郭の枠組みが生まれる生活環境が用意されているということである。世界の注目を浴びるような絵を描いた，造形作品を作ったということは結果であって，自ら創造的に主題をつくり出していく芸術的環境がかたちを耕し，威光模倣がわざを磨き，表象を豊かにしているということである。

筆者が見学した際は，ジャスミンの香りの題材で5人の子どもが対象と親しくなり，表現する過程を歩んでいた。室内に置いてあり今までそこにあっても誰も意識しなかったジャスミンが花を咲かせて，その香りが漂うことに関心をもった子どもたちが，香りの元を探し当て，香りを反射板の上に置いた紙に色や線で表し，香りを身体で表現する。その身体による表現を舞踊として高めたい欲求から，ダンサーの母親に協力を仰いで踊りの手ほどきを受け，それに音楽をつけて表現するという活動であった。香りを表現の題材にし，そこから造形，音楽，ダンスと多様な表現を生みだす過程に芸術があった。

世界の就学前教育界にセンセーションを巻き起こした，レッジョ・エミリアの空間構成とマラグッツィの思想は，再びデューイを思い起こさせ，またニーチェの言葉を思い起こさせる。今，レッジョ・エミリア・アプローチは世界的な実践の広がりを見せて，教育を変えられるのは芸術だというように，幼児教育界を活性化させている。ドイツのパピヨン幼稚園のアトリエは，週1回だけアトリエリスタが来園する条件の中だが，子どもたちが表現活動に夢中になれる空間を用意している。保護者，教師，子どもとのパートナーシップ，協同的な問題解決アプローチ，小集団による活動の継続性，思索し討論するトピックを開く合同の研究といった，文化を共有する過程を，社会的，情緒的，認知的に構成して身体表現や音楽創造などにもチャレンジし，実証していた。そこに遊びを中心とした子どもの主体性を謳いながら，遊びの限界を超越できない日本と，認知機能開発を積極的に掲げ，保護者，教師，子どもが共同する文化の違いを見ることができる。

ようやく日本でもアトリエ・多目的室などを設ける園が増えてきて，それは屋外空間へと広がりをもち，自由画の限界や室内での表現活動の限界を超えるようになってきている。屋外のアート空間は，木工材料だけでなく，砂や泥，葉や蔓や枝や草花等の自然物や流木などを素材とし，庭をキャンバスに子どもの表現舞台を広げることで，自然美が取り戻せるのである。マラグッツィのいう“道具・素材・技術に対する試行や，子どもが探究しようと選ぶ創造的で論理的な筋道のサポート，手と頭を使って探究する芸術的実践が目に映るものを洗練させるプロジェクト”への試みを可能にし，ジャンク･アートを越える活動が見られるようになってきたといえよう。

(3)　園庭に人形劇場がある町

ごっこから劇表現に至る過程で，幼児に好んで遊ばれるのが人形劇である。どこの国の保育室にも自己投影する玩具としての人形やドールハウスがあり生活を彩っている。そうした人形が舞台に上がり，命を吹き込まれて演じられる人形劇は子どもたちを魅了する。人形劇が表現芸術の一つとして人類の初めにあったように，神のうちにある幼児期の子どもたちは人形劇の人形に己を投影する。人形芝居は，それぞれの国の歴史，風土や文化を背景にして人々に連綿と受け継がれてきたもので，そこに民族の生の原点をみることができる。日本では文楽に始まり市井の劇団が子どもの世界に夢を運んでいる。

富士見幼稚園（茨城県結城市）の劇場は，かつての国鉄（現ＪＲ東日本）のスハフ 42 型客車車両の内部を人形劇場として改造したもので 40 年の歴史をもつ。正門にはのぼり旗が掲げられ，園庭に一歩足を踏み入れるとスカイブルーの客車が目に飛び込んでくる。客車 20 m の長さの 3 分の 1 を，劇場として改良し，床を 90 cmほど抜き，立ち使いできるスペースを確保して劇場機構を充実させたもので，音響マイク，ワイヤレスマイク，レコードプレイヤー，カセットレコーダー，アンプ，スピーカー，AM・FM ラジオの他，照明として 1 キロワットピンスポット，500 ワットベビースポット 4 台，200 ワット地明りスポット 12 台，レンズつきライト 1 台，OHP，スライド，シェルスポット 2 台，調光 2 キロワット × 6 本が用意され，このクラスの劇場としては，最高のものが準備されている（図表3-2-1）。

本物の客車，本物の劇場設備が富士見幼稚園の風景をつくり出す。園長鮎澤伊江が次に始めたのは演者養成のための人形劇学校である。

「マリオネットや，棒人形を作り，人形劇概論，人形を動かすためのバレエ，人形の操作，演出，脚本づくり，照明，音響などについて，午前九時～午後九時まで勉強会を持った。参加者は，幼保の先生と高校生の人形劇クラブのメンバーである」「県の人形劇団のフェスティバル会場として使われ，多彩な催し物が見られた。出演者は社会人，小学校の先生，施設やホームの先生，茨城大学の人形劇クラブ，日赤の看護婦さんなどで，一泊研修を八月下旬に開催し，出し物を競い合って，研修を楽しんだ」[23] と記録されている。遊びや表現芸術に限らず仕事道具から家具調度にいたるまで，無や惰性の状態から新しい文化を生みだすには，大人は小手先の真似事ではなく本物を目指すことである。本物を目指す人々を見て幼児は真似る。特に“芸術における主体というのは，所詮だます主体のこと”と福田恒存がいうように，演じる主体は虚構の世界と思わせて本物の世界を表現する。また観る側もだまされることを意識しながらだまされない自我を確認する。勉強会やフェスティバルの楽しさは，だましだまされる関係の妙味にある。人形劇用のかたつむりが実物の20倍ならアジサイは実物大に，人形の頭がデフォルメされても衣服や

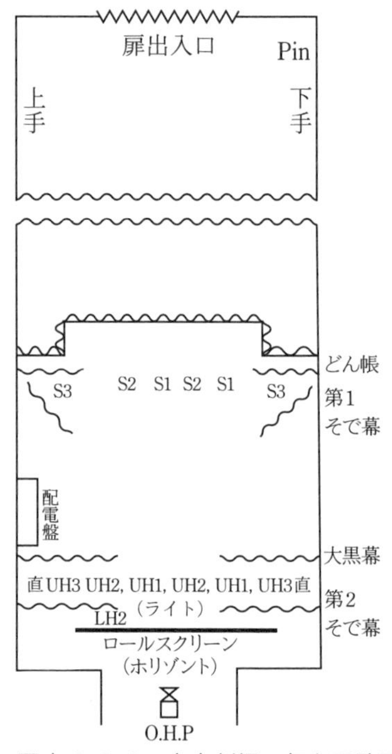

図表3-2-1　客車劇場・舞台回路図

青木久子編・結城富士見幼稚園『小さな町の客車劇場』2019，p.5

言葉，舞台背景の時代考証を緻密に行うことで，矛盾を矛盾と感じさせない比率や世界観を見つけていくのである。

①脚本の下書き，脚本指導の添削で１か月

②人形，衣装，舞台道具で１か月半

③立ち稽古，照明，音楽（作詞，作曲）で１か月

を要する創作も，担当責任者を決め運営の一切を任せたというので，教師の人形劇への専門性と合わせ，保育における言葉の使い方や演劇性，リーダーシップは相当高い水準に引き上げられたと思われる。

一時隆盛した保育現場における人形劇が衰退した原因が，富士見幼稚園にみるような企画，台本書きや人形製作，作曲，演出の見通し等や発表機会の設け方といった技術の習得と伝承の難しさにあったことは否めない。多くの園が今では人形劇舞台は倉庫の奥にしまわれて埃を被っているか，創立30～40年ほどの歴史の新しい園では舞台すら見たこともない教職員の世代に変わっている。園内の教職員で人形劇の演目をつくれないため外部の人形劇団を招聘できる園はまだ幸いだが，関心も経済的余裕もない園ではそれも難しい。日常の生活から演劇性が失われていくと，人間の関係がぎくしゃくとした表面的なものに変わっていき，人形劇を上演する悩みから目的の見えない人間関係の軋轢の悩みへとすり替わっていきやすい。富士見幼稚園も，教職員の働く意識や，映像文化の発達，家族関係の変化等，時代の流れに洗われてきたことは否めない。しかし，変化しながらも40年継続してきた要因は，本物を目指した初心が今も生きているからだと思われる。また，地域の文化発展を願う結城の人々が，人形劇を支えてきてくれたことが大きな要因であろう。それも，本物の人形劇場を目指したからこその賜で，表現芸術が流行に乗った軽いものであったら，とっくに時代の波にさらわれていたに違いない。それこそ，柳宗悦がいう日常にある用美一如の芸術であること，地域コミュニティがその文化を支えていることが40年の歳月を芸術州としてきた要因であろう。

富士見幼稚園の人形劇は，教師だけではなく子どもの言葉のやりとりを活

発にし，個性豊かな絵画・造形作品を生みだし，リズム，ダンスなどの動きも洗練させていく。一つの本物を目指す精神が，よく見る目や聞き取る力，感じる心を磨き，イメージを耕し表現技術を磨いて，限界芸術の土台となって園と連なる町の文化を創っていくのである。

(4)　芸術州へのチャレンジ

筆者が国立音楽大学附属幼稚園にいたころ，園長室には小林宗作がリトミックを指導した教え子たちの躍動する写真が飾ってあった。胴体を薄い白衣で覆っただけの素の身体で，感性のままに踊る姿である。イサドラ・ダンカンの舞踊を想起するようなその写真は，まさにミューズの神々の似姿であった。

新任の教師が3歳児から5歳児までの3年間，子どもと生活の詩をつくった記録映画「毎日が表現舞台―3歳児の世界―」「遊びは表現―4歳児の世界―」「表現を創る―5歳児の世界―」の3部作からなる『保育は芸術なり』[24)]には，総合リズム教育の神髄への模索過程がある。生活に根を下ろすからこそ総合になるのであって，取り出した応用芸術では幼児の表現は生まれない。生活が提供する題材と結びつき，遊び表す素地がなければ，総合表現は味気ないものになる。ここでは，映像として残る『保育は芸術なり』の背景を語っておきたい。それは，第1章§1～5でバラバラにした研究の視座を統合する総合的な芸術州への挑戦だからである。

①表現が立ち上がる生活環境

この物語は，私が園長になる3か月前から始まった。園の立地環境は，音楽家が多く集う芸術州の色合いが強い国立市で自然も多い。しかし，すばらしい瀟洒な幼稚園舎の中には塀沿いの垣根しかない。そして，小林宗作の総合リズム教育を50年以上守りつないできてはいるものの，クラーゲスのいうリズム，宗作が学んだリズムの根源がない。教師たちは全員，音楽学士の資格をもち，専門性も高く，教材も豊富で筆者などはその膝元にも及ばない。しかし何かが違う，感染できない違和感がある。そこで表現の基礎となる生活環境の改善から始めた。

まず，園庭を改修した。芸術美の基本は自然だと思うからである。山をつくり，川に水を流し，水が注いだ池には水生生物が棲む。鉄製の遊具から木製の総合遊具に変え，砂場も広げるとともに３歳児専用の空間にも砂場や遊具や樹木を配して自然に親しめるようにした。山楓やムクロジなどシンボルツリーも植え，さらに２階から屋上に行く通路にはジャスミンのトンネルをつくり，屋上に畑を置いて野菜栽培ができるようにした。

幼児の表現の世界を豊かにするためには自然環境が第一の条件である。園庭の限界を超えるために，近くの大学キャンパスの広大な森に散歩に行くことを日常とするようにし，枝や木を拾ってくるとともに，園内の遊具はプラスチックから自然に還る竹や木製品に変えていった。門を入るとハンギングの花が出迎え，庭に出ると樹木が四季折々の色を添える。畑の収穫物は，子どもが煮炊きして食し，あるいはケナフを苅って，紙すきをする。落ち葉や生ゴミは肥料になって再生され再び新たな命を育てる。そんな「天地は真の保育室なり」という自然環境の中に遊びや暮らしがあってこその，生活である。

②流れる生活の時間

自然は，子どもに時間を合わせてはくれない。夜の雨が色づいた紅葉の葉を一面に散らし日本画のような世界が広がると，みんなその風景を眺めて飽きることがない。池に白鷺が舞い降りると見とれて飛び立つまで息を凝らしている。森に出かけると音楽会が始まり，次々と歌のリズム振動が広がる。こうして子どもが目を奪われた自然，移りゆく自然に生活の時間を合わせる必然が生まれると，10時からリトミックをするという時間の流れは無為になる。森でも，庭でも木陰でもリトミックはできるし，歌も歌える。また自然の素材は楽器になる。竹筒で木琴を作って棒で叩いたり，竹筒を太鼓代わりにしてリズムをとり，わらべうたで遊んだりする。また園庭や森から拾ってきた枝や葉は，画材となる。地面に絵を描く子，棒とどんぐりや木の実でトンボやバッタを造形する子もいる。

こうして生活の時間が，教師の絶対的なものから子どもと教師と自然とが折り合いをつけるものに変わっていった。表現が継続性と集中性をもち，あるいは即興性をもつのは，この時間と心象を立ち上げる媒体とその表現の受け手との関係の中にある。

③威光模倣によってわざが伝わり磨かれる面白さ

遊びのわざ，表現のわざを習得するには，真似て自分もかくありたいと思う対象と，それを促す流行る空間が必要である。かつて威光模倣の対象が多様に見えた社会のように，園庭に多世代が交流し演戯する空間になる戦略を描いた。組の縦割りで部屋囲いの中に入ってしまうと，担任教師か同学級の幼児だけで模倣対象は制限され限界がある。そこで，教師や保護者が遊びに興じ，生活の道具を作り，表現を創造する過程を園庭につくり出した。芸術州のごとく，各自が自分の得手とすること，チャレンジしたいことに取り組むのである。絵を描くことが好きな者は紙芝居を作り，地図を描き，大工道具を手に生活や遊びに必要な物を作る。音楽が好きな者は，子どものでたらめ歌を採譜したり，ドラマの曲を作曲したり，あるいは即興で歌や演奏の場をつくる。裁縫が好きな者は，雑巾を縫ったり人形の洋服やままごとの衣装を作ったりする，スポーツが好きな者は，サッカーのボール回しやドリブルに興じる，コマでも縄跳びでも，ダンスでも太鼓でも二胡でも何でもいい，それぞれの極めたい世界を求めて暮らす生活に多様なモデルが生まれることで，子どもの威光模倣がなされるようにした。

また，教師たちが『劇団楓』『和太鼓集団楓』『コーラス楓』と内容に応じて団を結成して子どもに演戯を披露する機会を設けた。朝礼で歌ったり，放課後，和太鼓の練習をしたり，あるいは劇，人形劇，ペープサート，獅子舞，合奏などを創り上げて楽しむのである。こうした取り組みに学生が参加したりいろいろな演目をもって遊びの中に入ってくる機会も増やしたりもした。チューニングの段階から見聴きできる開放的な音楽空間は，子どもの模倣を誘うのに有効であった。生活も同様，子どもが帰ってから掃除，教材作り，環境構成を考えるのではなく，子どもと共に掃除や片付けを行い，子どもの傍らで紙芝居を創作し，歌い，舞うといった，生活そのものが芸術（アート）である時間にした。大人が子どもに付ききりで何かをやってやる生活は子どもを一人の人間として見ていない。子どもと対話し，願いを共有し，分担・協働しながら生活する中から,威光模倣が流行を呼ぶという生活への切り替えである。

美的感性は教えられないし援助して教えるものでもない。芸術的表現も同様，子どもが内省してかたちを立ち上げ表現につながる媒体に働きかける。その表現には，身体的な動作が伴う。自分の脳の命令のままに自在に動く身体，手先，足先まで行き届く神経が開発されていくことで，幼児が表現する世界が自分のありたい世界になっていく。威光模倣の対象が身近にあり，流行る渦があり，かかわる媒体があり，その渦の中で幼児は自分を生きる。そんな生活が保育のあり方全体が変えていく。

④言葉を歌う生活

日常の言葉のやりとりが芸術の基礎であることを確認し，言葉を歌う心持ちでやりとりをする。幼児は心象風景をそのまま言葉に出してよく歌う。それに応じる受け手がいて，発し手との呼吸が合うことでつながりが生まれ，物語が生まれる。音楽が人の心をつなげるのは，リズムと音と抑揚が共振し感染し，それを快と感じるからである。また，内から湧き出る言葉とその抑揚はメロディの始まりであり，そこを丁寧に歌い大切にしてきた。題材に出合い，心象が呼び起こされて内省する際に感情がイメージを支配する。それは，でたらめ歌といわれる幼児の歌や歓喜の乱舞によく表れる。感情が直接表現されれば芸術ではないとするのは，4，5歳になってからのことで，乳幼児は感情のままに歌い舞う。身体の動きは，素材を媒介とする造形より快の感情に直接的に働きかけ呼び起こし，その感情がリズムや音や動きとして表出されるからである。

⑤限界芸術空間としての室礼

幼稚園等の室内の空間環境には，幼稚さを演出する文化がある。幸い園には幼稚さの文化はなく，名画等は飾られているがかえってシンプル過ぎたので，もう少し生活情報と子どもの表現作品と美的空間をつくる室礼（季節や人生の節目・儀式にあわせて書・花・物などを飾り，心豊かに楽しむもの）に心を配った。それは今日の言葉でいえばおもてなしの心であり，遊び心であり，限界芸術を楽しむ生活者の心である。また，「お」や「さん」をつけた言葉を乱発したり，遠くから声を掛けたりする空気が喧噪さを生むので，標準語を使い，話したい人の近くに移動して目を見てやりとりすることを心がけた。

さらに，無用な指示語を廃して，生理的な欲求は本人が判断して必要なときに行けばいいこと，集合は全体の流れを読んで子どもが動き出すこと，課題は年齢に応じて各自の速度，進め方で子どもが自分の遊びと折り合いをつけるようにし，全体で行う活動は，子どもにとって意味があることに絞っていった。そして，子どもが自発的に判断できる経験を多くすることで，「Simple is best」という環境が生まれた。その環境は，園を「芸術州＝アート空間＝生活」にしていった。

(5)　保育は芸術なりの世界

保育は芸術であるとする創設者小林宗作[25)]の理念は，次のような言葉で現されている。

> 保育は芸術なり　音楽や舞踊などの芸術より一段と高い
> 偉大なる芸術なり

保育の場が芸術州，芸術村となる第一の条件は，村・州の空気であることは前述した。その生活空間で子どもが，集団生活の様々な経験をつなげて色や線や形，音やリズムやメロディ，ハーモニー，言葉や動きや所作振る舞いのかたちをつくっていく。その基礎・基本を押さえ，経験を織りなす遊びや活動を仕組むのが就学前教育のプロの仕事である。様々な挑戦をした中から，いくつかを取り上げてみよう。

①総合的な演戯としてのわらべうたを遊ぶ

わらべうたは，言葉のやりとりと動きの演戯によって物語を進めていく。物語性をもっているわらべうたは，鬼と子どもが役を演じて応答する。「誰かさんの後ろに蛇がいる」「わたし」といったやりとり，あぶくたったの「戸棚にしまって鍵を掛けて，さあ寝ましょ」「とんとん」といった振りと言葉のやりとりが演劇性をもたらす。2歳から7歳頃まで自発的に遊ばれるごっここそ，総合的表現の最たるものだが，ごっこが発生するためには，遊びの時間が最低1時間半から2時間は必要になる。また見立てる場や見立てる物が他者と共有されることも必要条件である。さらにドラマが発現するために庭にレンガを積み，薪を運んで火を焚き豆やご飯などを煮る経験，行事のいわれを調べ本物に出会う経験，教師が賑々しく獅子舞を舞ったり，太鼓の演舞や演劇を見たりする経験，運動会や劇表現も行事日の前後，1か月程度はごっことして興じる生活を心がけた。

また，わらべうたといっても「大波小波」や「あんたがたどこさ」「お手玉数え歌」など，毬や縄，身体・メディアといった道具を使いこなすわざを必要とする遊びもある。遊びに必要なわざは，威光模倣によって獲得されるよう，異世代が交流する園庭＝天地を真の遊び空間とした。そして遊びの伝承がなされるようたっぷりと遊びの時間をとり，全体で行う活動との時間的な折り合いをつけた。

②幼児にあった選曲

さらに，宗作の歌を復活させた。宗作の歌はシンプルで，歌詞は時代を映さないものもあるが，音楽性を高めるメソッドとして質が高い。彼が楽譜はほとんど残さず即興で音楽の場を創造した精神を生かし，6小節から12小節と短い曲を使い，言葉の抑揚＝メロディやリズムを一度聴いたら斉唱する，カノンで構成する，また，応答歌をしたり，拍のリズムの手拍子や楽器を組み合わせたり，身体の動きを伴わせたりして，動的に音楽の場がつくられていくようにした。また，曲調の速さと明確な言葉と抑揚が一致するため，綺麗な歌声を感じる耳にも注目した。その感じ方が，耳の感受性を高めていく。さらに，ドミソの主要3音をもとに構成した歌のリズムは，耳から入りメロディ楽器の操作にも興味を広げるもので，ここに子どもが音楽性の高まる喜びを見いだした。

③和太鼓とミュージカル

音楽や身体，言葉による総合表現の経験内容を広げる一つの方法として，毎年6月第1週の土曜日に行われる創立記念式典の演目に5歳児の和太鼓打ちと全園児によるミュージカルを演じて遊ぶことにした。練習をさせると考えたら不可能だが，日常，各学年でやっている遊びが舞台に上がればよいだけのことである。これは，保育における表現の考え方を大きく転換する機会となった。演劇も含め，表現は日々の中にあり，よく遊ぶことが，子どもが陶酔感を味わえる質のよい表現につながり，遊びが園文化を創造していくという実感につながったと思われる。

和太鼓は，筆者が保育の道に入って10年してから取り入れた教育活動である。身体発達は全身運動から細部の運動に発展する。丹田を安定させて全身を使ってリズムを打つ心地よさ，仲間との音が響き合う快感は，和太鼓に尽きるという確信がある。手先の技術を求める合奏より，丹田を安定させ，日本の音とリズムに接する機会にもなった。

④毎日が表現舞台からプロジェクトへ

こうして表現の舞台は，園庭や出先の森や公園や原っぱ，動物園など，どこにでも広がりをもっていった。屋外を拠点とするごっこや土の庭をキャンバスとする絵画造形表現が一つになることで，音と動きをもつ音楽活動は学年を超えて感染し合う可能性が開かれる。ミューズの神々のごとき子どもの営み事に観客も参加するものとなり，限界芸術の裾野を広げていった。5歳児になると総合的な表現として物語性のあるオペラやミュージカルを展開していく。昔話を聞けばその場でそれが音とリズムと言葉を伴う身体表現となる，餅つきをすれば餅つきごっこが遊びとなり，歌が生まれる，稲刈り，脱穀をすれば百姓の生活や日照りなどの艱難辛苦，労働を怠ける人間の性，天狗に神頼みする物語などがつくられ，それをプロジェクト活動として子どもが企画に参加し，調べ，対話し，表現とする。落語も子どもにとっては言葉と音と身体リズムで表現する題材となり，「じゅげむ」や「まんじゅうこわい」などが遊ばれる。

新任教師二人の保育を通し3年間の表現活動の証として，映像記録されたものが冒頭の『保育は芸術なり』である。

3歳児の世界では，個々の表出から模倣，2，3人のごっこへの変化が捉えられている。また遊びの媒体となる物の探索を通して，音やリズム，拍や拍子，色の世界を快に感じていく過程が見られる。

4歳児の世界では，個々の表現から数人での表現の場をつくって遊んでいる。自然物を使って大地に造形をしたり，散歩に行った森で音楽会を演戯したりする。また，一つの物語を劇表現として創っていく教師との協働作業の過程で新たな分担奏の経験や役を担う経験をし，日常の遊びを舞台に上げている。

5歳児の世界では，こうした2年間の積み重ねをもとに，プロジェクト活動としての表現世界の創造に向けて，自らやりたいと選んだ演目のグループの仲間と，素材の選択や表現方法の工夫をし，調べたり対話したりしながら，わざを磨いていく。表現を洗練させ，わざを磨きエクスタシーに高まる練習が遊びとなるのも5歳児である。そのグループ別のテーマをさらに全体のテーマにつなげてミュージカルを完成させている。教師は，子どもの興味に沿ったテーマに合う江戸の小咄や昔話を提供し，また紙芝居や歌の作曲などをして，そこに希望や意見を述べる関係も築き，鮮度のある教材を提供する役を担っている。

二人の若者が取り組んだ3年間の歩みは，園全体の遊び文化，表現のありようを大きく変えたことはいうまでもない。そこには教育において芸術を取り扱う意味は何かを改めて問う原点がある。生命が感受した内界の純粋な表現は人間としての欲求で，生命の内で生命から発展する。フレーベルが，「生命，内面的な生命自体，直接に感受されたもの，即ち心情の，表現である。そして，この第三のもの，人間の内心の，人間自体の表現が，芸術なのである」[26] とする言葉に，教育が取り扱う芸術の根拠があったことを改めて思い出させる。その原点を忘れると，いつの間にか芸術を教育の一手段として扱う危険が発生し，芸術州が崩壊するのは歴史が証明するとおりである。

【引用・参考文献】

〈第１部第１章§1〉

（１）柳宗悦『民藝とは何か』講談社，2006，p.16
（２）同上，p.22
（３）同上，pp.23-24
（４）同上，p.31
（５）同上，p.59
（６）同上，p.97
（７）鈴木貞美・岩井茂樹編『わび・さび・幽玄―「日本的なるもの」への道程―』水声社，2006，p.53
（８）ユネスコ・アジア文化センター編『現代日本における伝統文化』伝統と現代社，1974，pp.140-244
（９）同上，p.154
（10）同上，pp.155-156
（11）同上，p.156
（12）岡倉天心／櫻庭信之・斎藤美洲・富原芳彰・岡倉古志郎訳『茶の本 日本の目覚め 東洋の理想―岡倉天心コレクション―』筑摩書房，2012，p.78
（13）同上，p.98
（14）同上，pp.190-191
（15）上掲書（８），p.269
（16）上掲書（８），pp.263-268
（17）上掲書（７），p.31
（18）上掲書（７），p.33
（19）西山松之助・渡辺一郎・郡司正勝校注『日本思想大系新装版 芸の思想・道の思想 6：近世芸道論「南方録」』岩波書店，1996，pp.10-14
（20）奥田勲・堀切実・表章・復本一郎校注『新編日本古典文学全集 88：連歌論集・能楽論集・俳論集』小学館，2001，p.316
（21）同上，「花鏡」p.296
（22）同上，「三冊子」p.553
（23）同上，p.579

〈第1部第1章§2〉

（1）柴辻政彦・米澤有恒『哲学する芸術―パトスから表現へ―』淡交社，2005，p.18
（2）同上，p.18
（3）齋藤忍随『アポローン―ギリシア文学散歩―』岩波書店，1987，pp.31-32
（4）海老沢敏『ミューズの教え―古代音楽教育思想をたずねる―』音楽之友社，1989，pp.48-49
（5）上掲書（3），p.66
（6）上掲書（3），p.67
（7）上掲書（4），p.44
（8）プラトン／藤沢令夫訳『パイドロス』岩波書店，1967，p.52
（9）同上，pp.54-55
（10）J.O. アームソン／雨宮健訳『アリストテレス倫理学入門』岩波書店，2004，p.49
（11）プラトン／田中美知太郎編『世界の名著6：プラトンⅠ　ゴルギアス』中央公論社，1978，p.324
（12）同上，p.324
（13）同上，p.351
（14）上掲書（1），2005，p.25
（15）上掲書（11），p.396
（16）プラトン／藤沢令夫訳『国家 下』岩波書店，1979，p.302
（17）同上，p.307
（18）同上，p.318
（19）同上，p.319
（20）プラトン／藤沢令夫訳『国家 上』岩波書店，1979，p.158
（21）同上，pp.181-190
（22）同上，p.184
（23）上掲書（16），p.325
（24）上掲書（16），pp.329-330
（25）上掲書（16），p.331
（26）上掲書（16），p.104
（27）上掲書（3），pp.119-127
（28）プラトン／岩田靖夫訳『パイドン―魂の不死について―』岩波書店，1998，pp.20-21
（29）アリストテレース・ホラーティウス／松本仁助・岡道男訳『アリストテレース詩学・

ホラーティウス詩論』岩波書店，1997，pp.315-316
(30) 同上，p.22
(31) 同上，p.25
(32) 同上，pp.27-28
(33) 同上，p.36
(34) 同上，p.43
(35) アリストテレス／山本光雄・村川堅太郎訳『アリストテレス全集 15：政治学 経済学』岩波書店，1969，pp.326-343
(36) 上掲書（1），p.14
(37) バウムガルテン／松尾大訳『近代美学双書 美学』玉川大学出版部，1987，p.15
(38) 同上，p.20
(39) カント／牧野英二訳『カント全集 8：判断力批判 上』岩波書店，1999，pp.50-51
(40) 同上，p.55
(41) カント／有福孝岳訳『カント全集 4，5：純粋理性批判』岩波書店，2001
(42) カント／坂部恵・平田俊博・伊古田理訳『カント全集 7：実践理性批判 ―人倫の形而上学の基礎づけ―』岩波書店，2001
(43) 上掲書（39），p.317
(44) カント／三井善止訳『人間学・教育学』玉川大学出版部，1986
(45) 同上，p.64
(46) 上掲書（39），pp.193-198
(47) シラー／草薙正夫訳『美と芸術の理論―カリアス書簡―』岩波書店，1936，pp.8-10
(48) 同上，p.21
(49) 同上，p.22
(50) 同上，p.14
(51) 同上，p.61
(52) 同上，p.94
(53) クーノ・フィッシャー／玉井茂・堀場正治訳『ヘーゲルの美学・宗教哲学』勁草書房，1986
(54) 同上，pp.3-4
(55) 同上，p.8
(56) 同上，pp.28-72
(57) 同上，p.74

(58) トルストイ／河野与一訳『芸術とはなにか』岩波書店，1971，pp.48-89
(59) 田淵晋也『現代芸術は難しくない―豊かさの芸術から「場」の芸術へ―』世界思想社，2005，pp.29-101
(60) マルセル・デュシャン，ピエール・カバンヌ／岩佐鉄男・小林康夫訳『デュシャンは語る』筑摩書房，1999，p.82
(61) 同上，p.18
(62) 上掲書（59），p.61
(63) 上掲書（59），p.63
(64) 上掲書（59），p.154
(65) ロラン・バルト／沢崎浩平訳『美術論集―アルチンボルドからポップ・アートまで―』みすず書房，1986，p.61
(66) 同上，p.66
(67) 上掲書（59），pp.83-84
(68) ジョン・ケージ，ダニエル・シャルル／青山マミ訳『ジョン・ケージ小鳥たちのために』青土社，1982，pp.15-16
(69) 同上，p.15
(70) ジョン・ケージ／柿沼敏江訳『サイレンス』水声社，1996，p.456
(71) 上掲書（59），p.147
(72) 村上隆夫『メルロ＝ポンティ』清水書院，1992，pp.162-163
(73) ヘーゲル／岩崎武雄編『世界の名著 44：ヘーゲル』中央公論社，1978，p.158
(74) 同上，p.174
(75) 上掲書（72），p.163
(76) 上掲書（72），p.162
(77) 上掲書（72），p.163
(78) 上掲書（59），p.222
(79) アンドレ・ブルトン／巖谷国士訳『シュルレアリスム宣言―溶ける魚―』岩波書店，1992，p.46
(80) 同上，pp.71-72
(81) サイモン・ウイルソン／新開公子訳『シュルレアリスムの絵画』西村書店，1997，p.6
(82) ハーバード・リード／足立重訳『芸術の意味』伊藤書店，1939，p.154
(83) 同上，p.2
(84) 同上，p.8

(85) 上掲書（58），p.61
(86) 上掲書（59），p.250
(87) 上掲書（65），pp.91-92
(88) 上掲書（65），p.135
(89) 西村陽平「視覚と触覚の距離」慶應義塾大学アート・センター編『視×触―視ること、触れること、感じること = The optical the haptical―』慶應義塾大学アート・センター，2011，p.37
(90) 同上，p.35
(91) 上掲書（82）
(92) J. デューイ／河村望訳『デューイ＝ミード著作集 12：経験としての芸術』人間の科学社，2003

〈第 1 部第 1 章 § 3〉

(1) 西周／大久保利謙編『西周全集第 1 巻：美妙学説』宗高書房，1960，p.480
(2) 鈴木貞美・岩井茂樹編『わび・さび・幽玄―「日本的なるもの」への道程―』水声社，2006，p.144
(3) 色川大吉編『日本の名著 39：岡倉天心』中央公論社，1970，pp.29-33
(4) 岡倉天心／櫻庭信之・斎藤美洲・富原芳彰・岡倉古志郎訳『茶の本 日本の目覚め 東洋の理想―岡倉天心コレクション―』筑摩書房，2012，p.171
(5) 同上，p.296
(6) 鶴見俊輔『限界芸術論』筑摩書房，1999，p.16
(7) 柳宗悦『手仕事の日本』岩波書店，1985
(8) 上掲書（6），pp.10-11
(9) 上掲書（6），pp.14-15
(10) 上掲書（6），p.15
(11) 上掲書（6），p.16
(12) 谷川徹三ほか『現代日本文學大系 97：現代評論集 柳宗悦「雑器の美」』筑摩書房，1973，pp.3-9
(13) 山本三千子『室礼（しつらい）』叢文社，1997，p.26
(14) 谷直樹・増井正哉編／京極寛写真『まち祇園祭すまい―都市祭礼の現代―』思文閣出版，1994
参考：本田安次『日本の伝統芸能』錦正社，1990
(15) 上掲書（6），p.034

(16) 上掲書（６），p.22
(17) 柳田国男『定本柳田国男集第７巻』筑摩書房，1968，p.423
(18) 同上，p.462
(19) 同上，p.463
(20) 同上，p.153
(21) 同上，pp.153-154
(22) 同上，p.159
(23) 同上，p.160
(24) トルストイ／河野与一訳『芸術とはなにか』岩波書店，1971，p.148
(25) 上掲書（６）p.51-085
(26) 植田敏郎『宮澤賢治とドイツ文学―「心象スケッチ」の源―』講談社，1994，p.20
(27) 上掲書（６），pp.59-60
(28) 高村光太郎・宮沢賢治『日本現代文学 40：高村光太郎，宮沢賢治集』講談社，1963，p.438
参照：青空文庫 宮沢賢治「農民芸術概論綱要」
（底本：『【新】校本宮澤賢治全集　第 13 巻（上）：覚書・手帳．本文篇』筑摩書房，1997）
https://www.aozora.gr.jp/cards/000081/files/2386_13825.html（参照 2020/8/28）
(29) 同上，p.439
(30) 同上，pp.439-440
(31) 片山敏郎『宮澤賢治とドイツ文学』講談社，1994，p.149
(32) 宮澤賢治『春と修羅』日本図書センター，1999，pp.20-24
(33) 上掲書（28），p.438
(34) 宮澤賢治『風の又三郎』ほるぷ出版，1971
(35) 上掲書（31）pp.171-177
(36) 時枝誠記『国語学原論』岩波書店，2007
(37) ハーバード・リード／滝口修造訳『芸術の意味』みすず書房，1966，pp.57-59
(38) フリードリッヒ・ニーチェ／中島義生訳『人間的、あまりに人間的２』筑摩書房，1994，p.437
(39) フリードリッヒ・ニーチェ／池尾健一訳『人間的、あまりに人間的１』筑摩書房，1994，p.216
(40) 同上，p.225
(41) フリードリッヒ・ニーチェ／原佑訳『権力への意志』筑摩書房，1993，p.370

(42) 上掲書（38），p.469

〈第1部第2章§1〉
（1）上笙一郎『日本子育て物語―育児の社会史―』筑摩書房，1991，p.128
（2）喜多村筠庭／長谷川強・江本裕・渡辺守邦・岡雅彦・花田富二夫・石川了校訂『嬉遊笑覧』岩波書店，2002-2004
（3）喜田川守貞／高橋雅夫編著『守貞謾稿図版集成』雄山閣，2002
喜田川守貞／宇佐美英機校訂『近世風俗志―守貞謾稿―』岩波書店，1996-2002
（4）唐澤富太郎『唐澤富太郎著作集第1巻 上：児童教育史―児童の生活と教育―』ぎょうせい，1992，p.18
（5）大久保利謙編『西周全集第1巻』宗高書房，1960，p.477
（6）神林恒道『近代日本「美学の誕生」』講談社，2006
（7）コメニウス／鈴木秀勇訳『大教授学』明治図書出版，1962
（8）フレーベル／岩崎次男訳『人間の教育Ⅰ』明治図書出版，1960，p.215
（9）同上，p.216
(10) 同上，p.217
(11) 同上，p.218
(12) 羽田積男「ダビット・モルレーの教育論」教育学雑誌第24号，日本大学教育学会，1990
(13) 久米邦武編著／水澤周訳注『特命全権大使米欧回覧実記―現代語訳―』慶應義塾大学出版部，2005-2008
(14) 唐澤富太郎『唐澤富太郎著作集第1巻 上：児童教育史―児童の生活と教育―』ぎょうせい，1992，pp.269-280
(15) 同上，p.264
(16) 武田恒夫『狩野派絵画史』吉川弘文館，1995
(17) 伊澤修二／山住正巳校注『洋楽事始―音楽取調成績申報書―』平凡社，1971，pp.5-7
(18) 唐澤富太郎『唐澤富太郎著作集第6巻 上：教科書の歴史―教科書と日本人の形成―』ぎょうせい，1992，pp.185-186
馬場健「明治初期における音楽教育の展望―伊沢修二と音楽取調掛を中心に―」三田哲學會「哲学」第53集 ,1968，pp.291-305
(19) 上掲書（17），pp.29-45
(20) 荘司雅子／茂木正年編／宮沢尚構成『フレーベル教育学への旅』日本記録映画研

究所，1985，pp.120-135
(21) 同上，pp.120-135
(22) 上掲書（8），p.50
(23) フレーベル／津川主一訳編『母とおさなごの歌』日本基督教団出版部，1957
(24) 森上史朗『児童中心主義の保育―保育内容・方法改革の歩み―』教育出版，1984，p.27

〈第1部第2章§2〉

(1) 樋口勘次郎／石戸谷哲夫解説『統合主義新教授法』日本図書センター，1982
(2) 小崎軍司『山本鼎評伝―夢多き先覚の画家―』信濃路，1979
(3) 山本鼎『自由画教育―小学生画―』ARS，1921，p.3
(4) 同上，p.7
(5) 同上，p.16
(6) トルストイ／河野与一訳『芸術とはなにか』岩波書店，1971
(7) 岸田劉生／岡畏三郎･梅原龍三郎「図画教育論」『岸田劉生全集第3巻』岩波書店，1979，p.554
参考：国立国会図書館デジタルコレクションで読むことができる。
岸田劉生『図画教育論』改造社，1925
https://dl.ndl.go.jp/info:ndljp/pid/938747（参照 2020/8/28）
(8) 上掲書（3），pp.154-171
(9) 上掲書（3），p.111
(10) 岡本太郎『今日の芸術－時代を創造するものは誰か－』光文社，1999，p.184
(11) 横谷輝／子どもの本研究会編『横谷輝児童文学論集第1巻:児童文学の思想と方法』偕成社，1974，p.172
横谷輝『増補版 児童文学の思想と方法』啓隆閣，1973，p.172
(12) 同上，p.175
(13) 同上，p.181
(14) 木村吉次「学校体操教授要目（大正2年）の制定過程に関する一考察」中京体育学論叢6（1），1964，pp.47-119
(15) 南元子「『子どものための演劇』とは何か?―お伽芝居の誕生とその意義―」愛知教育大学幼児教育研究（13），2007，pp.39-46
冨田博之『日本児童演劇史』東京書籍，1976
(16) 坪内逍遙『児童教育と演劇』早稲田大学出版部，1923

坪内逍遥「初等教育に於ける演劇」『逍遙選集第 9 巻：初等教育に於ける演劇』春陽堂，1926，pp.847-872
（17）小原國芳『道徳教授確信論・学校劇論・理想の学校』玉川大学出版部，1980，pp.261-263
（18）島村民藏／上笙一郎・冨田博之編『児童文化叢書第 1 期 2：子供の生活と藝術』，大空社，1987
（19）芸術教育会編／上笙一郎・冨田博之編『児童文化叢書第 3 期 31：学校劇の研究』大空社，1988，pp.3-4
（20）同上，p.7
（21）同上，p.11
（22）加藤暁子『日本の人形劇―1867-2007―』法政大学出版部，2007，pp.77-78
（23）内山憲堂／上笙一郎・冨田博之編『児童文化叢書第 3 期 33：指遣人形劇の製作と演出』大空社，1988，pp.15-16
（24）同上，pp.13-15
（25）同上，p.35
（26）同上，p.3
（27）外山卯三郎『舞台芸術論』建設社，1930，p.75
（28）石川啄木「雲は天才である」『悲しき玩具―我等の一団と彼―』ホルプ出版，1985，pp.261-346
（29）石川啄木「林中日記」松山巌編『明治の文学第 19 巻』筑摩書房，2002，pp.78-79
（30）森上史朗『児童中心主義の保育―保育内容・方法改革の歩み―』教育出版，1984，pp.53-54
（31）東基吉「幼稚園保育法」岡田正章監修『明治保育文献集第 7 巻：幼稚園通覧・幼稚園保育法』日本らいぶらり，1977，pp.210-213
（32）宍戸健夫「定着期の幼児教育思想」日本保育学会『日本幼児保育史第 2 巻』フレーベル館，1968
（33）中村正直，和田實『幼児教育法』和田實学園，2007，p.17
（34）同上，p.27
（35）倉橋惣三『育ての心 上』『育ての心 下』フレーベル館，1976
（36）倉橋惣三『幼稚園真諦』フレーベル館，1976，p.23，p.60
倉橋惣三／岡田正章監修『大正・昭和保育文献集第 9 巻：幼稚園保育法眞諦』日本らいぶらり，1978
（37）上掲書（30），pp.61-62

（38）上掲書（31），p.222
（39）上掲書（31），pp.227-233
（40）上掲書（31），pp.230-234
（41）土川五郎・小林宗作・坂内ミツ／岡田正章監修『大正・昭和保育文献集第 4 巻：実践編 1』日本らいぶらり，1978，pp.7-9
（42）同上，p.9
（43）同上，p.115
（44）同上，p.129
（45）同上，p.130
（46）同上，p.131
（47）同上，p.133
（48）黒柳徹子『窓ぎわのトットちゃん』講談社，1984，pp.253-254
（49）大岡紀理子「近代日本における幼稚園制度と保姆養成制度の成立過程」早稲田大学大学院教育研究科紀要別冊（17-1），2009，p.185
（50）上掲書（31），p.240
（51）上掲書（31），p.237
（52）上掲書（31），pp.236-239
（53）上掲書（31），p.249

〈第 1 部第 2 章§ 3〉

（1）国枝幸子「保育と戦争―戦時下の倉橋惣三を中心として―」聖園学園短大紀要（34），2004，pp.29-50
（2）東京女子高等師範学校附属幼稚園・日本幼稚園協会編／岡田正章監修『大正・昭和保育文献集第 6 巻：系統的保育案の実際，系統的保育案の実際解説』，日本らいぶらり，1978
（3）戸倉ハル・小林つや江『うたとあそび第 2 集』不昧堂書店，1957
（4）鈴木とく『戦中保育私記―昭和十六年から昭和二十二年―』チャイルド本社，1990，p.98

〈第 1 部第 2 章§ 4〉

（1）文部省『学制百年史資料編』帝国地方行政学会，1972
（2）国立教育政策研究所「学習指導要領データベース」
https://www.nier.go.jp/guideline/（参照 2020/5/2）

（3）岡田正章・久保いと・坂元彦太郎・宍戸建夫・鈴木政次郎・森上史朗編『戦後保育史第1巻』フレーベル館，1980，p.444
参考：大岡ヨト「GHQ及びCIEの戦後日本の保育内容への影響に関する一考察―ヘレン・ヘファナン関与の視点から―」早稲田教育評論 27（1），早稲田大学教育総合研究所，2013，pp.97-106
（4）同上，pp.538-575
（5）同上，pp.30-43
（6）J. デューイ／河村望訳『デューイ＝ミード著作集12：経験としての芸術』人間の科学新社，2003，p.15
（7）同上，p.56
（8）同上，p.87
（9）文部省編『幼稚園のための指導書：音楽リズム』明治図書出版，1953，p.1
（10）空海／加藤精一編『空海「即身成仏義」「声字実相義」「吽字義」』角川学芸出版，2013，p.97
（11）L. クラーゲス／杉浦実訳『リズムの本質』みすず書房，1994，pp.21-22
（12）同上，p.67
（13）オクタビオ・パス／牛島信明訳『弓と竪琴』岩波書店，2011，pp.95-96
（14）小林宗作「幼な児の為のリズムと教育」土川五郎・小林宗作・坂内ミツ／岡田正章監修『大正・昭和保育文献集第4巻：実践編1』日本らいぶらり，1978，p.223
（15）上掲書（9），p.1
（16）上掲書（6），pp.81-84
（17）上掲書（9），p.24
参考：近森一重『音楽教育史文献・資料叢書第28巻：改訂指導要領に基く音楽教育課程とその構成』大空社，1993
（18）上掲書（9），p.29
（19）文部省編『幼稚園教育指導書：絵画製作編』フレーベル館，1959
（20）岡本太郎『今日の芸術―時代を創造するものは誰か―』光文社，1999，p.176
（21）同上，pp.90-92
（22）同上，p.181
（23）国分一太郎／太田堯[ほか]編『国分一太郎全集7：芸術と教育を結ぶもの』新評論，1984，p.160
（24）同上，p.162
（25）同上，p.262

(26) 同上，p.267
(27) 藤田妙子『私の幼児教育—子どもの可能性を、豊かに伸ばそう—』文化出版局，1971
藤田妙子『幼児のための３つのオペレッタ』フレーベル館，1962
『幼児のための５つのオペレッタ』フレーベル館，1963
『幼児のための７つのオペレッタ』フレーベル館，1962
(28) 斎藤顕治，松村容子『ねんどあそび—土の感動を生かす理論と実践—』，サクラクレパス出版部，1980
(29) 松村容子・江間あい『たんぽぽのように—3 歳児保育の試み—』フレーベル館，1988
(30) 斎藤公子・井尻正二『斉藤公子の保育論』，築地書館，1985
斎藤公子『子育てに魅せられて－奥深き未知の国—』青木書店，1997
斎藤公子『生物の進化に学ぶ乳幼児期の子育て』かもがわ出版，2007
山崎定人・斎藤公子『さくらんぼ坊やの世界—乳幼児の育ちゆくみちすじ—』労働旬報社，1983

〈第 1 部第 2 章§ 5〉

（１）文部省『幼稚園教育指導書増補版』フレーベル館，1989，p.76
（２）福田恒存『芸術とは何か』中央公論社，1977，p.88
（３）上掲書（１），p.42
（４）大場牧夫『表現原論—幼児の「あらわし」と領域「表現」: フィールドノートからの試論—』萌文書林，1996，p.179
（５）イサドラ・ダンカン／小倉重夫・阿部千律子訳『わが生涯—イサドラ・ダンカン—』冨山房，1975
イサドラ・ダンカン／ A.R. マクドゥーガル編／小倉重夫・阿部千律子訳『わが生涯 続—イサドラ・ダンカン—』冨山房，1977
参考：田中泯／岡田正人写真『僕はずっと裸だった—前衛ダンサーの身体論—』工作舎，2011
（６）上掲書（４），pp.191-192
（７）永岡都「幼児期の言語と身体の発達を促す音楽活動—幼稚園における電子テクノロジーの活用実践—」学苑（908），昭和女子大学近代文化研究所，2016，p.41

〈**第2部扉**〉

（1）中村雄二郎『魔女ランダ考―演劇的知とはなにか―』岩波書店，1983

〈**第2部第1章§1**〉

（1）河竹登志夫「演劇」『万有百科大事典3　音楽 演劇』小学館，1974，p.61
（2）南元子「児童劇・学校劇における岡田文部大臣の訓示・通牒の意味とその影響―所謂「学校劇禁止令」（1924）について―」子ども社会研究（12），2006，p.73
（3）岡田陽『子どもの表現活動』玉川大学出版部，1994，p.24
（4）文部科学省編『幼稚園教育要領解説―平成30年3月―』フレーベル館，2018，p.114
（5）『幼稚園教育要領―平成29年告示―』フレーベル館，2017，p.9
（6）山本直樹「劇的要素を含んだ『保育内容（表現）』の開講状況に関する考察」有明教育芸術短期大学紀要6，2015，pp.87-98
（7）山本直樹「保育者養成校における演劇を専門としない教員のための劇表現指導教材の開発」科学研究費補助金（基盤研究（C））研究成果報告書
（8）台灣藝術發展協會，財團法人跨界文教基金會主催「2001 NEW VISION Drama,Theatre and Education - AsiaLink」国際検討会資料，2001
（9）大場牧夫『表現原論―幼児の「あらわし」と領域「表現」：フィールドノートからの試論―』萌文書林，1996，第2版（2000），p.163
（10）竹内敏晴『思想する「からだ」』晶文社，2001，pp.16-17
（11）上掲書（9），p.159
（12）上掲書（3），pp.38-39
（13）上掲書（3），pp.51-53
（14）ロジェ・カイヨワ／多田道太郎・塚崎幹夫訳『遊びと人間』講談社，1990，p.54
（15）ジャン・ピアジェ／大伴茂訳『遊びの心理学』黎明書房，1967，pp.67-68
（16）アリストテレース・ホラーティウス／松本仁助・岡道男訳『アリストテレース詩学・ホラーティウス詩論』岩波書店，1997，p.27
（17）乾敏郎『感情とはそもそも何なのか―現代科学で読み解く感情のしくみと障害―』ミネルヴァ書房，2018，pp.16-18
（18）花輪充・大住力ほか『遊びからはじまる学び―今、幼児の表現活動を問い直す―』大学図書出版，2010，p.13
（19）高山昇『Let's Performance 身体表現論』作品舎，2013，p.10
（20）ハーバート・ノーマン／大窪愿二編訳『ハーバート・ノーマン全集 第3巻：忘れられた思想家安藤昌益のこと』岩波書店，1977，pp.29-65

(21) 上掲書（18），p.13
(22) 竹内敏晴『からだ・演劇・教育』岩波書店，1989，p.131
(23) 清水満・小松和彦・松本健義『幼児教育知の探究 11　表現芸術の世界』萌文書林，2010，p.32
(24) 上掲書（３），p.9

〈第２部第１章§ 2〉

(１) 河竹登志夫『演劇概論』東京大学出版会，1978，p.5
(２) 木下順二『“劇的”とは』岩波書店，1995，pp.219-220
(３) アリストテレース・ホラーティウス／松本仁助・岡道男訳『アリストテレース詩学・ホラーティウス詩論』岩波書店，1997，p.35
(４) 山崎正和『演技する精神』中央公論社，1983，p.19
(５) 平田オリザ『演劇入門』講談社，1998，p.43
(６) アラン・ヴィアラ著／高橋信良訳『演劇の歴史』白水社，2008，p.36
(７) 飯塚友一郎『演劇学序説―演劇論の発展と、その演劇学の構想への導き―』雄山閣，1960
(８) 飯塚友一郎「演劇」『演劇百科大事典　第１巻』平凡社，1960，p.353
(９) 上掲書（１），p.6
(10) 上掲書（８），p.353
(11) 工藤隆『演劇とはなにか―演ずる人間・演ずる文学―』三一書房，1989，p.130
(12) 上掲書（４），p.16
(13) アンリ・グイエ／佐々木健一訳『演劇と存在』未来社，1990，p.138
(14) 穂積以貫「難波土産」藤村作『近世論文集』山海堂出版部，1933，pp.8-9，国立国会図書館デジタルコレクション
(15) ニーチェ／塩屋竹男訳『ニーチェ全集 第２巻：悲劇の誕生ほか』理想社，1979，pp.179-180
(16) 上掲書（１），p.8
(17) 鶴見俊輔『限界芸術論』筑摩書房，1999，pp.14-15
(18) 上掲書（８），pp.354
(19) 世阿弥／観世清和編訳『新訳風姿花伝―六百年の歳月を超えて伝えられる極上の芸術論・人生論―』PHP 研究所，2013，p.24
(20) 関矢幸雄『遊びのなかの演劇』晩成書房，1984，p.43
(21) 小山内薫「演劇と社会」小山内薫／菅井幸雄編集・解説『小山内薫演劇論全集 第

2巻』未来社，1965，p.71
(22) 小林由利子・中島裕昭ほか『ドラマ教育入門』図書文化社，2010，p.107
(23) ブレヒト／千田是也訳『今日の世界は演劇によって再現できるか—ブレヒト演劇論集—』白水社，1962，p.102
抽象的な会話に感覚的な数字を加えたり，むき出しの照明器具をそのまま舞台上に置いたり，劇中映像として登場人物が発した言葉に対する証明や反証を映し出したりする工夫。
(24) 上掲書（22），p.107
(25) 上掲書（5），p.44
(26) 上掲書（4），p.30
(27) 石黒浩・平田オリザ「ロボット演劇」日本ロボット学会誌29（1），2011，pp.35-38
(28) 上掲書（20），p.44
(29) 鈴木忠志『内角の和—鈴木忠志演劇論集—』而立書房，1973，p.198
(30) 上掲書（11），p.130
(31) 小林志郎・今村由香「ドラマ教育におけるスクリプトと観客の問題」東京学芸大学紀要 第2部門 人文科学（43），1992，p.121
(32) 小林志郎『演劇学四十三講（小林教授退官記念冊子）』東京学芸大学演劇学研究室，2000，pp.76-77
(33) 小林志郎「Drama in Education論考—Drama in Educationから見たオーストラリア，タスマニアとヴィクトリア2州の教員養成大学とその周辺の問題の考察—」東京学芸大学紀要 第2部門 人文科学(39)，1988，p.40
(34) 同上，p.41
(35) 上掲書（4），p.38
(36) 上掲書（1），pp.88-89
(37) 上掲書（19），p.68
(38) 日本児童・青少年演劇劇団協同組合『証言・児童演劇—子どもと走ったおとなたちの歴史—』晩成書房，2009，p.12
(39) 鈴木忠志『演劇とは何か』岩波書店，1988，pp.23-24
(40) 上掲書（20），p.163
(41) ジョン・ペリー／太宰久夫監訳『演劇入門ブック—ビジュアルで見る演技法—』玉川大学出版部，2014，p.121
(42) 上掲書（20），p.134

(43) 上掲書 (29), p.168
(44) 寺沢秀明『「寅さん」こと渥美清の死生観』論創社, 2015, pp.187-188
(45) 上掲書 (11), p.150

〈第2部第2章§1〉

(1) 片岡徳雄『劇表現を教育に生かす』玉川大学出版部, 1982, p.195
(2) 北河直子「地芝居としての子供歌舞伎」常民文化 (31), 2008, p.93
(3) 秋庭太郎「川上音二郎」早稲田大学演劇博物館編／河竹繁俊監修『演劇百科大事典 第1巻』平凡社, 1960, p.140
(4) 日本学校劇協会『学校劇事典』小学館, 1954, p.431
(5) 冨田博之『日本児童演劇史』東京書籍, 1976, pp.124-127
(6) 岡田陽「日本の児童青少年演劇の歴史から学ぶもの」『日本の児童青少年演劇の歩み―100年の年表：from 1903 to 2003―』日本児童演劇協会, 2005, p.296
(7) 小林由利子・中島裕昭 [ほか]『ドラマ教育入門』図書文化社, 2010, pp.18-22
(8) 小林志郎「Drama in Education 論考―Drama in Education から見たオーストラリア, タスマニアとヴィクトリア2州の教員養成大学とその周辺の問題の考察―」東京学芸大学紀要 第2部門 人文科学 (39), 1988, p.37
(9) 民秋言編『幼稚園教育要領·保育所保育指針の変遷と幼保連携型認定こども園教育·保育要領の成立』萌文書林, 2014, p.22
(10) 文部省編『幼稚園教育要領』フレーベル館, 1956, p.12
(11) 同上, pp.16-17
(12) 文部省編『幼稚園教育指導書・一般編』フレーベル館, 1968, p.118
(13) 同上, p.127
(14) 工藤隆『演劇とはなにか―演ずる人間・演ずる文学―』三一書房, 1989, pp.11-12
(15) 世阿弥／観世清和編訳『新訳風姿花伝―六百年の歳月を超えて伝えられる極上の芸術論・人生論―』PHP 研究所, 2013, p.93
ここでいう七歳とは, 当時は数え歳のため, 現在でいえば5～6歳を指す。観世は以下のように世阿弥の言葉を訳した。「この芸はだいたい七歳くらいから始めるのがよい。この頃の稽古は, 子どもが自然にやりだすことの中に, 持って生まれた長所が発揮されるものだ。舞や所作, 謡, あるいは勢いのある鬼の能などにしても, 何気なく無意識に行う事を, こころのまま思い通りにさせておくのがよい。それをむやみに, 良い, 悪いと言って教えてはいけない。あまりやかましく言えば,子供はやる気を失って，能がおっくうになり，やがて進歩も止まってしまう。」
(16) 菊川徳之助ほか「演劇教育科研費 2004 活動記録」演劇教育科研費研究グループ・演劇教育プロジェクトチーム報告書，2005，pp.41-42
(17) アリストテレース・ホラーティウス／松本仁助・岡道男訳『アリストテレース詩学・ホラーティウス詩論』岩波書店，1997，p.28
(18) ロバート・マリガン監督／ハーパー・リー原作／ホートン・フート脚色／アラン・パクラ製作『アラバマ物語』，1962
(19) 北詰裕子『コメニウスの世界観と教育思想―17 世紀における事物・言葉・書物―』，勁草書房，2015，p.168
(20) OECD 教育研究革新センター編著／篠原康正・篠原真子・袰岩晶訳『アートの教育学―革新型社会を拓く学びの技―』「第 5 章 演劇教育の認知的成果」明石書店，2016，p.197
(21) 太宰久夫「表現活動における言葉」改訂・保育士養成講座編纂委員会編『保育士養成講座 第 10 巻：保育実習』全国社会福祉協議会，2009，pp.196-198
(22) 上掲書（8），pp.37-38
(23) 上掲書（20），p.267「第 9 章 社会的スキルに対する芸術教育の効果」
ここでいう社会的スキルとは，自己概念，包括的な自尊心，社会的行動，他者への共感，感情の調整および他者の視点に立つこと（他者の視点を得ること）である。演劇教育はマルチ・アート教育や，音楽教育，美術教育，舞踊教育と比べて，共感性を向上させること，他者の視点に立てるようにすること，感情の調整を促すことに寄与すると証明しているという。
(24) 文部科学省編『幼稚園教育要領解説―平成 30 年 3 月―』フレーベル館，2018，p.72
(25) 冨田博之『現代教育 101 選 51：演劇教育』国土社，1993，p.42
(『演劇教育』の初版は国土社より 1958 年刊行)
(26) 同上，p.15

〈第 2 部第 2 章§ 2〉

(1) 冨田博之『日本児童演劇史』東京書籍，1976，pp.41-42
(2) 日本学校劇協会『学校劇事典』小学館，1954，p.432
(3) 坪内逍遙『児童教育と演劇』日本青少年文化センター，1973，p.89
(初版は早稲田大学出版部より 1923 年刊行)
(4) 坪内逍遙「児童教育の種類及び使命」『逍遙選集 第 9 巻』春陽堂，1926，p.516
(5) 上掲書（2），p.435

（6）上掲書（1），pp.145-147
（7）藤木宏幸「島村抱月」『万有百科大事典3　音楽 演劇』小学館，1974，p.245
（8）上掲書（3），pp.100-124
（9）河竹登志夫「児童劇における坪内逍遙」上掲書（3），p.174
（10）岡田陽・落合聰三郎監修『玉川学校劇辞典』玉川大学出版部，1984，p.5
（11）青木久子『幼児教育知の探究2：教育臨床への挑戦』萌文書林，2007，pp.245-258
（12）落合聰三郎編「小原国芳先生に日本の学校劇の生い立ちを聞く」『季刊少年演劇』第2号，1968，pp.26-27
（13）小原國芳『小原國芳選集5：道徳教授革新論・学校劇論・理想の学校』玉川大学出版部，1980，pp.248-249（『学校劇論』の初版はイデア書院より1923年刊行）
（14）岡田陽『ドラマと全人教育』玉川大学出版部，1985，p.49
（15）上掲書（13），pp.274-294
（16）上掲書（13），p.358
（17）上掲書（3），p.98
（18）上掲書（3），p.141
（19）ジェラルディン・B.シックス／岡田陽・高橋孝一訳『子供のための創造教育』玉川大学出版部，1973，p.19
（20）小山内薫「学校劇の精神（1926）」小山内薫／菅井幸雄編集・解説『小山内薫演劇論全集 第2巻』未来社，1965，p.85
（21）玉川大学出版部編『玉川児童百科大辞典 14巻：音楽・演劇』誠文堂新光社，1975，p.287
小山内に関しては，法月敏彦「演劇教育論の展開—小山内薫の学校劇論を中心に—」玉川大学芸術学部 芸術研究1（1），2006，pp. 6-15他，法月氏の論考を参考にした。
（22）小山内薫「小学校の「教育劇」に就いて（1928）」上掲書（20），pp.86-89
（23）小山内薫「学校劇の精神（1926）」上掲書（20），p.79
（24）上掲書（1），p.136
（25）上掲書（2），p.441
（26）大場牧夫『表現原論—幼児の「あらわし」と領域「表現」：フィールドノートからの試論—』萌文書林，1996，第2版（2000），p.150
（27）本項は2011年3月に投稿した「初期社会科における「劇的活動」に関する研究—『小学校社会科学習指導法』の検討を中心に—」有明教育芸術短期大学紀要第2号および2011年10月に日本社会科教育学会第61回全国研究大会にて発表した「初期社会科における日下部しげ実践の再評価—劇活動の視点から—」を大幅に修

正して書き直したものである。また，佐々木博『日本の演劇教育—学校劇からドラマの教育まで—』晩成書房，2018 にも詳しくまとめられている。

(28) 文部省『小学校社会科学習指導法』中等学校教科書，1950，p.112
(29) 同上，p.113
(30) 同上，p.112
(31) 東京都小学校社会科研究会『小学校社会科 25 年の歩み』明治図書出版，1973，pp.93-94
(32) 上掲書（28），p.124
(33) 樋口澄雄「二年の單元・ゆうびん」日本生活教育連盟編『カリキュラム = The curriculum』第 1 号，誠文堂新光社 ,1949，pp.15-17
(34) 同上，pp.15-17
(35) 同上，p.17
(36) 同上，pp.15-17
(37) 同上，p.16
(38) 上掲書（28），p.114
(39) 片岡龍一『桜田覚書』港区生涯学習センター所蔵，1979，p.7
(40) 日下部しげ「四年の社會科学習指導」『社會科教育』第 5 号，社会科教育研究社，1947，p.21
日下部に未分科教育を教授したのは，当時の横川小学校長，田島音次郎である。田島は及川平治の指導によりデューイの提唱するプラグマティズムの理論を研究し，1919 年から「動的教育」という名称において実践を続け，積極的に公開研究会も開催するなど，その普及に努めていた人物である。
(41) 読売新聞「社会科，新橋から出発　汽笛一声，郵便ゴッコ—全国へ普及」1955 年 3 月 22 日付朝刊，7 面
(42) 日下部しげ「社会科は新橋から発車した」『学校』65 号，新日本教育協会，1956，p.145
(43) 小林志郎「Drama in Education 論考—Drama in Education から見たオーストラリア，タスマニアとヴィクトリア 2 州の教員養成大学とその周辺の問題の考察—」東京学芸大学紀要　第 2 部門 人文科学（39），1988，p.41
(44) 小学校国語科の学習指導要領の中に登場する演劇に関する用語は，14 語（昭和 22 年）と 34 語（昭和 26 年）である。社会科は国語科と比べても語数に遜色なく，かなり演劇に期待されていたことが伺える。
(45) 上掲書（39），p.7

(46) 上掲書（28），p.121
(47) 上掲書（28），p.116
(48) 岡田陽・落合聰三郎監修『玉川学校劇辞典』玉川大学出版部，1984，p.360
(49) 上掲書（28），p.119
(50) ハリエット・フィンレー・ジョンソン／霜田静志訳編『劇化せる各科教授』日本教育学会，1923，p.32
(51) 冨田博之「演劇とカリキュラム」『新しい教育と文化』第3巻第3号，日本教職員組合，1949，pp.31-32
(52) 上掲書（28），p.123

〈第2部第3章§1〉

(1) 河竹登志夫『演劇概論』東京大学出版会，1978，p.42
(2) アンリ・グイエ／佐々木健一訳『演劇と存在』未来社，1990，p.13
(3) 清水豊子「イギリスの演劇教育の展望－教科としての「ドラマ」の誕生」『千葉大学教育学部研究紀要34（第1部）,1985，p.259
(4)『演劇学四十三講（小林教授退官記念冊子）』東京学芸大学演劇学研究室，2000，p.140
(5) 西尾邦夫『クリエイティブ・ドラマティックス入門―創造への教育―』福村出版，1966
佐野正之『教室にドラマを！』晩成書房，1981
(6) ブライアン・ウェイ／岡田陽・高橋美智訳『ドラマによる表現教育』玉川大学出版部，1977
(7) 田川浩三「幼児のクリエイティブ・ドラマティックスに関する一考察」『帝塚山短期大学紀要』第5号，1968，pp. 1-21
(8) 小林由利子「クリエイティブ・ドラマについて―歴史的視点から―」『帝京大学文学部紀要』第19号，1994，p.348
(9) 同上，p.18
(10) ジェラルディン・B・シックス／岡田陽・高橋孝一訳『子供のための創造教育』玉川大学出版部，1973，pp.54-57
(11) 小林志郎「演劇教育と生涯教育」『「健康・生活・芸術の生涯教育への位置づけ」に関する研究報告書（Ⅱ）』東京学芸大学第四部，1988，p.75
(12) 同上，p.75
(13) 小林志郎「タスマニア・ヴィクトリア2州の演劇・音楽教育の環境―オーストラ

リアでのリサーチ報告とワークショップの記録―」『総合芸術教育研究とその生涯教育への応用 報告書Ⅱ』東京学芸大学，1990，p.34
（14）同上，pp.37-38
（15）ジェラルディン・B・シックス／岡田陽・北原亮子訳『子供のための劇教育』玉川大学出版部，1978，p.31
（16）ジェラルディン・B.シックス／岡田陽・高橋孝一訳『子供のための創造教育』玉川大学出版部，1973，p.51
（17）岡田陽『ドラマと全人教育』玉川大学出版部，1985，p.85
（18）上掲書（13），p.35
（19）スタニスラフスキイ／山田肇訳『俳優修業 第1部』未来社，1975，p.92
（20）小林志郎・今村由香「ドラマ教育におけるスクリプトと観客の問題」東京学芸大学紀要 第2部門 人文科学（43），1992，p.120
（21）同上，p.120
（22）小林志郎「ドラマ教育の『領域』とその『可能性』」『総合芸術教育研究とその生涯教育への応用 報告書』東京学芸大学，1988，pp.138-139
（23）太宰久夫[ほか]「ワークショップ指導者の役割とは？」芸団協・芸能文化情報センター編『表現教育を子どもたちに―実演家よ、学校へ行こう！―』芸団協出版部，2001，p.47
（24）上掲書（11），p.80
（25）花輪充[ほか]「アクティブ・ラナーの育成を目指した演劇的手法を活用したコーチングの可能性と課題―大学間連携等によるワークショップ型演習の実践を通して―」東京家政大学博物館紀要 22，2017，pp.31-52
（26）太宰久夫「表現活動における言葉」改訂・保育士養成講座編纂委員会編『保育士養成講座 第10巻：保育実習』全国社会福祉協議会，2009，pp.178-179

〈第2部第3章§2〉

（1）A.H.マズロー／小口忠彦訳『人間性の心理学―モチベーションとパーソナリティ―』産業能率大学出版部，1987，pp.56-72
（2）日本国語大辞典第二版編集委員会『日本国語大辞典（第2版）』小学館，2001
（3）文部省『学制百二十年史』ぎょうせい，1992，「第10章第2節」
（4）花輪充・川合沙弥香「岡田陽が探究した芸術教育の意義―豊かな感性の育成を目指した演劇教育に着目して―」東京家政大学博物館紀要 22，2017，pp.11-30 演劇教育研究所「世界の児童演劇：第1回国際児童演劇会議報告集」演劇教育研究所，

1964
（5）ブライアン・ウェイ／岡田陽・高橋美智訳『ドラマによる表現教育』玉川大学出版部，1977
（6）ジェラルディン・B. シックス／岡田陽・高橋孝一訳『子供のための創造教育』玉川大学出版部，1973

〈第3部第1章§1〉

（1）森清『日本十進分類法―和漢洋書共用分類表及索引―』間宮商店，1929
もり・きよし原編／日本図書館協会分類委員会改訂『新訂8版 日本十進分類法』日本図書館協会，1978
（2）札幌市中央図書館「分類記号を覚えましょう！分類よもやまその2」
https://www.city.sapporo.jp/toshokan/yomoyama/03.html（参照 2020/5/2）
（3）プラトン／藤沢令夫訳『国家 上』岩波書店，1979
（4）福田恆存『芸術とは何か』中央公論社，1977，p.22
（5）同上，p.62
（6）同上，pp.87-88
（7）青木久子『幼児教育知の探究2：教育臨床への挑戦』萌文書林，2007
青木久子・河邉貴子『幼児教育知の探究8：遊びのフォークロア』萌文書林，2015
平山許江『幼児教育知の探究17：領域研究の現在<環境>』萌文書林，2013
（8）西田幾多郎／竹田篤司[ほか]編集『西田幾多郎全集第3巻：働くものから見るものへ』岩波書店，2003，p.269
（9）中村雄二郎『かたちのオディッセイ―エイドス・モルフェー・リズム―』岩波書店，1991，序 vii
（10）S.J. ブレイクモア・U. フリス／乾敏郎・山下博志・吉田千里訳『脳の学習力―子育てと教育へのアドバイス―』岩波書店，2012，pp.44-54
（11）乾敏郎『感情とはそもそも何なのか―現代科学で読み解く感情のしくみと障害―』ミネルヴァ書房，2018，pp.13-26

〈第3部第1章§2〉

（1）梅本堯夫『子どもと音楽』東京大学出版会，1999，p.9
（2）同上，pp.13-15
（3）同上，p.27

（４）有馬大五郎／海老沢敏監修『音の科―有馬大五郎論述集―』音楽之友社, 1987, p.63
（５）同上，p.71
（６）苧阪良二編『新訂 環境音楽―快適な生活空間を創る―』大日本図書，1992, pp.70-71
（７）志村洋子・藤井弘義・奥泉敦司・甲斐正夫・汐見稔幸『保育室内の音環境を考える（2）―音環境が聴力に及ぼす影響―』埼玉大学紀要教育学部 63（1），2014, pp.65-66
（８）松嵜洋子・吉永早苗・岡本拡子・無藤隆・新開よしみ『保育現場の音環境に関する意識の構成要素と関連要因』埼玉学園大学紀要人間学部編（10），2010，p.206
（９）上掲書（４），pp.59-67
（10）藤田芙美子『音楽研究大学院年報第 10 輯』国立音楽大学，pp.65-66
（11）同上，p.67
（12）外山滋比古『わが子に伝える「絶対語感」練習帳』飛鳥新社，2004，p.29
（13）同上，p.19
（14）ルートヴィヒ・クラーゲス／杉浦實訳『リズムの本質』みすず書房，2006, pp.55-56
（15）同上，p.88
（16）中村雄二郎『かたちのオディッセイ―エイドス･モルフェー･リズム―』岩波書店, 1991，p.14
（17）上掲書（14）p.103
（18）鈴木亨『響存的世界』三一書房，1983，p.330
（19）同上，p.323
（20）ゲーテ／木村真司訳『色彩論』筑摩書房，2001，pp.097
（21）同上，p.098
（22）同上，p.113
（23）同上，p.181
（24）上掲書（16），p.90
（25）磯部錦司『自然・子ども・アート―いのちとの会話―』フレーベル館，2007, pp.16-17
（26）近江政雄編集『感覚・知覚の科学 4：味覚・嗅覚』朝倉書店，2008
（27）阿部啓子・山本隆・的場輝佳・ジェローン シュミット『食と味覚』建帛社，2008
（28）ルソー／今野一雄訳『エミール 上』岩波書店，1962，p.72
（29）フレーベル／岩崎次男『世界教育学選集 9：人間の教育 1』明治図書出版，1960,

p.55
(30) 同上，p.47
(31) 同上，p.45
(32) 貝原益軒／石川謙校訂『養生訓・和俗童子訓』岩波書店，1961
(33) 茂木健一郎『心を生みだす脳のシステム ―「私」というミステリー―』日本放送出版協会，2001，p.39
(34) 同上，p.55
(35) 同上，p. 69
(36) 上掲書（16），p.20

〈第3部第1章§ 3〉

(1) 鈴木五郎『生活のうたを描く―幼児の美術教育―』チャイルド本社，1991，p.7
(2) 同上，p.144
(3) 同上，pp.148-149
(4) 同上，pp.149-150
(5) 同上，p. 4
(6) 宮城まり子・谷内六郎企画／宮城まり子文『画集ねむの木の詩』1977，
宮城まり子・谷内六郎企画／宮城まり子文『子どものまり子へのお話』1979
(7) 上掲書（1），p.152
(8) J. デューイ／河村望訳『デューイ＝ミード著作集 12：経験としての芸術』人間の科学新社，2003，p.151
(9) 同上，p.148
(10) 大塚勇三再話／赤羽末吉画『スーホの白い馬―モンゴル民話―』福音館書店，1967
東山魁夷絵／松本猛文・構成／東山すみ監修『白い馬＝Weisses Rössl』講談社，2012
(11) 上掲書（1），p.5
(12) アンドレ・ブルトン／巖谷国士訳『シュルレアリスム宣言・溶ける魚』岩波書店，1992，p.72
(13) 上掲書（8），p.64
(14) 上掲書（8），p.148
(15) ルートヴィヒ・クラーゲス／杉浦實訳『リズムの本質』みすず書房，2006，p.140
(16) 上掲書（8），p.60

(17) 上掲書（8），pp.85-86

〈第3部第1章§ 4〉

(1) 柴田炤夫『子どもと保育者の夢チャレンジ』学習研究社，2002
(2) かぐのみ幼稚園『すてきな出会いと豊かな体験を―かぐのみ幼稚園における子ども中心の保育―』エイデル研究所，1998
(3) 内田幸一『長ぐつをはいた天使たち―飯綱高原で実践される保育活動の記録―』銀河書房，1991
(4) ジョルジュ・バタイユ／吉田裕訳『異質学の試み』書肆山田，2001，p.31
(5) 同上，p.58
(6) 佐藤広和『生活表現と個性化教育』青木書店，1995，p.91
(7) 同上，p.92
(8) 西田幾多郎『西田幾多郎全集第3巻：働くものから見るものへ』岩波書店，2003，p.262
(9) モンテッソーリ／阿部真美子・白川蓉子訳『世界教育学選集77：モンテッソーリ・メソッド』明治図書出版，1974，pp.109-172
(10) J.デューイ／河村望訳『デューイ＝ミード著作集12：経験としての芸術』人間の科学新社，2003，p.84
(11) ルートヴィヒ・クラーゲス／杉浦實訳『リズムの本質』みすず書房，2006，p.38
(12) 小泉英明『脳は出会いで育つ―「脳科学と教育」入門―』青灯社，2005，pp.42-43
(13) 斎藤公子『生物の進化に学ぶ乳幼児期の子育て』かもがわ出版，2007，pp.63-65
(14)『子どもと音楽』全10巻，同朋舎出版，1987-1988
『保育実践講座』全10巻，第一法規出版，1977-1978
『望ましい経験や活動シリーズ』全20巻，チャイルド本社，1977-1981
(15) 民秋言『幼稚園教育要領・保育所保育指針の成立と変遷』萌文書林，2008，pp.39-40
(16) 文部省『幼稚園のための指導書：音楽リズム』明治図書出版，1953
(17) 上掲書（15），p.42
(18) 文部省『幼稚園教育指導書：絵画製作編』フレーベル館，1959，pp.39-52
(19) 山本鼎『自由画教育―小学生画―』ARS，1921，p.39
(20) 小林宗作「幼な児の為のリズムと教育」岡田正章監修『大正・昭和保育文献集第4巻』日本らいぶらり，1978，pp.224-238

(21) 上掲書（10），pp.95-96
(22) 上掲書（10），p.96

〈第3部第1章§5〉

(1) 矢野智司『幼児教育知の探究13：幼児理解の現象学―メディアが開く子どもの生命世界―』萌文書林，2014，p.38
(2) 西田幾多郎／上田閑照編『論理と生命―他四篇―』岩波書店，1988，p.214
(3) 生田久美子『「わざ」から知る』東京大学出版会，1987，p.13
(4) 同上，p.14
(5) 同上，p.24
(6) 同上，p.26
(7) M.モース／有地亨・山口俊夫訳『社会学と人類学2』弘文堂，1976，p.128
(8) 上掲書（3），p.38
(9) 上掲書（3），pp.85-88

〈第3部第2章§1〉

(1) ユリ・シュルヴィッツ作絵／さくまゆみこ訳『おとうさんのちず』あすなろ書房，2009
(2) ピーター・レイノルズ／谷川俊太郎『てん』あすなろ書房，2004
(3) 佐藤忠良[ほか]『少年の美術1』現代美術社，1983，p.4
参照：佐藤忠良『子どもたちが危ない―彫刻家の教育論―』岩波書店，1985
佐藤忠良・安野光雄編『子どもの美術　上下』現代美術社，1986
佐藤忠良画／木島啓文『木』福音館書店，2001
佐藤忠良・安野光雅編『子どもの美術　全6巻セット』復刊ドットコム，2013
(4) カント／三井善止訳『人間学・教育学』玉川大学出版部，1986，p.64
(5) ダニエル・ベル／正慶孝訳『二十世紀文化の散歩道』ダイヤモンド社，1990，p.10
(6) 津守真『子どもの世界をどうみるか―行為とその意味―』日本放送出版協会，1987，p.15
(7) トルストイ／河野与一訳『芸術とはなにか』岩波書店，1971，p.189
(8) 上掲書（6），p.93
(9)「幼稚園－幼児の活動と教師の役割－」英映画社，1976
時枝俊江監督「みどりぐみ・こうじげんば―幼児の自己充実をもとめて―」岩波映画製作所，1983

青木久子監修／国立音楽大学附属幼稚園協力「めっきら・もっきら・どおん・どん」「魔法使いのパーティー」「すてきなてぶくろ」「なに表現しているの」（2000）「雪渡り」「動物の冬ごもり」（2001）
斎藤公子・小泉英明監修「映像で見る 子どもたちは未来 第１期，第２期，第３期」DVD ブック，2008-2011
野中真理子監督「こどもの時間」2001
筒井勝彦監督「風のなかで―むしのいのち，くさのいのち，もののいのち―」2010
（10）上掲書（６），p.198
（11）鈴木五郎『生活のうたを描く―幼児の美術教育―』チャイルド本社，1991，p.148
（12）井口佳子『幼児期を考える―ある園の生活より―』相川書房，2004
井口佳子『幼児の描画表現―子どもの絵は子どものことば―』相川書房，2014
（13）ゲーテ／浜田正秀訳『西洋の教育思想８：詩と真実・教育州・箴言』玉川大学出版部，1984，p.229
（14）吉井長三『銀座画廊物語―日本一の画商人生―』角川書店，2008
（15）西嶋一泰「1950 年代における文化運動のなかの民俗芸能―原太郎と『わらび座』の活動をめぐって―」立命館大学先端総合学術研究科『Core Ethics』（6），2010，pp.299-310
民族芸術研究所編『秋田・芸能伝承者昔語り』秋田文化出版，2004
（16）人形劇カーニバル飯田実行委員会 10 周年誌編集員会『人形劇カーニバル飯田 10 周年記念誌 人形たちがやってくる』1990
飯田市美術博物館『伊那谷の人形芝居』飯田市美術博物館，1991
唐木孝治写真『人形芝居の里―信州伊那谷』信濃毎日新聞社，1998
（17）中村雄二郎『かたちのオディッセイ―エイドス・モルフェー・リズム―』岩波書店，1991，p.140
（18）C. エドワーズ，L.　ガンディーニ，G. フォアマン／佐藤学，森真理，塚田美紀訳『子どもたちの 100 の言葉』世織書房，p.9
（19）同上，p.10
（20）同上，p.268
（21）同上，p.260
（22）同上，p.503
参考：佐藤学監修／ワタリウム美術館編『驚くべき学びの世界：レッジョ・エミリアの幼児教育』東京カレンダー，2011

(23) 青木久子編・結城富士見幼稚園『小さな町の客車劇場』2019, p.5
(24) 青木久子監修『保育は芸術なり』国立音楽大学附属幼稚園, ジャパン通信情報センター, 2004
(25) 青木久子『保育は芸術なり』国立音楽大学附属幼稚園, 2000
(26) フレーベル／岩崎次男『人間の教育１』明治図書出版, 1960, p.216

【索　引】

〈ア　行〉

〈カ　行〉

〈サ　行〉

〈タ　行〉

〈ナ　行〉

〈ハ　行〉

〈本巻著者〉　　　**山 本 直 樹**（やまもと　なおき）

〈執筆分担：第 2 部〉

〈学歴・職歴〉

東京学芸大学大学院教育学研究科修士課程美術教育専攻（演劇学専修）修了。日本音楽学校幼児教育科専任講師，有明教育芸術短期大学子ども教育学科専任講師および准教授を経て，長野県立大学健康発達学部こども学科准教授。現在，兵庫教育大学大学院連合学校教育学研究科（博士課程）学校教育実践学専攻学校教育方法連合講座に在学中。

〈専門領域等〉　演劇教育　表現教育　保育者養成教育

〈所属学会〉　日本保育学会　日本演劇学会　日本教育方法学会　日本保育文化学会　日本学校教育学会

〈主な著書・論文〉「ドラマ教育～自分に自信の持てる子ども達に～＜簡易リーフレット＞」（単著，ドラマ教育研究会，2000）／『教職用語辞典』（共著，一藝社，2008）／『ドラマ教育入門』（共著，図書文化社，2010）／『乳幼児期から学童期への発達と教育』（共著，保育出版会 ，2013）／「「保育内容指導法演習（クリエイティブ・ドラマ）」の意義と課題―学生のふりかえりを手がかりに―」（単著，こども教育宝仙大学紀要，2015）／「保育者養成課程における保育内容「表現」の実証的検討―プレイメーキングによる学生の自己表現力とコミュニケーション力の育成―」（共著，東京家政大学博物館紀要，2015）／「「卒業研究」における児童文学作品の劇化プロジェクト―幼稚園でのリーダースシアター公演の制作過程を中心に―」（単著，保育文化研究，2016）／『子どもが育つ環境と保育の指導法』（共著，保育出版会，2016）／『教職論』（共著，ミネルヴァ書房，2017）

〈本巻著者〉　　　**太 宰 久 夫**（だざい　ひさお）

〈執筆分担：第 2 部第 3 章§ 2〉

〈学歴・職歴〉

玉川大学文学部芸術学科演劇専攻卒業。Institute for Readers Theatre (U.S.A.) License 取得。玉川大学芸術学部パフォーミング・アーツ学科教授，東京演劇大学連盟代表理事，子ども文化地域コーディネーター協会専務理事，特定非営利活動法人アートインライフ代表。島根県芸術文化センターグラントワの立ち上げから現在まで演劇部門担当，同協議会委員。文化庁推進の文化芸術による子供育成総合事業関係の講師および演出を担当。北九州芸術劇場開設時より学芸担当講師，演劇教育・表現教育および市民参加型舞台劇演出監修。幼児・児童から高齢者に至るすべての年齢層を対象とした表現教育（Drama in Education）活動の理論と実践や指導者養成などを全国各地で行う。地域における芸術文化振興事業の一貫として，市民ミュージカル・市民劇・町民劇など市民参加型舞台創作・創造における演出，教育監修を全国各地で担当。NHK 教育テレビ「うたってオドロンパ」監修・演出,「からだの力」出演。劇団関係で児童青少年対象作品の脚本・構成・演出。旧厚生省中央児童福祉審議会優秀賞や特別賞を多数受賞。

〈専門領域等〉舞台芸術演劇分野（演出・演技・俳優養成） 児童青少年演劇　演劇教育　表現教育　スピーチコミュニケーション（Oral Interpretation） コミュニティ・アート（地域における芸術文化振興）

〈所属会〉日本児童青少年演劇協会　国際演劇協会日本センター

〈主な著書・論文〉『演劇入門ブック―ビジュアルで見る演技法―』（監訳，玉川大学出版部，2014）／『子どもと創る演劇』（編者，玉川大学出版部，2008）／『じぶんたんけんたい』学習絵本全６巻（ポプラ社，2004）／『表現教育を子どもたちに―実演家よ，学校へ行こう―』（共著，芸能と教育ブックレット，芸団協出版部, 2001）／「新しい幼児の表現あそび 12 ヶ月」CD 全６巻（監修，コロムビアミュージックエンターテイメント，2006）など

〈本巻著者〉　**青 木 久 子**（あおき　ひさこ）

〈執筆分担：第１部，第３部〉

〈学歴・職歴〉

青山学院大学大学院修士課程修了。国家公務員から東京都公立幼稚園教諭，東京都教育庁指導部・都立教育研究所指導主事，同統括指導主事，国立音楽大学教授兼同附属幼稚園長等を歴任。現在，青木幼児教育研究所主宰，実践研究・研修支援，執筆等を中心に活動している。

〈専門領域等〉　幼児教育学　教育実践研究　発達臨床心理士

〈所属学会〉　日本保育学会　日本教育学会　日本発達心理学会　日本臨床発達心理士会

〈主な著書〉『よりよい保育の条件』（共著，フレーベル館，1986）／『生きる力を育てる保育』全３巻（共著，世界文化社，1999）／『子ども理解とカウンセリングマインド』（共著，萌文書林，2001）／『子どもに生きる』（単著，萌文書林，2002）／『環境をいかした保育』全４巻（編者，チャイルド本社，2006）／『教育臨床への挑戦』（単著, 萌文書林, 2007）／『幼年教育者の問い』（共著，萌文書林，2007）／『脱学校化社会の教育学』（共著，萌文書林，2009）／『領域研究の現在〈言葉〉』（共著, 萌文書林, 2013）／『遊びのフォークロア』（共著，萌文書林，2015）／『領域研究の現在〈人間関係〉』（共著，萌文書林，2017）／『トポスの経営論理』（共著，萌文書林，2019）／『領域研究の現在〈健康〉』（共著，萌文書林，2020）

〈シリーズ編者〉

青木久子

青山学院大学大学院修士課程修了

幼稚園教諭より，東京都教育庁指導部 都立教育研究所統括指導主事，国立音楽大学教授 兼 同附属幼稚園長職等を歴任。

現在，青木幼児教育研究所主宰。

磯部裕子

聖心女子大学文学部教育学科卒業

8年間幼稚園教諭職を経，青山学院大学大学院後期博士課程満期退学。

現在，宮城学院女子大学教育学部教育学科教授。

〈装幀〉レフ・デザイン工房

幼児教育 知の探究 19

領域研究の現在〈表現〉

2021年2月5日　初版発行 ©

著　者　山本直樹　太宰久夫　青木久子

検印省略

発行者　服部直人

発行所　株式会社 萌文書林

〒113-0021　東京都文京区本駒込 6-25-6

TEL（03）-3943-0576　FAX（03）-3943-0567

URL:http://www.houbun.com

E-mail:info@houbun.com

落丁・乱丁本はお取替えいたします。

印刷／製本　シナノ印刷（株）

ISBN978-4-89347-119-2　C3037